예배는
개념이다

예배는 개념이다

발행 초판 1쇄 2022년 5월 30일

지은이 김민호
펴낸이 박준우
펴낸곳 리바이벌북스
디자인 리폼드미니스트리·디자인별
판권 ⓒ리바이벌북스
주소 경기도 의정부시 승지로 4, 4층
전화 070-8861-7355 팩스 031-851-7356
www.revival153.com
E-mail revivalbooks@naver.com
홈페이지 www.revival153.com
ISBN 979-11-978407-5-3 (02230)
등록 제2015-000012호 (2015.03.27.)

예배는 개념이다

김민호 지음

리바이벌북스

목차

예배는 개념이다

들어가는 말

　용어 개념 시리즈 1권『신앙은 개념이다』의 출판 이후 사람들의 반응은 기대 이상으로 뜨거웠다. 이 책을 접한 사람들 가운데 상당수는 자신이 알고 있다고 생각했던 신앙 용어들이 이런 개념을 가지고 있었다는 사실에 놀라움을 표현하곤 했다.

　하나의 용어 개념에 눈을 뜨게 된 사람들은 이 개념들이 자신이 기존에 알고 있는 다른 용어들과 충돌하고 있다는 사실을 대번 눈치채곤 한다. 특히 기대했던 것처럼 이 책으로 그룹 토의나 성경 공부를 하는 분들을 통해 좋은 피드백을 많이 받았다. 신앙 용어에 대한 개념을 알게 된 분들은, 점차 신앙이란 여러 용어들의 유기적 조합 가운데 세워진다는 것을 깨닫고 놀라워했다. 그래서『신앙은 개념이다』라는 책 제목을 납득한다.

　1권을 통해 충격과 도전을 받은 독자들로부터 2권 출판에 대한 요청이 쏟아졌다. 기도하며 고민하던 중 시대적 사명감에 끌려『예배는 개념이다』를 출판하게 되었다.

이번에 출간된 신앙 용어 시리즈 2권은 주로 예배 용어 개념을 다룬다. 하나님은 "이 백성은 내가 나를 위하여 지었나니 나를 찬송하게 하려 함이니라"(사 43:21)고 했다. 하나님께서 사람을 창조하신 목적은 하나님을 예배하기 위함이다. 예배가 신앙의 본질이고 전부다. 하나님을 예배할 줄 모르는 사람은 결코 그리스도인이라 불릴 자격이 없다. 그가 주의 이름으로 귀신을 쫓고 병 고치고 구제를 많이 하고 봉사를 많이 할지라도 예배를 모른다면 신자가 아니다. 주님은 이런 사람을 향해 내가 너를 도무지 알지 못한다고 한다(마 7:23). 참된 신자라면 모든 행위가 예배에 초점이 맞춰져야 한다. 예배에 초점이 맞춰지지 않은 일체의 모든 행위는 다 죄일 뿐이다(롬 14:23).

1517년 마틴 루터Martin Luther에 의해 촉발된 종교개혁은 용어와 예배의 상관관계를 아주 잘 보여 준다. 루터의 종교개혁은 구조 개혁이 아니었다. 용어 개혁의 연속이었다. 루터는 로마서 1장 17절의 말씀을 통해 '칭의' 용어를 재발견했다. 재발견(再發見)이라 함은 상실했던 용어에 대한 이해를 사도들이나 교부들의 관점으로 되찾았다는 뜻이다. 놀라운 사실은 '칭의' 용어에 대한 재발견이 자동적으로 다른 신앙 용어에 대한 재발견으로 이어졌다는 사실이다. 신앙의 모든 용어들이 서로 유기적 관계를 맺고 있었기 때문이다. 유기적 관계란 서로가 서로의 관계 속에서 생명을 유지 보존하는 관계란 뜻이다. 한 용어가 생명을 잃으면 다른 연결된 용어들도 생명을 잃는다. 반대로 한 용어가 생명을 회복하면 다른 용어들도 생명력을 회복한다.

루터의 개혁은 칭의 용어를 필두로 다른 용어의 개혁을 이루는 일종의 튜

닝(tuning) 과정을 거치게 되었다. 그가 이 과정을 통해서 깨닫게 된 것은, 이제까지 자신이 알고 있었던 용어가 철학적 개념이라는 사실이었다. 이제까지 자신은 신앙생활을 한 것이 아니었다. 철학 생활을 했던 것이다. 때문에 복음이 주는 안식이나 확신, 기쁨, 감격이 없었던 것은 너무도 당연했다. 이 놀라운 깨달음을 얻게 된 루터는 가톨릭의 문제를 도덕적 문제가 아닌, '신학적 문제'로 진단했다. 가톨릭의 종교생활은 결코 성경의 하나님을 섬기는 경건이 아님을 간파한 것이다. 애석하게도 이 모습은 이 시대 교회의 자화상이기도 하다.

루터의 용어 개혁은 자동적으로 예배 개혁의 물꼬를 텄다. 예배 개혁은 또다시 예배 용어 개혁으로 이어졌다. 예배에 사용되는 모든 용어에 대한 개념의 재발견이 필요했다. 그렇지 않으면 가면만 바꾸어 쓴 광대가 될 뿐이다. 예배의 타락은 용어를 바꾸면 해결될 문제가 아니다. 예배 용어의 이해(개념)가 바뀌어야 된다. 중요한 것은 외형의 개혁이 아니라, 본질의 개혁이다. 동일한 용어를 사용하더라도 그 본질을 개혁하기 위해 용어의 개념을 분명히 해야 했다. 그가 용어에 대한 개념을 어느 정도로 중요하게 여겼는지는 '성만찬' 용어 하나 때문에 쯔빙글리파와 분열을 선택한 사실에서도 잘 나타난다.

코로나19 사태로 인해 작금의 교회는 예배에 대한 심각한 고민에 빠졌다. 평안할 때는 교인들을 예배에 참석시키는 데 아무 어려움이 없었다. 그러나 세계적 전염병이 돌면서 예배를 멀리하고 교인이 충격적으로 감소했다.

대부분의 교회는 이 문제를 어떻게 해결해야 할지 막막해한다. 팬데믹 상황에서 교회는 인터넷 예배 시행과 현장 예배 고집에 대한 갑론을박이 치열하다. 이 논란의 중심에는 예배 용어에 대한 몰이해가 한몫을 했다. 예배의 개념과 예배 용어에 대한 개념이 분명하다면 작금과 같은 혼란과 분열이 생기지 않았을 것이다. 한국교회는 예배와 예배에 사용되는 용어의 개념부터 성경적으로 다시 검토, 숙지해야 한다. 그러면 모든 혼란은 안개처럼 걷히게 된다.

예배는 개념이다. 예배는 사람이 창조된 근본 목적이다. 인생의 의미다. 오늘날 예배의 갱신과 부흥을 고민하는 목회자들과 성도들이 있다면, 이 책은 분명히 속 시원한 해답을 제시해 줄 것이라 확신한다.

2020년 7월
장마 빗소리가 들리는 목양실에서
김민호 목사

예배는
개념이다

각 챕터마다 해당 강의 영상이 수록되어 있습니다.
스마트폰 카메라로 QR코드를 찍어주세요.

예
배
는
개
념
이
다

01

예배

01
예배

기독교 신앙이 궁극적으로 목표로 하는 것이 무엇인가?

소교리문답 제1문은 "하나님을 영화롭게 하는 것과 그를 영원토록 즐거워하는 것"이라고 가르친다. 이 문장이 의미하는 바를 한 단어로 요약한다면 그것은 바로 '예배'다.

예배란 하나님을 즐거워하는 사람이 자발적으로 하나님을 영화롭게 함이다. 그런데 이렇게 말해도 성경이 가르치는 예배가 무엇인지 구체적으로 감이 잡히지 않는 사람들이 많다. 이것을 좀 더 구체적으로 이해하기 위해서 우리가 살펴보아야 할 성경은 단연코 창세기이다. 창세기는 성경의 모든 개념의 보고(寶庫)다. 창세기를 바르게 알지 못한다면 구약의 실체라는 신약의 복음을 이해하기는 거의 불가능하다.

하나님은 온 우주를 창조하신 후에 마지막으로 인간을 창조하셨다. 인간을 마지막으로 창조하셨다는 것은 매우 큰 의미를 내포한다. 왜냐하면 창세기의 창조 순서가 가지고 있는 독특한 방식 때문이다. 첫째 날 창조는 넷째 날 창조될 피조물을 위한 것이고, 둘째 날 창조는 다섯째 날 창조될 피조물을 위한 것이며, 셋째 날 창조는 여섯째 날 창조될 피조물을 위한 것이다.

하나님은 발광체를 창조하시기 전에 먼저 발광체를 위해 빛의 개념과 실체를 창조하셨다. 새와 물고기를 창조하시기 전에 새와 물고기들이 살 터전인 하늘과 바다를 창조하셨다. 식물과 동물을 창조하시기 전에 하나님은 피조물들이 살 터전을 위해 물과 뭍을 나누셨다. 이런 관점에서 창조의 마지막에 하나님께서 사람을 창조하셨다는 점은 깊이 생각해 볼 필요가 있다.

사람을 창조하신 방식도 독특하다. 다른 피조물처럼 그냥 창조하신 것이 아니었다. 하나님께서 친히 당신의 호흡을 불어넣어 자신의 형상대로 창조하셨다. 이렇게 사람을 창조하신 데는 분명한 이유가 있었다. 창세기 1장 26절은 그 이유를 분명하게 언급하고 있다.

"하나님이 이르시되 우리의 형상을 따라 우리의 모양대로 우리가 사람을 만들고 그들로 바다의 물고기와 하늘의 새와 가축과 온 땅과 땅에 기는 모든 것을 다스리게 하자 하시고" (창 1:26)

하나님께서 인간을 모든 피조물 가운데 가장 마지막에, 그것도 하나님의 호흡을 넣어 하나님의 형상으로 창조하신 이유를 발견하게 된다. 하나님의 통치를 사람을 통해서 구현하기 위해서였다.

창세기 2장은 사람 창조에 대하여 좀 더 자세하게 서술하고 있다. 간혹 1장과 2장을 다른 창조라고 생각하는 사람들이 있다. 그러나 그런 관점은 성경을 잘 모르는 사람들의 관점이다.

1장과 2장은 상호 보완적인 관점에서 기록된 것이다. 1장은 창조 전체의 대략을 기술했다면, 2장은 하나님의 창조 가운데 인간 창조에 초점이 맞추어져 있다. 다른 모든 창조 가운데 인간 창조가 핵심이었다는 것을 보여 주기 때문이다. 그래서 1장에서는 사람 창조를 간략하게 언급하지만, 2장에서는 사람의 창조가 더 구체적으로 자세하게 기록된다.

우리는 하나님께서 하와보다 아담을 먼저 창조하셨다는 점을 비로소 알수 있다. 아담은 먼지(אבק/아파르)를 사용하여 그 코에 생기를 불어넣어 창조하셨다. 흥미로운 점은 여자가 아담과 함께 창조되지 않았으며 아담처럼 먼지가 아닌, 아담의 갈비뼈로 창조되었다는 사실이다. 무엇보다 관심을 가지고 보아야 할 부분은 인간의 이런 독특한 창조가 어떤 한 가지 목적에 초점이 맞춰져 있다는 것이다. 그것은 "바다의 물고기와 하늘의 새와 땅에 움직이는 모든 생물을 다스리라"(창1:28)는 '문화 명령'에 있다. 창세기 1장에서는 막연하게 보였던 이 '문화 명령'은 창세기 2장 15절의 말씀을 통해 구체적으로 언급된다.

"여호와 하나님이 그 사람을 이끌어 에덴 동산에 두어 그것을 경작하며 지키
게 하시고"(창 2:15)

이 말씀을 통해서 인간에게 "바다의 물고기와 하늘의 새와 땅에 움직이는
모든 생물을 다스리라"(창 1:28)고 하신 명령이 무엇인지 이해할 수 있다. 사
람은 하나님의 모든 피조물들을 "경작하며 지키게" 하려고 창조된 것이었
다.

여기서 "경작"에 해당하는 단어를 히브리어로 아는 것이 중요하다. 이 단
어는 히브리어로 '아바드'(עָבַד)다. 일반적으로 '일하다', '경작하다', '봉사하다'
라는 의미를 가지고 있다. 그러나 이 단어가 제사장 언어로 사용될 때는 주
로 '예배'라는 의미로 사용된다. 구약에서 '예배'라고 번역된 단어가 '아바드'
다.

이 단어가 신약에서는 '프로스퀴네오'(προσκυνεω)로 번역되었다. 헬라어를
직역하면 '땅에 엎드리다', 혹은 '무릎을 꿇고 경배하다'라는 뜻이다. 하나님
께 대한 절대적인 복종과 헌신을 의미한다. 아담의 경작은 그냥 노동이 아
니라 하나님께 대한 헌신과 봉사로서의 경배 행위라는 의미다.

다시 창세기에서 사람의 창조 문제로 넘어가자. 하나님은 사람을 통해서

당신이 창조하신 피조물들을 경작하도록 하셨다. 그런데 이 말의 의미가 아직 분명하지 못하다. 창세기의 기자 모세는 이 단어의 의미를 더욱 명확하게 하기 위해 창세기 2장 19절의 말씀을 통해서 이해하도록 돕고 있음을 보게 된다.

"여호와 하나님이 흙으로 각종 들짐승과 공중의 각종 새를 지으시고 아담이 무엇이라고 부르나 보시려고 그것들을 그에게로 이끌어 가시니 아담이 각 생물을 부르는 것이 곧 그 이름이 되었더라" (창 2:19)

여기서 하나님은 피조물들을 아담에게 이끌어 주시고, 아담은 각 생물들에게 이름을 부여했다고 한다. 그런데 그냥 이름이 주어진 것이 아니다. 본문을 잘 보면 "아담이 각 생물을 부르는 것이 곧 그 이름이 되었다"고 한다. 아담에게 자신의 피조물을 이끌어 주시고, 아담은 그 생물들을 자기 나름대로 불렀다. 아담이 정한 이름을 정당하다고 승인해 주셨다.

고대 히브리 사회에서 '이름을 부여한다'는 것은 그에 대한 '소유권이나 종주권을 나타내는 행위'였다. 창세기에서 하나님이 아담에게 "무엇이라고 부르나 보시려고" 피조물들을 "이끌어" 가신 것은 하나님의 어떤 의도가 있었다는 것이다.

그것은 아담이 자신에게 이끌려온 피조물들을 자기의 소유물로 삼으려 하는지, 아니면 하나님의 소유물로 인정하고 있는지 보려 하셨다고 볼 수 있다. 이것을 모세는 '예배'라고 가르친다. 그리고 아담의 행위는 하나님께서 인정하실 만한 예배 행위로 인정되었다.

문제는 그 다음에 있었다. 창세기 2장 23절의 말씀을 보면 하나님은 여자를 창조하시고 그녀도 "아담에게로 이끌어" 오셨다. 여기서 우리의 이목을 끄는 단어가 있다. "이끌어"(히/בא/보)라는 단어다. 하와는 아담의 갈비뼈로 창조된 후에 그냥 부부가 된 것이 아니다. 아담에게 이끌려 이름이 지어지도록 하셨다. 하나님께서 남자와 여자를 다른 피조물처럼 동시에 창조하지 않으신 이유를 여기서 알 수 있다. 이 관계는 후에 그리스도와 교회의 관계로 그 실체를 드러낸다.

다시 하던 이야기로 돌아가자. 하나님께서 아담을 먼저 창조하시고 여자를 다른 피조물처럼 그에게 "이끌어" 오신 이유가 무엇인지 관심을 기울여 보자. 하나님은 아담이 그녀의 이름을 어떻게 지어줄 것인지 보려 하셨다. 아담은 그녀를 다음과 같이 이름하였다.

"아담이 이르되 이는 내 뼈 중의 뼈요 살 중의 살이라 이것을 남자에게서 취하였은즉 여자라 부르리라 하니라" (창 2:23)

여기서 인류 타락의 본질이 무엇인지 보여 준다.

아담은 지금까지 모든 피조물의 이름을 지어 주는 경작에 아무런 문제가 없었다. 그런데 하와의 이름을 지어 주는 일에 문제가 생겼다. 그의 '경작 행위'에 문제가 생긴 것이다. 그는 그녀를 "내 뼈 중의 뼈요, 내 살 중의 살"이라고 한다. 그녀는 나의 소유라고 한 것이다. 그냥 나의 소유가 아니다. "내 뼈 중의 뼈요, 내 살 중의 살"이라고 한다.

이 표현은 아담이 그녀를 보고 반해서 시적으로 표현한 것이 아니다. 문맥적으로 보면 여자에 대한 소유권을 주장하는 하나님께 대한 반역이었다. 다른 것은 몰라도 그녀만은 '내 것'이라는 말이다. 아담은 그녀의 이름을 "여자"라고 불렀다. '여자'에 해당하는 히브리어 '이샤'(אִשָּׁה)는 "남자에게서"에 해당하는 히브리어 '메이쉬'(מֵאִישׁ/from man)에서 나온 단어다. 여자가 자기 자신에게 기원을 두고 있으므로 '내 것'이라는 뜻이다.

아담에게 하와는 이미 하나님보다 더 사랑하는 대상, 다시 말해서 '예배'의 대상이 된 것이다. 흥미로운 점은 그녀의 이름이 "여자"라고 지어진 것에 대한 하나님의 평가는 나오지 않는다. 대신 모세는 아담이 여자에 의해 타락하게 된 사건을 창세기 3장에 기록함으로써 그 의미를 알려 준다. 우리가 잘 아는 것처럼 창세기 3장은 인류의 타락이 어떻게 진행되었는지 보여 준다. 그러나 인류 타락의 본질이 무엇인지 알려주는 것은 창세기 2장이다.

본질은 '예배'의 문제였다.

이것을 놓치지 말아야 한다. 뱀은 아담에게 접근하지 않고 하와에게 접근

한다. 이유는 분명하다. 아담에게 하와는 이미 예배의 대상이 되었기 때문이다. 아담이 창조된 이유는 모든 피조물을 하나님의 소유로 이름하기 위해서였다. 그러나 자기 아내만은 그렇게 이름하지 않았다. 아내만은 나의 소유라고 했다. 이런 사실을 알고 있었던 사탄은 아담이 아닌 하와에게 접근했다. 하와를 예배의 대상으로 섬기게 된 아담은 여자가 요구하면 틀림없이 선악을 알게 하는 나무의 열매를 먹게 될 것이 분명했다.

이와 동일한 개념이 창세기 22장에서 다시 재현된다. 아브라함이 자기 아들, 이삭을 바치는 사건이다. 여기서도 핵심은 '예배'였다.

하나님은 아브라함의 나이가 100세가 되도록 기다리신 후에 100세에 약속대로 아들을 갖게 하셨다. 100세에 소유한 아들은 아담에게 주어진 여자와 방불(髣髴)하다. 아담이 극도로 외로운 중에 얻은 여자와 방불하고, 깊은 잠 속에 갈빗대 하나를 취해서 얻은 여자와 방불하다. 실로 아브라함에게 이삭은 뼈 중의 뼈요, 살 중의 살로 여겨질 만했다. 그런 아들을 하나님은 자신에게 "번제로 드리라"(창 22:2)고 하신다.

번제가 의미하는 것처럼 이삭을 하나님의 소유로 바치라는 말이다. 하나님은 눈에 넣어도 아프지 않을 아들을 아브라함에게 주시고 그 아들을 자신의 소유로 이름할 것인지, 아니면 하나님의 소유로 이름할 것인지 대답을 요구하시는 것이다.

이에 대하여 아브라함은 명확하게 반응한다. 자기의 유일한 아들, 이삭을 하나님의 명령대로 주저하지 않고 번제로 바쳤다. 물론 그가 이삭을 번제로 바치기 전에 하나님은 그의 행위를 막으셨다.

창세기 22장 12절을 보면 "사자가 가라사대 그 아이에게 손을 대지 말라 아무 일도 그에게 하지 말라 네 아들 네 독자라도 내게 아끼지 아니하였으니 내가 이제야 네가 하나님을 경외하는 줄 아노라"고 한다. 이 부분에 대하여 히브리서 기자는 "아브라함은 시험을 받을 때에 믿음으로 이삭을 드렸으니 그는 약속들을 받은 자로되 그 외아들을 드렸느니라"(히11:17)고 한다.

이 사건이 중요한 이유는 아담이 실패한 시험을 승리한 것이기 때문이다. 아브라함은 자신의 뼈 중의 뼈요 살 중의 살인 아들까지도 자기의 소유로 아끼지 아니하고 하나님께 드렸다. 결국 예배란 바울의 가르침처럼 자기 몸을 하나님께서 기뻐하시는 거룩한 산 제물로 바치는 영적 예배임을 알 수 있다.

여기서 하나님께 드려야 하는 것은 주일성수와 모여서 예배를 드리는 종교적인 영역만이 아니다. 하나님께서 성도들에게 이끌어 주신 삶의 모든 영역을 하나님께 희생으로 드리는 것으로 나타나야 한다. 자신부터 시작해서 사랑하는 아내와 자녀, 가정, 재물, 직장, 학교, 사회의 모든 영역이 하나님께서 받으시는 영적 예배의 영역이 된다.

예배란 하나님께서 우리에게 이끌어 주신 일상의 모든 것들을 내 것이라 이름 부르지 않고 하나님의 것으로 이름하는 것이다.

우리의 삶 속에 하나님께서 이끌어 주신 모든 것들과 환경을 하나님의 뜻 대로 이름하려면 하나님의 형상을 가지고 있어야 가능하다. 하나님의 형상 이 회복되지 않으면 하나님께서 우리 일상으로 가져다 주신 소유와 환경을 우리 뜻대로 우리의 것으로 이름할 수밖에 없다. 우리는 결코 하나님께 대 한 봉사로서의 예배자가 아닌 자신에 대한 봉사자로 살아갈 수밖에 없다.

이런 차원에서 예수님께서 이 땅에 오셔서 우리를 구원하신 이유는 영과 진리 안에서 참으로 예배하는 예배자가 되도록 하기 위해서다. 인류가 타 락한 상태에서는 결코 영과 진리로 하나님을 예배할 수 없다. 오로지 자기 욕심을 위해 이름을 짓는 자기 숭배밖엔 할 줄 모른다. 성령으로 거듭나지 못한 사람이 교회당에 와서 예배에 참석하더라도 아브라함과 같은 경외심 을 기대할 수 없다.

하나님은 아브라함이 이삭을 바칠 때, 비로소 "네가 하나님을 경외하는 줄 알았노라"고 했다. 하나님 말씀 앞에 굴복하고 복종하는 것이 "하나님을 경외하는 것"이라는 말씀이다.

여기서 공예배와 삶의 예배가 어떻게 연결되는지 알 수 있다. 하나님께서 아브라함에게 "네 아들 네 사랑하는 독자 이삭을 데리고 모리아 땅으로 가서 내가 네게 일러 준 한 산 거기서 그를 번제로 드리라"(창 22:2)는 음성은 오늘날 공예배 시간에 강단에서 회중들에게 일어나는 일이다.

아브라함에게 나타난 것처럼 예배는 여기서 끝나지 않는다. 도리어 여기서 예배가 시작된다. 아브라함이 하나님의 음성을 듣고 아침 일찍 일어나 나귀에 안장을 지우고 아들과 함께 모리아 산으로 가는 과정 하나하나가 다 예배이다. 예배의 완성은 아들을 번제로 드리는 데서 완성된다. 이것이 신자들의 일상에서 해야 할 예배이다.

오늘날 기독교인들의 문제가 여기에 있다. 그저 일요일마다 습관적으로 예배당에 와서 찬송가 부르고, 따분한 설교 한 편을 듣는 것으로 예배의 의무를 다했다고 생각한다. 아브라함처럼 하나님의 음성을 듣고 기억하여 번제를 드리는 영역은 찾아보기 힘들다.

작금의 기독교의 위기는 공적 예배와 삶의 예배가 유기적으로 연결되어 있다는 점을 알지 못한다는 데 있다. 공적 예배의 형식은 있으나 하나님의 음성은 명확하게 선포되지 않는다. 아니 도리어 사람들의 가려운 귀를 긁어 주는 것이 다수를 차지한다. 혹시 하나님의 음성이 명확하게 선포된다고 하더라도 그 말씀을 기억하고 삶 속에서 하나님이 기뻐하시는 거룩한 산 제사를 올려 드리는 것은 찾아보기 힘들다.

예배란 무엇인가?

하나님께서 우리에게 이끌어 오신 모든 사건과 삶을 하나님께서 기뻐하시는 거룩한 산 제물로 드리는 것이다. 내가 기뻐하는 이름이 아니다. 하나님께서 기뻐하시는 이름을 부여하는 것이다. 나에게 이끌어 주신 환경을 어떻게 하나님께서 원하시는 이름으로 지을 것인지 알기 위해 공적 예배가 존재한다. 신자는 공적 예배 가운데 조명된 말씀을 통해 삶 속에서 자기를 부인하고 복종함으로 하나님께서 원하시는 이름(하나님의 영광)을 짓는 경작 활동을 한다. 이것이 바로 영과 진리로 예배하는 영적 예배다. 이런 영적 예배를 수행하는 것이 신자가 구원을 받은 목적이다. 구원받은 성도는 "나라이 임하옵시며 뜻이 하늘에서 이룬 것같이 땅에서도 이루어지이다"(마 6:10)를 기도해야 할 의무가 있다.

이런 예배의 삶이 그리스도인들을 결과 중심이 아닌, 과정 중심적인 삶을 살도록 만든다. 그래서 신자에게는 인내가 필요하다. 하나님께서는 아담에게 하셨던 것처럼 신자들에게 수많은 사건들과 문제들을 우리에게 가져오시고 그것들에게 어떤 이름을 짓나 보신다. 그 이름은 항상 인내하며 차곡차곡 하나님의 뜻을 향해 나아가게 만드는 과정이다. 이는 마치 시편의 기자가 "울며 씨를 뿌리러 나가는 자는 반드시 기쁨으로 그 곡식 단을 가지고 돌아오리로다"(시 126:6)고 한 말씀과 같다.

이 사실을 잘 보여 주는 사건이 바로 예수님의 광야 시험 사건이다. 예수님은 40일 동안 금식을 하신 후에 광야에서 사탄에게 세 가지 시험을 받으셨다. 이 시험 가운데 하나가 바로 예배였다. 사탄은 예수님을 "지극히 높은 산으로 가서 천하만국과 그 영광을 보여 이르되 만일 내게 엎드려 경배하면 이 모든 것을 네게 주리라"(마 4:8-9)고 미혹한다. 옛 아담이 모든 것을 다 하나님께 드리되 하와만 자기 소유로 삼았던 미혹과 같은 원리다.

사탄은 "이 모든 것(천하만국과 그 영광)을 네게 주리라"고 호의를 베푸는 듯 말한다. 그러나 이 호의는 "내게 엎드려 경배"할 경우에 가능할 것이라고 한다. 이에 대한 예수님의 답변은 명확했다.

"사탄아 물러가라 기록되었으되 주 너의 하나님께 경배하고 다만 그를 섬기라 하였느니라"(마 4:10)

이러한 사탄의 미혹은 목적과 수단의 관계로 찾아온다. 목적이 옳으면 수단은 얼마든지 정당화될 수 있다고 한다. 놀랍게도 이것이 인류를 피로 물들였던 프랑스혁명과 공산주의 혁명의 핵심 원리다. 이 원리가 교회 안에서도 동일하게 나타난다. 어떤 식으로든 천국만 가면 되고, 어떤 식으로든 교회가 부흥하면 되며, 더 많은 사람들을 전도해서 천국에 보내기만 하면 된다고 속삭인다. 이런 태도가 바로 사탄에게 엎드려 경배하여 천국을 소유하자는 논리다. 이 논리가 종교통합을 가능하게 했고 교회의 타락과 이단이 누룩처럼 확산되는 토양이 되었다.

신앙은 과정이다. 결과는 하나님의 주권에 맡기는 것이다. 하나님은 우리에게 다양한 문제와 환경을 이끌어 주시고, 우리가 그것들에 대하여 어떤 이름을 지어줄 것인지(예배) 보신다. 우리는 수많은 환경과 사건들 속에서 사탄에게 경배하고 이 모든 것을 차지하려는 태도를 포기해야 한다. 오로지 예수님께서 말씀하셨던 것처럼 "주 너의 하나님께 경배하고 다만 그를 섬기라"는 명령을 준행해야 한다. 이 과정을 통해서 우리는 삶의 모든 영역을 하나님의 이름으로 가득 채우는 삶을 살게 된다.

존 번연John Bunyan의 『천로역정』을 보면 순례의 길에서 담을 넘어서 가는 사람들이 나온다. 하나님께서 정하신 규정을 가볍게 여기는 사람들이다. 과정은 중요하지 않다고 생각한다. 단지 목적지만 도달하면 된다고 생각한다. 이들에겐 굳이 십자가를 지고 자기를 부인하며 좁은 문으로 힘들게 순례의 길을 가야 할 이유가 없다. 도리어 이런 사람들에게는 그 길이 어리석게 보일 뿐이다. 이들의 이름은 '형식주의와 위선자'다. 경건의 모양은 가득하지만 경건의 능력은 부인하는 자들이다. 이들에게 신중함과 조심성은 순례의 길에서 불필요한 짐으로 여겨질 뿐이다. 도리어 신중하고 조심성 있게 신앙생활하는 신자들을 혐오스럽게 여길 뿐이다.

애석하게도 오늘날 한국교회는 이런 형식주의와 위선자들로 차고 넘친다. 이런 사람들은 교회 안에서 두 가지 유형으로 나타난다.

첫 번째 유형은 교리적으로는 엄격하고 신중함을 추구한다. 하지만 하나님께서 자신의 삶에 이끌어 주신 문제와 환경을 주님의 이름으로 이름하는 데 신중함이나 조심성이 없다. 이런 사람들은 교리적으로 엄격한 태도를 견지하지만, 정작 자신의 삶은 진리에 이르지 못한다. 바울이 지적한 것처럼 "항상 배우나 마침내 진리에 이르지 못하는"(딤후 3:7) 사람이다.

두 번째 유형은 삶 속에 뜨거움과 열정과 경건의 능력이 나타나는 것처럼 보이지만, 정작 진리의 말씀에는 무관심한 사람들이다. 바울은 이런 사람을 "하나님께 열심이 있으나 올바른 지식을 따른 것이 아니니라 하나님의 의를 모르고 자기 의를 세우려고 힘써 하나님의 의에 복종하지 아니"(롬 10:2-3) 하는 사람들이라 한다.

이제 글을 정리해 보자.

창세기부터 성경이 일관적으로 가르치는 예배는 무엇인가? 먼저 예배는 인간이 창조된 근본 목적이다. 예배에 대한 무관심은 교회의 타락을 잘 대변한다. 이는 마치 목사가 목회에 관심 없는 것과 같다. 예배의 타락으로 말미암아 세상은 점점 어두워지고 심한 악취가 나게 된다. 수많은 설교자들이나 크리스천들이 교회는 세상의 소금과 빛이라고 한다. 문제는 교회가 어떻게 세상 속에서 소금과 빛의 역할을 하는지 잘 모른다. 교회가 예배를 통해서 세상에 소금과 빛의 역할을 하게 된다는 메카니즘(mechanism)을 제대로 이해하는 사람이 많지 않다.

하나님께서 신자의 삶에 주신 모든 환경과 사건을 하나님의 뜻대로 경작하며 살아가면 세상은 에덴이 된다. 그리스도인들 각자가 자기의 영역에서 예배자로 충실하게 살면(경작하면) 하나님의 나라가 도래한다. 이것은 새로운 구호가 아니다. 종교개혁자들이 외쳤던 구호이기도 하다. 종교개혁의 핵심도 예배의 개혁이었기 때문이다.

그런데 종교개혁의 후예들이 또다시 예배를 망각했다. 예배가 왜 중요한지, 예배가 어떻게 세상을 변화시키는 원동력이 되는지 알지 못한다. 기껏해야 미신적으로 예배를 많이 하면 복이 온다고 생각한다. 이것은 마치 중세 가톨릭의 모습을 그대로 답습하는 듯하다.

이런 미신적 태도에 대한 반작용으로 이제는 교회들마다 예배 횟수를 점점 줄인다. 수요예배가 사라지고, 주일 오후예배가 사라진다. 어떤 교회는 일주일에 예배를 한 번만 하고 나머지는 성경공부나 친교 모임으로 대치한다. 어떤 사람은 아예 인터넷으로 설교를 듣고 온라인으로 마음에 드는 교회에 헌금을 하며 예배하는 현상까지 생겼다. 허접한 설교를 들으며 아까운 시간을 낭비하는 것보단, 좋은 설교를 자기 집 거실에서 시청하고 헌금을 하면 예배를 가치 있게 한 것이라 생각한다.

예배는 결코 그런 것이 아니다. 예배는 '과정'이다. 불편하고 효율성이 떨어지더라도 시간을 투자해서 예배의 장소에 나오는 수고와 과정이 있어야 한다. 그 과정에서 이미 예배가 시작된다.

예배는 또한 공동체적이다. 자기 혼자 좋은 설교를 인터넷에서 듣거나, 혹은 예배당에 직접 가서 예배를 했다고 해도 관객처럼 예배를 감상하고 사라지는 것은 예배라고 하기 어렵다. 예배는 공동체 안에서 갈등을 하더라도 신자들과의 교통과 목회자의 목양을 통해 세워져 가는 것이다.

비록 효율적이지 않아 보여도 그 비효율적인 갈등과 불편함 속에서 예배자로 만들어져 간다. 그래서 하나님은 교회를 창조하시고 목사와 장로라는 직분을 세워서 예배 공동체를 맡기시고 창조해 가신다.

☞ 예배의 정의

예배란 하나님께서 우리에게 이끌어 주신 모든 환경과 사건을 하나님의 이름(영광)으로 경작하는 과정이다.

예배는 개념이다

02

찬양

02
찬양

찬양은 예배에서 결코 빠질 수 없는 요소다. 우리는 무엇보다 예배에 대한 이해가 찬양보다 앞서야 한다는 결론에 도달하게 된다. 왜냐하면 찬양은 예배라는 더 큰 목적을 위해 존재하는 종속적 목적이 되기 때문이다. 따라서 찬양의 개념은 반드시 예배라는 궁극적 목적에 부합해야 한다.

찬양을 '예배'라는 궁극적 목적에 부합시키는 데 관심을 두지 않는다면, 찬양을 예배와 관계없이 주관적으로 이해할 뿐 아니라, 찬양의 기교에 치우칠 위험에 빠지게 된다. '찬양은 무엇인가'(What)보다는 '찬양을 어떻게 하는 것이 은혜롭고 좋은가'(How)에 더 초점을 맞추게 된다. 그렇게 되면 찬양은 결국 하나님을 예배하기 위한 요소가 아닌, 회중 모임을 흥겹게 하기 위한 일종의 유흥적 수단이 되어 버린다.

실제로 오늘날 상당수 교회들이 이 오류에 빠져 있다. 예배의 요소로서 찬양을 이해하기보다는 회중의 흥을 위해 찬양이 사용되는 경우가 많다.

많은 이들이 찬양의 'What'보다는 'How'에 더 초점을 맞춰 고민한다. 그 결과 작금의 찬양은 세속의 유흥가(遊興歌)와 구별이 될 수 없을 정도로 타락하고 말았다. 마치 출애굽기 32장에서 이스라엘 백성들이 황금송아지를 여호와라고 이름하고 애굽에서 우상을 섬기는 방식으로 "앉아서 먹고 마시며 일어나서 뛰놀더라"(출 32:6)의 태도를 그대로 보여 주고 있다.

이렇게 춤을 추며 유흥의 방식으로 찬양하는 태도를 지적하면, 상당수의 사람들은 다윗이 법궤를 옮기면서 춤춘 사건을 예로 들면서 합리화한다. 그러나 이런 주장은 결코 설득력이 없다. 다윗이 이때 춤을 춘 사건은 예배의 요소로서 행한 것이 아니기 때문이다. 이것은 다윗 한 개인의 주관적 행동에 불과했다. 구약에서 하나님을 예배할 때 춤을 춘 흔적은 찾아보기 어렵다. 도리어 이런 태도는 주로 이방 종교에서 흔히 하던 모습이었다.

애석하게도 언제부턴가 교회 안에서 찬양은 예배의 지루함을 달래기 위한 이상한 수단으로 전락했다. 그 결과 찬양이 중심을 이루는 '찬양 예배'라는 성경적 근거를 찾아볼 수 없는 정체불명의 예배가 등장하기까지 했다. 찬양이 예배를 위해 존재하는 것이 아니라, 예배가 찬양을 위해 존재하는 것처럼 되었다. 뿐만 아니라 찬양은 교회에서 특정 행사를 시작하기 전에 흥을 돋우기 위한 수단으로 전락하기까지 했다. 그것으로 찬양의 타락이 끝나지 않는다.

이제는 엄중해야 할 복음 전도의 자리까지 파고 들어와 전도의 수단으로 활용되고 있다. 거부감 없이 예수를 믿도록 하기 위해 세상 사람들이 좋아하는 음악 장르를 사용한다는 것이다. 이런 비성경적인 방법은 어느 정도 교회 성장에 도움을 주었다. 문제는 복음엔 관심 없고 음악을 숭배하는 사람들이 점차 늘어나게 되었다는 점이다. 하나님을 찬양하지 않는 사람들이 찬양 자체를 좋아해서 교회에 들어오게 된 것이다. 교회는 점점 하나님을 찬양하지 않는 찬양으로 점령당하고 있는 실정이 되고 말았다.

찬양에 대한 이런 오류는 교회들마다 경쟁적으로 찬양 집회라는 프로그램을 양산하게 했다. 예배가 무엇인지 알지 못하고, 또 예배자로서 사는 데 아무런 관심도 없는 청소년들과 청년들이 광적으로 찬양 집회를 따라다니며, 찬양 사역자를 꿈꾸기도 한다.

예배에 별 관심이 없는 청소년들과 청년들, 혹은 찬양 사역자들 가운데 상당수에게서 도덕성과 경건의 문제가 계속적으로 발생하고 있다. 찬양 인도자는 교회 청중들에게 연예인처럼 여겨지면서 성적 스캔들이 생기곤 한다. 경건은 두말할 필요 없다. 상당수의 찬양 인도 팀들이 찬양할 때는 그토록 열심히 찬양을 하지만, 찬양 인도 후에 불경건한 태도로 예배를 하거나 조는 모습을 흔히 본다.

찬양이 예배의 요소라는 점과 목적이 무엇인지 모르는 상태에서 음악적 유흥을 찬양과 혼동하면서 나타난 결과는 이처럼 끔찍하다. 이제 본격적으로 '찬양이란 무엇인가'를 살펴보기 전에, 무엇보다 먼저 '예배란 무엇인가'

에 대해서 생각해 보자.

앞에서도 언급했던 것처럼 예배란 '하나님께서 그의 백성들에게 이끌어 주신 환경과 사건과 대상들을 하나님의 뜻대로 경작하는 행위'라고 했다.

이 경작 행위를 위해 우리는 무엇보다 먼저 '하나님의 뜻에 귀를 기울이는 일'이 필요하다. 그리고 난 후, 신자들은 하나님의 뜻에 순종과 헌신으로 반응해야 한다. 자신에게 주어진 환경과 사건과 대상들을 하나님의 뜻에 보기 좋도록 경작(예배)해야 한다.

성공적인 예배가 되기 위해 '찬양'이라는 요소가 필연적으로 들어간다. 찬양은 신자가 하나님의 선하신 뜻을 알고 순종과 헌신으로 반응하되, 그 뜻에 긍정하여 적극성과 자발성과 감격으로 반응하는 것을 말한다. 신자는 하나님의 뜻을 알게 되었다고 해서 무조건 적극적이고 자발적으로 헌신하게 되는 것은 아니다. 하나님의 뜻을 기뻐하고 감사하며 긍정하는 찬양을 통해 나온다.

자발적 순종과 헌신이 없는 신자들은 예외 없이 그 심령에 찬양이 없다. 찬양이 있는데 자발적인 순종과 헌신이 없다는 것은 그 찬양이 위선이라는 사실을 의미한다. 이런 이유 때문에 공적 예배에서 찬송은 삼위 하나님을 찬송하고, 헌금을 찬송으로 하며, 말씀의 선포 후에도 찬송이 따르게 된다.

신자는 예배 가운데 성삼위 하나님과 헌금과 말씀을 기뻐하고 긍정한다는 의미를 찬송으로 표현한다. 삼위 하나님을 찬송한다는 것은 우리가 거룩하신 삼위 하나님을 기뻐한다는 고백이다. 헌금에 찬송이 들어가는 것은 바울의 가르침처럼 "각각 그 마음에 정한 대로 할 것이요 인색함으로나 억지로 하지 말지니 하나님은 즐겨 내는 자를 사랑하시느니라"(고후 9:7)는 말씀과 관련된다. 여기서 "인색함으로나 억지로 하지" 않고, "즐겨 내는" 것이 바로 '찬양'을 의미한다. 말씀 선포 후에 찬송을 하는 것도 그 말씀을 우리가 긍정하며, 기뻐한다는 고백이다.

하나님께서 받으시는 예배란 결코 의무와 형식이 되어서는 안 된다. 반드시 신자의 긍정과 자발성과 기쁨과 감격이 동반되어야 한다. 그러므로 개혁파 예배학에 의하면 찬양이란 "하나님을 향하여 그의 백성들이 하나님의 창조 역사, 섭리, 구속의 경륜에 대해 긍정하고, 감사하며, 감격하고, 영광을 돌리는 것"[1]이라고 가르친다.

무엇보다 공적 예배에서 찬송이 "가장 많은 참석자, 즉 회중 및 집례자가 능동적으로 예배에 참여"하는 것이라는 사실은 매우 중요하다. 이는 예배에 참여하는 모든 사람들이 하나님의 뜻 앞에서 자발적이고 적극적으로 긍정과 감격의 태도를 가지고 하나님의 뜻에 복종해야 한다는 점을 암시한다.

---

1) 이정현, 『개혁주의 예배학』 (서울성경신학대학원대학교, 2001), 281.

그러므로 심령 속에 찬양이 가득한 예배자는 그의 삶 속에 예배자로서 강력한 능력이 나타난다. 그들은 항상 하나님의 뜻을 기뻐하고 긍정하기 때문에 능력이 가득하고 거룩함을 드러낼 수밖에 없다. 신자의 삶에 순종이 없거나, 있다고 해도 능력이 나타나지 않는 원인을 찾으려면 무엇보다 그 심령에 찬양이 있는지 점검해 보아야 한다.

공적 예배에서 찬송과 교리는 절대적인 관계를 맺을 수밖에 없다. 공적 예배에서 찬송은 하나님의 속성에 명확한 교리를 전제로 하고 있기 때문이다. 회중들은 막연히 하나님을 찬송하는 것이 아니다. 회중들은 거룩하신 삼위 하나님의 속성에 대한 분명한 이해를 통해서 거룩하신 하나님을 염두에 두며 긍정하고 감사하여 감격하며 찬양을 한다. 교리가 불분명한 찬송은 그냥 음악적 자기도취나 자기감정을 숭배하는 것에 불과하다. 하나님에 대한 분명한 인식 때문이 아니라 음악적 감성 때문에 감격한다면 자기 숭배일 뿐이다.

오늘날 CCM이나 복음성가의 문제점이 바로 여기에 있다. 모든 CCM이 다 그런 것은 아니겠지만, 상당수의 음악들은 하나님의 속성과 뜻에 대한 분명한 이해가 없다. 하나님을 그냥 사랑한다, 찬양한다, 감사한다고 한다. 사랑하고 찬양하고 감사한다고 하지만 이에 대한 분명한 이유가 없다. 어떤 CCM은 아예 하나님이라는 고유명사도 등장하지 않고 '그'나 '당신'이라는 대명사로 찬송을 부른다. 이렇게 부르는 찬송은 가요인지 찬송인지 구별하기도 어렵다.

음악 장르도 찬양을 하는데 심각한 문제가 된다. 찬송을 하는 가사도 중요하지만 장르도 못지않게 중요하다. 왜냐하면 장르는 찬송을 하는 대상에 대한 이미지를 형성하기 때문이다.

예를 들어서 힙합(Hiphop)과 테크노(Techno)는 본래 '에시드 음악'(Acid music)이라고 해서 환각제를 사용할 때, 환각 효과를 극대화하기 위해 만든 음악이다. 또 뉴에이지(New Age) 음악은 뉴에이저들이 초월명상과 엑스타시(ecstasy)를 경험하기 위해 만든 음악이다. 그래서 이런 음악을 많이 들으면 자동적으로 심한 우울증에 빠진다. 실제로 어떤 임산부는 뉴에이지 음악으로 태교를 했다가 아이가 자폐아로 태어났다고 한다. 락(Rock)이나 메탈(Metal) 음악은 음란과 폭력을 위하여 만든 음악이다. 과연 이런 음악이 하나님의 거룩함과 엄위하심과 진실하심과 순결하심을 드러내기에 적절한지는 분명히 생각해 볼 노릇이다. 목적이 옳다면 수단도 적절해야 마땅하다.

이러한 세속화 흐름에 문제의식을 느낀 개혁파 교회들은 교회 예배에서 시편 찬송을 불러야 한다고 주장한다. 시편 찬송은 종교개혁 당시부터 교회 안에서 가장 많이 불렸던 찬송이었다. 이런 전통을 염두에 두고 캐나다 개혁파 교회는 예배 시에 반드시 시편 찬송만을 부르도록 규정하고 있다고 한다. 만일 공예배에서 시편 찬송을 거부한다면, 그 교회는 교단에서 나가야 한다고 한다. 왜냐하면 시편은 하나님의 오류 없는 영감을 받은 성경이기 때문이다. 반면에 북미 연합 개혁교회에서는 이러한 법 조항이 없다.

개혁파 교회에서 시편 찬송을 이렇게 중요시 여기는 풍토는 정말로 환영할 만하다. 그러나 이런 풍토가 너무 극단적으로 가는 것도 경계해야 한다. 개혁파 교회는 무조건 시편 찬송만 불러야 하며, 시편 찬송을 부르지 않는 교회는 결코 개혁파 교회라고 볼 수 없다는 주장은 너무 극단적인 주장이다. 개혁파 교회의 여부를 주장하는 근거로 시편 찬송을 시금석으로 삼는 것은 개혁파 교회가 가지고 있는 다양성을 무시하는 처사다.

그러면 시편 찬송을 불러야 한다는 것과 부르지 말아야 한다는 두 가지 극단 가운데서 어떻게 균형을 잡아야 할 것인지 조나단 에드워즈^{Jonathan} ^{Edwards}의 조언을 들어 보자. 에드워즈는 시편 찬송을 거부해야 한다는 주장에 대하여 다음과 같이 반박했다.

저는 우리 공중 예배에서 시편 찬송을 팽개쳐 버려야 한다고 절대 생각하지 않습니다. 오히려 저는 기독교회가 세상 끝날까지 항상 시편 찬송을 사용해야 한다고 믿습니다.[2]

그러나 조나단 에드워즈의 주장은 여기서 끝나지 않는다는 점이 주목할 만하다. 그는 계속해서 말한다.

그러나 우리가 꼭 그것만 사용하라는 법을 저는 찾을 수 없습니다. 제가 하나님의 말씀에서, 우리가 찬송할 때 성경 말씀만 사용해야 한다는 명령이나

---

2) 조나단 에드워즈, 『균형잡힌 부흥론』, 양낙흥 역 (부흥과개혁사, 2005), 260.

규칙을 찾지 못하는 것은, 우리가 기도할 때 성경에 나오는 말씀만 가지고 해야 된다는 명령이나 규칙을 성경에서 찾지 못하는 것과 다를 바가 없다고 봅니다.[3]

개혁파 교회들이 시편 찬송을 부르는 것이 좋다는 점을 우리는 부정하지 말아야 한다. 비록 시편 찬송이 젊은이들의 취향에 맞지 않는다고 하더라도 교회는 이 전통을 존중하고 계승 발전시켜야 마땅하다. 그러나 한편으로는 시편 찬송만이 예배 찬양으로 절대적이라고 보는 것 또한 정당하다고 볼 수 없다. 캐나다 개혁파 교회가 주장하는 것처럼 교회 예배는 오로지 성경으로만 구성되어야 한다는 이유 때문에 시편 찬송만 해야 한다면, 예배 가운데 사도신경을 고백하는 것도 문제가 된다. 왜냐하면 사도신경은 성경에 없기 때문이다. 사도신경은 성경이 내포하는 교리를 체계화시킨 고백서일 뿐이다. 사도신경이 성경에 나오지 않는다고 해도 개혁파 교회는 사도신경을 예배 가운데 고백한다. 그 이유가 무엇인가? 사도신경이 성경의 교리 체계에 부합하기 때문이다. 사도신경이 성경은 아니지만 성경적이기 때문이다.

이런 관점에서 본다면 찬송가도 다르지 않다. 찬송가가 성경에 나온 것은 아니다. 그러나 찬송가가 성경이 내포하는 교리를 적절하게 설명해 준다면 거부해야 할 이유가 없다. 도리어 찬송가는 예수 그리스도의 구속 은총을 시편 찬송보다 더 명확하게 설명해 준다. 뿐만 아니라 교회사 속에서 경건

---

3) Ibid., 260.

했던 신앙의 선배들이 했던 고백을 우리도 동일하게 고백하게 한다. 이로써 성도들은 시대를 초월하여 서로 교통을 경험하게 되고 위로와 힘을 얻는다.

찬송가와 시편 찬송을 부르는 문제에 있어서 한 가지 더 염두에 두어야 할 점이 있다. 그것은 찬송을 인도하는 인도자와 회중들의 신앙 상태다. 앞에서 언급한 것처럼 찬송은 단순히 노래가 아니다. 찬송은 하나님의 거룩하신 속성과 일하심과 뜻에 대하여 적극적인 긍정과 자발적인 태도의 고백이다. 그러므로 찬양을 인도하는 사람은 이런 고백을 가지고 있어야 한다.

신앙적 고백 없이 감상적으로만 찬양한다면 그것은 위선일 뿐이다. 찬송가를 인도하든, 시편 찬송을 인도하든, 찬양을 인도하는 인도자는 찬송에 대한 교리적 이해뿐만 아니라, 신앙적 동의와 감격을 가진 사람이어야 한다. 찬양 인도자는 찬양의 고백이 내포하는 믿음의 신비를 알고 진심으로 하나님을 찬송하고픈 마음이 있는 사람이어야 한다. 특히 시편 찬송은 시편에 대한 신학적 교리적 이해가 충분해야 은혜가 된다.

만일 하나님의 거룩하신 속성에 대한 이해도 없고 하나님의 뜻에 동의와 감사도 없는 사람이 목소리가 좋고 음악성이 있다는 이유만으로 찬양을 인도한다면 그것은 영혼 없는 울림일 뿐이다. 자신이 찬양하지 않는 대상을 찬양하라고 인도하는 사람은 분명히 위선자일 뿐이다.

오늘날 교회 찬송이 변질된 이유는 여기에 있다. 찬양을 인도하는 사람이나 회중들이 찬송가나 시편 찬송이 내포하는 신앙과 일치하지 못한다는 것이 문제다. 찬송가나 시편 찬송의 주옥같은 가사를 찬송하지만, 가사 안에 내포된 믿음의 깊은 신비를 전혀 알지 못하고 동의하지 못하는 경우가 많다.

찬송은 하나님의 속성과 뜻에 대한 전적인 동의와 감사와 기쁨의 표출 방식이다. 이런 동의와 감사와 기쁨을 표출할 신앙이 없다면 총은 있지만 총알 없이 방아쇠를 당기는 것과 진배없다. 이런 사람들은 결코 찬송가나 시편 찬송을 기뻐할 수 없다. 감격이 나올 수 없다. 그렇기 때문에 상당수의 찬양 인도자들은 CCM 같은 유흥 찬양을 선호할 수밖에 없다. 이런 것이 아니면 본인도 흥이 나지 않는 것이다. 회중들도 마찬가지다. 그렇다고 해서 교회 젊은이들에게 억지로 시편 찬송이나 찬송가를 강요한다고 문제가 개혁되지 않는다.

신앙이 먼저 들어가야 한다.

우리 개혁자들이 보여 준 것처럼 정확한 교리와 신앙을 가르치고 그 은혜에 먼저 감사함이 있어야 한다. 목회자들은 가르친 교리와 신앙을 삶 속에서 경험하도록 목회해야 한다. 교리와 일치하는 믿음의 비밀을 가진 성도들은 강요하지 않아도 찬송가나 시편 찬송을 사랑할 수밖에 없다.

다시 앞에서 하던 주장으로 돌아가자. 찬양이란 단순히 공예배에서 노래하는 것을 의미하지 않는다. 찬양에 해당하는 히브리어를 보면, '할랄', '야다', '자마르', '샤바흐', '바락', '아나', '라난', '쉬르', '길' 등이 있다. 그러나 이 모든 히브리 단어들은 주로 노래로 찬송한다는 뜻이 아니다. 물론 '아나'나 '쉬르'처럼 노래한다는 의미의 히브리어도 있다. 그러나 대부분 이 표현들은 하나님을 높이며, 기뻐하고, 기도하며, 감사한다는 의미이다.

'찬양'이란 하나님을 자발적으로 높이며 기뻐하고 기도하며 감사한다는 의미다. 이것이 공적인 예배에서는 노래로, 삶 속에서는 기쁨과 감사로 표출되는 것이다.[4]

그러므로 우리가 너무도 잘 아는 "항상 기뻐하라 쉬지 말고 기도하라 범사에 감사하라 이것이 그리스도 예수 안에서 너희를 향하신 하나님의 뜻이니라"(살전 5:17-18)의 말씀은, 한마디로 '여호와를 쉬지 말고 찬양하라'는 뜻이다. 이것을 웨스트민스터 소교리문답 제1문 표현으로 말한다면 사람의 제일 되는 목적으로서 "영원토록 하나님을 즐거워하는 것"이라고 할 수 있다.

찬양을 좀 더 심도 있게 살펴보기 위해 하이델베르크 요리문답을 보자. 하이델베르크 요리문답은 찬양이 단순히 노래가 아니라 하나님의 선하신 뜻을 긍정하며, 자발적이고 능동적인 감사와 찬송과 헌신의 의미로 가르친다. 찬양은 율법과 기도로 나타나야 한다고 가르친다.

---

4) 이정현, 282.

신자가 하나님의 구원을 찬양하는 적극적인 방식은 노래가 아니다. 율법을 순수하고 쉬지 않고 기도하는 것이다. 율법 준수는 구원의 조건이 아니다. 하나님을 찬양하는 능동적이고 적극적인 방식이다. 기도 또한 그렇다. 기도는 하나님을 찬양하도록 새롭게 창조된 하나님의 백성들이 자발적으로 할 수밖에 없는 호흡과 같다.

따라서 이사야 42장 1-2절에서 "할렐루야 내 영혼아 여호와를 찬양하라 나의 생전에 여호와를 찬양하며 나의 평생에 내 하나님을 찬송하리로다"라고 한 말씀은 구원받은 하나님의 백성들이 일평생 하나님의 뜻을 긍정하며 살 수밖에 없음을 가르친다.

구원받은 성도는 결코 지적 동의로만 그치지 않고 율법을 준수하며, 기도에 투신하며 살 수밖에 없음을 잘 보여 준다. 이런 차원에서 찬양의 반대는 불평과 원망이다. 불평과 원망은 불신의 표출 방식이다.

특히 이사야 42장 8절에서 "나는 여호와니 이는 내 이름이라 나는 내 영광을 다른 자에게, 내 찬송을 우상에게 주지 아니하리라"는 말씀은 구원받은 신자의 찬양이 얼마나 중요한지 잘 보여 준다. 하나님은 "나는 여호와니 이는 내 이름이라"고 선언하신다. 이 선언은 하나님께서 자신의 영광을 나타내셨다는 뜻이다.

그런데 그 다음에 "나는 내 영광을 다른 자에게, 내 찬송을 우상에게 주지 아니하리라"고 하신다. "내 영광"과 "내 찬송"이 짝을 이루고, "다른 자"와 "우상"이 짝을 이룬다. 이 말씀은 하나님께서 당신의 영광을 드러내신 목적이 그의 백성들에게 찬송을 받기 위해서라는 점을 가르친다. 하나님께서 당신의 영광(이름)을 드러내셨을 때, 어떻게 찬송하게 하신다는 것인가? 하나님의 이름을 긍정하고 기뻐하여 적극적이고 능동적인 예배 행위로 찬송하게 된다.

오늘날 이 시대는 찬양을 잃었다. 교회가 하나님의 뜻을 긍정하고 기뻐하여 적극적이고 능동적으로 예배하는 일을 상실했다.

시편 110편 3절은 "주의 권능의 날에 주의 백성이 거룩한 옷을 입고 즐거이 헌신하니 새벽 이슬 같은 주의 청년들이 주께 나오는도다"라고 가르친다. 주의 권능의 날에 교회는 하나님께 즐거이 헌신하게 될 것이다. 이것은 찬양이 넘치는 교회의 모습을 보여 준다.

교회는 억지로 하나님께 복종하고 헌신하는 존재들이 아니라, 적극적이고 능동적으로 헌신하는 존재들이다. 하나님의 뜻을 명확하게 알고 그 뜻을 받들어 즐거이 헌신하는 것이 찬양이다. 이 찬양을 통해서 영적 예배는 활기를 띤다. 하나님 나라 경작은 억지로 하는 노동이 되지 않고 즐거운 헌신이 된다. 신자의 능력은 여기서 발산된다. 영적 전쟁의 사기는 하늘을 찌른다. 거룩한 전쟁에서 결코 두려워 떨지 않는다. 고된 헌신 속에서도 지치지 않는다.

"오직 여호와를 앙망하는 자는 새 힘을 얻으리니 독수리가 날개치며 올라감 같을 것이요 달음박질하여도 곤비하지 아니하겠고 걸어가도 피곤하지 아니 하리로다" (사 40:31)

☞ **찬양의 정의**

예배의 요소로서 찬양은 하나님의 거룩하신 속성과 선하신 뜻에 긍정하고 기뻐하며 감사하는 예배의 한 요소다.

예배는 개념이다

03

기도

03
기도

　어느 종교나 '기도'라는 종교 행위는 꼭 있다. 기도는 자신이 믿고 섬기는 신을 의지하는 방식이요, 자신의 염원을 알리고 도움을 구하는 방편이다.

　기도가 기독교에만 존재하는 것은 아니다. 기도하는 것만으로 기독교인을 다른 종교인과 구별할 수 없다. 기도 자체에서 구별되는 것이 아니라 기도의 방식에서 구별된다. 기도를 하더라도 이방인처럼 한다면 문제가 된다. 문제는 오늘날 개혁파 진영의 교회에서는 기도에 대한 비중이 점점 약화되고 있다는 사실이다. 아마도 오순절 은사 운동에 대한 반작용으로 나타난 거부감인 듯하다. 솔라 스크립투라(Sola Scriptura/오직 성경)를 너무 강조한 나머지 교리와 성경에 대한 공부는 많이 하지만, 기도에 대한 비중은 현저하게 빈약하다. 이런 사실은 개혁파 진영에서 기도에 대한 논문이나 실천적 가르침을 보기 힘들다는 점에서 잘 입증된다.

물론 개혁파 진영의 교회들이 기도하지 않는다는 말은 아니다. 분명히 기도를 한다. 그러나 성경을 배우고 교리를 배우는 것과 비교할 때, 그 비중과 중요성에 대한 평가가 너무 낮다는 말이다. 이 말은 개혁파 교회들이 하나님의 뜻에 대한 관심은 있지만 정작 하나님의 뜻대로 살겠다는 열망은 별로 없다는 것을 의미한다.

이런 현상은 16세기 종교개혁자들이나 청교도들의 태도와 분명히 다른 모습이다. 이들은 말씀 못지않게 기도를 중요하게 여겼다. 청교도들은 기도를 '영혼의 호흡'이라고 생각했다. 기도에 대한 저서들도 무수히 출판했다. 기도를 중요시 여긴 태도는 위대한 개혁자 칼빈$^{John Calvin}$에게도 선명히 나타난다. 그의 명저 기독교 강요 3권을 보면 기도에 대한 항목을 별도로 구분하여 기도를 가르칠 정도였다. 칼빈은 기도의 당위성을 아주 단호하고 엄격한 어조로 강조했다.

> 기도함이 없는 믿음은 진정한 믿음일 수가 없다. … 믿음이 복음에서 생기는 것과 같이, 믿음을 통하여 우리의 심령은 하나님의 이름을 부르게 된다.[5]

우리는 여기서 기도에 대한 전반적인 모든 것을 살펴보지는 않을 것이다. 그럴 수도 없다. 단지 예배 요소로서 '기도'의 위치를 살펴보려 한다. 이것은 공적 예배에서의 위치만이 아니다. 삶의 예배까지 다 포함한다. 예배의 요소로서 기도의 위치를 살펴본다는 것은 신자에게 기도는 조금도 가볍게 여

---

5) 기독교 강요 III. 20. 1.

길 수 없는 것임을 깨닫게 한다.

이제 예배 가운데 기도는 어떤 역할을 하는지 살펴보자.

첫째, 예배의 요소로서의 기도는 찬양과 뗄 수 없는 관계다.

바울은 "아무것도 염려하지 말고 다만 모든 일에 기도와 간구로, 너희 구할 것을 감사함으로 하나님께 아뢰라"(빌 4:6)고 했다. 바울은 기도와 간구를 위한 한 가지 전제를 신자들에게 가르친다. 그것은 "감사함으로" 기도해야 한다는 점이다. 여기서 "감사"라는 것은 예배에서 '찬양'을 의미한다.

앞 장에서 '찬양'의 개념을 살펴본 것처럼 찬양이란 단순히 예배 시간에 부르는 노래가 아니다. 하나님께 대한 긍정과 기쁨과 감사를 의미한다. 찬양은 예배 모든 요소와 직결된다. 찬양이 없는 신앙고백, 헌금, 말씀에 대한 수용은 위선이다. 마찬가지로 찬양 없는 '기도' 또한 위선이다. 우리의 기도는 바울의 가르침처럼 "감사함으로 하나님께 아뢰"는 것이어야 한다.

감사(찬양) 없는 기도는 믿음이 결여된 기도다. 위선적인 기도다. 모양은 있으나 경건의 능력이 나타나지 않는 기도일 뿐이다. 기도에 찬양의 요소가 빠질 수 없다는 사실은 예수님께서 가르치신 주기도문에도 잘 나타난다. 예수님은 제자들에게 여섯 개의 청원을 가르치시고, 마지막으로 '송영'을 가르치셨다. 송영은 우리가 잘 알고 있는 것처럼 "나라와 권세와 영광이 아버지께 영원히 있사옵나이다"로 되어 있다. 송영이란 한자로 칭송할 송(頌)과 신령 영(靈)을 사용한다. 영이신 하나님을 칭송한다는 뜻이다. 영어로는 'Doxology' 혹은 'Glorification'이라 한다. 송영은 '하나님의 영광을 찬양함'을 뜻한다.

이런 의미를 염두에 두고 주기도문의 마지막을 송영으로 끝낸다는 것은 매우 중요한 의미를 내포한다. 기도 속에 하나님께 대한 찬양이 없다면 참된 기도가 될 수 없다는 뜻이다. 예수님은 신자가 어떤 내용으로 기도하느냐 이전에, 기도가 하나님께 대한 찬양에서 시작되어야 한다는 점을 가르치신다.

찬양이 무엇이라고 했는가? 찬양은 '하나님의 뜻에 대한 긍정과 기쁨과 감사'라고 했다. 예수님은 우리의 기도에 '찬양'이 동반되지 않는다면, 그 기도는 능력을 상실하고 위선적인 기도가 될 뿐이라고 가르치신다.

실제로 바리새인들이나 이방인들의 기도에 근본적으로 결여된 것은 바로 찬양이었다. 그들은 기도를 하지만 하나님을 긍정하고 영화롭게 하며 기쁘시게 하는 데 관심이 없었다. 때문에 그들의 기도는 결코 자발적일 수 없었다. 사람들에게 자신의 경건을 과시하기 위해 큰 거리 어귀에서 기도하기를 좋아할 뿐이다. 찬양 없는 기도는 경건의 능력이 나타나지 않는다. 외적인 의무로 강요되지 않으면 지속성을 유지하지 못한다.

문제는 기도에 찬양을 동반하는 것이 우리 힘으로 되지 않는다는 데 있다. 오로지 성령의 도우심으로만 가능하다. 존 번연은 "올바른 기도가 되게 하기 위해서 성령님의 도우심을 반드시 받아야 한다." 고 가르친다. 존 오웬 John Owen 도 성령의 도우심을 받아 기도할 때라야만 비로소 "무엇을 기도해야 하는지 알게 된다."고 말한다. 무엇을 기도해야 하는지 알게 된다는 말은 우리의 기도가 피상적이 되지 않고 구체적이 된다는 말이다.

성령 안에서 기도하면 구체적으로 어떻게 행동하고 순종해야 할지 알게 하신다. 그리고 이를 위해 헌신할 열정이 부어지고 확신하게 된다. 바울은 이렇게 성령 안에서 하는 기도를 로마서 8장 26절의 말씀을 통해서 다음과 같이 가르쳤다.

"이와 같이 성령도 우리의 연약함을 도우시나니 우리는 마땅히 기도할 바를 알지 못하나 오직 성령이 말할 수 없는 탄식으로 우리를 위하여 친히 간구하시느니라" (롬 8:26)

찬송을 동반한 기도가 되려면 오로지 성령님의 도우심을 지속적으로 구해야 한다.

이제, 기도와 송영(찬양)에 대한 인식을 가지고 공적 예배 순서를 보자. 전통적으로 개혁파 교회는 예배 순서 가운데 십계명 낭독을 한다. 그리고 십계명 낭독 후엔 '회개의 기도' 순서가 뒤따른다. 이때 기도는 사랑 실천의 무능함에 대한 회개 기도이며, 동시에 사랑을 실천하기 위해 은혜를 구하는 시간이다.

이런 기도 속에는 자신의 죄를 고백하는 회개와 하나님을 향한 분명한 긍정과 기쁨과 감사의 찬양이 있어야 한다. 신자는 율법이 자신의 죄에 대하여 정죄할 때, 인정해야 한다. 그리고 그리스도의 속죄의 은총을 통해서 이미 죄가 용서받았다는 긍정과 기쁨과 감사가 있어야 한다.

뿐만 아니라 진정으로 하나님의 뜻대로 사랑을 실천하기를 열망해야 한다. 그 가운데 신자는 자신의 악함과 무능에 대한 탄식만이 아닌, 찬양이 동반되어 기도한다. 그럴 때 기도의 열매를 기대할 수 있다. 설교를 통해서 하나님의 말씀이 선포된 후에 뒤따르는 기도도 마찬가지다. 우리 힘으로 주님 말씀을 준행할 능력이 없음을 고백하고 주님의 선하심과 신실하심을 믿으며 감사로 구해야 한다.

둘째, 기도는 배워야 한다.

서론에서 언급했던 것처럼, 기도는 기독교에만 있는 요소가 아니다. 모든 종교에 다 있다. 기도 없는 종교는 상상할 수 없다. 성경적으로 기도를 배우지 않는다면 우리의 기도는 자동적으로 이방인들처럼 기도하거나 바리새인처럼 기도하게 된다. 우리의 기도는 이들의 기도와 분명히 구별되어야 한다.

여기에 한 가지 짚고 넘어가야 할 점이 있다. 기도를 등한시하면서 교리만 추구한다면 그것은 종교가 아니라 철학일 뿐이라는 사실이다. 교리는 열심히 배우지만 그에 상응하는 기도가 없다면 신앙이라고 할 수 없다.

철학에 기도가 없는 이유가 무엇인가? 자기 이성을 숭배하기 때문이다. 끊임없는 공부는 이성에 대한 경배(예배)행위다. 굳이 철학에서 기도와 흡사한 영역을 찾는다면, 이성적 사유(思惟)라 할 수 있다.

애석하게도 오늘날 상당수의 개혁파 교회들이 기도의 의무를 등한시하는 경향이 많다. 성경과 교리를 배우는 이성적 유흥에만 집착한다. 머리는 점점 뜨거워지지만 가슴은 차가워진다. 뜨거워진 지식이 가슴으로 내려가지 않는다. 기도가 약하기 때문이다. 이런 현상은 개혁파 교인들의 신앙이 점점 철학화되고 있다는 사실을 증명한다. 무엇보다 안타까운 점은 개혁파 교회가 여러 가지를 가르치지만 기도를 가르치는 일에는 너무 소홀하다는 점이다. 기도를 가르치더라도 피상적이다. 적용 가능한 실제적인 가르침을 찾아보기 힘들다. 기도를 구체적으로 가르치지 않는다면 이방인이나 바리새인들처럼 기도하게 된다. 잘못된 기도에 대한 개혁이 이루어지지 않는다. 기도를 개혁하려면 비판만으로 되지 않는다. 개혁파 입장에 합당한 올바른 기도를 실천하고 보급하여 확산시켜야만 한다.

예수님의 공생애를 보면, 친히 기도를 가르치시고 구체적으로 기도 생활을 실천하셨다. 기도를 통한 경건의 능력이 선명하게 나타났다. 귀신을 쫓지 못하는 제자들 앞에서 귀신을 쫓으시고 "기도 외에 다른 것으로는 이런 종류가 나갈 수 없느니라"(마 9:29)고 가르치셨다. 모든 일을 결정하실 때에도 간절한 기도가 앞서셨다.

이런 기도 생활은 제자들의 마음을 감동시키기 충분했다. 누가복음 11장을 보면 "예수님께서 한 곳에서 기도하시고 마치시매" 제자 가운데 한 명이 "우리에게도 (기도를) 가르쳐 주옵소서"라고 요청한다. 기독교 신앙에서 기도는 반드시 배워야 한다는 사실을 발견하게 된다. 이방 종교와 기독교가 구별되는 중요한 요소다. 성경적으로 배우지 않고 경험이나 본성으로 하면 바리새인이나 이방인처럼 기도하게 된다. 교회에서 가르치지 않으면 기도 많이 한 신령한(?) 권사님을 따라다니면서 이방인처럼 기도하기 쉽다.

마틴 로이드 존스^{Martyn Lloyd Jones}도 이런 사실을 다음과 같이 지적했다.

기도는 쉬운 것이 아닙니다. 우리의 본성 때문에 기도는 어렵고 우리는 가르침을 필요로 합니다.

이런 사실은 마태복음 6장에서도 발견하게 된다. 예수님은 제자들에게 기도를 가르치시기 전에 신자가 빠지기 쉬운 두 가지 오류를 지적하셨다. 하나는 바리새인들처럼 기도하는 것이다. 다른 하나는 이방인들처럼 기도하는 것이다. 바리새인이나 이방인들처럼 기도하는 오류가 어떤 식으로 나타나는지 구체적으로 보자.

첫째, "사람에게 보이려고" 기도하지 말라는 것이다.

바리새인들의 전형적인 오류다. 이 오류는 타락한 본성을 가진 사람들이라면 흔히 빠질 수밖에 없다. 주님은 제자들에게 "골방에 들어가 문을 닫고 … 은밀한 중에 보시는 네 아버지께" 기도하라고 가르치셨다.

신자가 기도하기 위해 물리적인 골방이 있어야 한다는 말은 아니다. 우리 기도가 어떤 사람도 의식하지 않고 오로지 하나님께만 집중해야 한다는 뜻이다. 다시 강조한다. 우리 마음은 오로지 하나님께만 집중되어야 한다. 다른 사람들을 의식하지 말아야 한다. 산만하지 말아야 한다. 남들이 어떻게 보든 신경 쓰지 말고 하나님만 바라보아야 한다. 다른 사람들을 의식하지 않고 술 취한 여자로 오해받을 정도로 오로지 기도에만 집중했던 한나처럼 기도해야 한다(삼상1:12-16[6]). 이렇게 집중하여 하나님만 의식하며 기도할 때, 그 기도가 하나님께 상달되며 신자는 하나님만 예배하는 태도를 견지할 수 있다. 예배는 오직 하나님만 바라보는 태도이기 때문이다.

둘째, "이방인과 같이 중언부언하지 말라"는 것이다.

이 가르침은 몇 가지 의미를 내포한다. 첫째는 기도를 이방인들의 주문처

---

[6] "그가 여호와 앞에 오래 기도하는 동안에 엘리가 그의 입을 주목한즉 한나가 속으로 말하매 입술만 움직이고 음성은 들리지 아니하므로 엘리는 그가 취한 줄로 생각한지라 엘리가 그에게 이르되 네가 언제까지 취하여 있겠느냐 포도주를 끊으라 하니 한나가 대답하여 이르되 내 주여 그렇지 아니하니이다 나는 마음이 슬픈 여자라 포도주나 독주를 마신 것이 아니요 여호와 앞에 내 심정을 통한 것뿐이오니 당신의 여종을 악한 여자로 여기지 마옵소서 내가 지금까지 말한 것은 나의 원통함과 격분됨이 많기 때문이니이다 하는지라"

럼 이해하지 말라는 뜻이다. 여기서 "중언부언"이란 말은 직역하면 '같은 말을 반복하다'라는 뜻이다. 이방인들이 주문을 외우는 모습을 염두에 두신 표현이다. 이방인들은 같은 말을 여러 번 반복하면 그것이 현실화된다는 미신으로 기도했다.

이것은 관념론 철학과 관련되어 있다. 말을 하면 말대로 된다는 미신과 직결되어 있다. 과거에 이런 책들이 많이 쏟아져 나왔다. 긍정적인 말을 많이 하면 좋은 일이 생기고, 부정적인 말을 많이 하면 부정적인 일이 많이 생긴다고 한다. 어떤 말을 하느냐에 따라서 인생이 달라진다고 가르친다. 이것은 고대시대의 밀교(密敎, Mysteries)에서 흔히 가르치던 미신이다. 놀랍게도 이런 기도가 교회 안에서 '관상기도'라는 이름으로 아무런 분별없이 가르쳐지고 있다. 사막 교부들이 했던 기도라는 명분을 내세운다.

관상기도에 빠진 사람들은 특정 기도문을 수백 번 반복해서(중언부언) 외우면 응답이 이루어진다고 믿는다. 특정 기도문 중에는 '주기도문'도 포함된다. 아무리 주기도문이라 하더라도 반복해서 외우면 응답이 일어난다는 것은 미신이다. 예수님은 분명히 주기도문을 가르치시기 전에 이런 용도로 사용될 것을 경계하셨다.

어떤 사람은 이렇게 주기도문을 사용해서 귀신이 떠나가고 응답이 왔다고 반박한다. 이런 일이 일어날 수 있다. 부정하지 않는다. 그러나 분명한 점은 중언부언은 주님께서 금하신 것임에 틀림없다는 것이다. 그렇다면 그

응답과 귀신이 떠나감이 성령의 역사인지는 다시 생각해 보아야 한다. 관상기도는 주로 천주교나 불교에서 행해진다. 그들은 다양한 기도문을 주고 기도의 횟수를 중요시한다. 기도 횟수를 세기 위해 염주나 묵주가 항상 손에 쥐여 있다. 이런 기도는 비록 성경 말씀을 사용한다고 하더라도 분명히 이방인들의 기도일 뿐이다. 이렇게 사용된 주기도문은 더 이상 주기도문이 아니다. 그냥 '주문'일 뿐이다.

그러면 예수님께서 가르쳐 주신 주기도문은 어떻게 활용하는 것이 옳은가?

먼저 주기도문은 암송하라고 주신 것이 아니라는 점을 기억해야 한다. 기도의 원리로 주셨다. 신약 성경 어디에도 제자들은 주기도문으로 기도했다는 흔적이 없다. 신자들에게 주기도문을 암송하여 기도하라고 가르친 흔적도 없다. 주기도문을 소화하여 그 원리로 기도하도록 가르쳤다.

대표적인 예가 빌립보서 4장 6절이다. 바울은 "아무것도 염려하지 말고 다만 모든 일에 기도와 간구로, 너희 구할 것을 감사함으로 하나님께 아뢰라"고 가르친다. 바울은 "모든 일에 기도와 간구"를 하라고 가르친다. 그 다음에 "감사함으로 하나님께 아뢰라"고 한다. 이 부분이 중요하다. "감사함으로 하나님께 아뢰라"는 말씀은 주기도문의 '송영'과 정확하게 부합한다. 바울은 여기서 주기도문의 원리로 기도를 가르치고 있다. 사도들은 성도들에게 주기도문의 신학적 원리를 완전히 소화하여 가르쳤다.

그러면 주기도문의 원리는 무엇인가 생각해 보자.

주기도문은 여섯 개의 청원으로 되어 있다. 처음 세 개의 청원은 '하나님'과 관련된 청원이고, 나머지 세 개의 청원은 '우리'와 직결된 청원이다. 앞의 세 개 청원을 '하나님 청원'이라 하고, 뒤의 세 개 청원을 '우리 청원'이라 한다. 크게 둘로 나뉜 청원은 십계명과 직결된다는 점이 놀랍다. 또 주기도문은 이방 종교 기도와 근본적으로 구별된다. 주님께서 가르치신 기도는 이방 종교처럼 자기의 만족을 채우기 위한 기도의 가르침이 아니라, 십계명과 관련된 기도이다. 하나님과 이웃 사랑을 실천하도록 만드는 기도다. 사랑 없는 우리가 사랑을 실천할 수 있도록 은혜를 구하는 기도다. 그리고 잊지 말아야 할 점은 감사함으로 이 기도가 행해져야 한다는 사실이다.

여기서 다시 예배가 무엇인지 떠올려야 한다. 예배가 무엇이라고 했는가? '하나님께서 그의 백성들에게 이끌어 주신 환경과 사건과 대상들을 하나님의 뜻대로 경작하는 행위'다. 하나님께서 그의 백성들에게 이끌어 주신 환경과 사건들, 혹은 대상들을 하나님의 뜻대로 경작한다는 것은 무엇을 의미하는가? 하나님 사랑과 이웃 사랑을 실천하는 것이다.

그런데 우리는 이것을 실천하는 데 무능하다. 그러므로 우리는 기도하지 않을 수 없다. 첫 번째 세 개의 청원에서 우리는 하늘에 계신 우리 아버지의 "이름을 거룩하게 하옵시며, 나라가 임하옵시며, 뜻이 하늘에서 이룬 것 같이 땅에서도 이루어지길" 기도해야 한다. 여기서 놀라운 사실을 발견하게 된다. 이 기도문이 창세기에서 아담이 모든 피조물에게 아버지의 뜻대로 이름을 지어 주는 것을 떠올리게 한다는 점이다. "아버지의 이름을 거룩하게 함", "나라가 임함", "뜻이 하늘에서 이룬 것과 같이 땅에서도 이루어짐"은 모두 세상을 에덴으로 경작하기 위한 아담의 소명과 일치한다. 이것은 전적으로 하나님 사랑을 위한 기도다.

그렇다면 나머지 세 개의 청원이 되는 '죄 용서 청원', '일용할 양식 청원', 그리고 '악으로부터의 구출'도 이웃 사랑의 관점에서 해석해야 마땅하다. 우리는 우리의 힘으로 다른 사람의 죄를 용서할 수 없다. 날마다 광야와 같은 세상에서 하나님의 입에서 나오는 말씀으로만 살기에 무능하다. 사탄의 유혹과 공격으로부터 취약하고 이길 힘이 없다. 그래서 예수님은 이런 것을 위해 기도하라고 가르치신다. 기도는 신자가 예배자로 살아가는 데 있어서 그리스도와 전적으로 연합되도록 한다. 그리하여 그 능력을 힘입어 하나님을 사랑하고 이웃을 사랑하는 삶을 살아가도록 한다. 이것이 바로 경건의 능력이다.

'공적 예배'는 일상의 삶 속에서 예배자로, 혹은 하나님 나라의 경작자로 살아가야 할 성도가 무엇을 어떻게 기도해야 할 것인지 명확하게 제시한다. 기도를 통해서 하나님 나라 경작자(예배자)로 살 수 있는 능력을 공급받는다. 기도는 내 힘으로 하나님을 예배할 수 없음을 인정하는 고백이다. 주일 공예배에서 기도는 결코 빠질 수 없는 요소다. 마찬가지로 신자가 삶 속에서 예배자로 살기 위해 기도는 빠질 수 없다. 기도는 예배자로서 신자가 얼마나 겸손한 태도를 견지하는지 보여 주는 시금석이다. 존 번연의 말처럼 "기도란 당신의 마음을 낮추는 것"[7]이다.

이제 마지막으로 기도가 오로지 성삼위 하나님의 일체적 방식으로 이루어진다는 점을 살펴보자.

번연은 "기도는 성령님의 능력과 도움으로 그리스도를 통해서 하나님께 우리의 마음과 영혼을 쏟아 붓는 것"[8]이라고 가르친다. 여기서 예배자가 얼마나 삼위일체 하나님께 의존되어야 할지 알 수 있다. 우리가 이해하는 것처럼 예배란 거룩하신 성삼위 하나님을 높이는 행위다. 신자는 '성부께 나아가기 위해 성자의 대속의 공로를 통해 성령의 능력으로 예배하는 것'이다.

거룩하신 성삼위 하나님을 높일 때, 신자는 자신에게 이끌어 주신 모든 환경과 상황과 대상을 하나님의 뜻대로 경작하는 열매를 맺는다. 우리가 하나님을 종교적으로 열심히 예배한다고 될 문제가 아니다. 삶의 전 영역에서 삼위 하나님께 대한 존중이 있어야 한다. 성부께 대한 존중이 결여되었든지, 아니면 성자께 대한 존중이 결여되었든지, 아니면 성령께 대한 존중이 결여되었든지, 어느 하나만 결여되어도 경건의 열매는 나타나지 않는다. 우리는 반드시 이 점을 점검해 보아야 한다. 번연의 가르침처럼 '성부

---

7) 존 번연, 『하늘 문을 여는 기도』, 정혜숙 역 (작은행복, 2000), 65.

8) Ibid., 24.

하나님께 우리의 마음을 쏟아 부어야 하고, 성자 예수님을 통해서 이루어져야 하며, 성령 하나님의 능력과 도움으로'[9] 이루어져야 한다.

이 가운데 하나라도 결여된 기도는 경건의 모양만 무성할 뿐 경건의 능력이 나타나지 않는다. 성도는 하나님께 우리 마음을 쏟아 부어야 한다. 성부 하나님께 마음이 쏟아 부어진 성도는 그리스도 안에서 하나님의 뜻을 찾아야 한다. 그리고 성령의 능력으로 도움을 받아 열매를 맺는다.

> ☞ **기도의 정의**
>
> 예배의 요소로서 기도는 예배자가 하나님의 뜻 앞에서 자신의 무능을 인정하고 하나님의 힘으로만 살겠음을 고백하는 겸손의 고백이다.

---

9) Ibid.

예배는 개념이다

04

말씀

04
말씀

종교개혁의 핵심 구호 가운데 하나는 '오직 성경'이다. 라틴어로 '파이브 솔라'(Five Sola) 가운데 'Sola Scriptura'(솔라 스크립투라)로 불린다. 종교개혁의 핵심 구호에 '오직 성경'이 들어갈 수밖에 없었던 것은 바른 말씀의 선포가 예배 개혁의 핵심이었기 때문이다. 예배 요소 가운데 성경적이지 않은 것들은 미신으로 치우쳤다.

로마 가톨릭의 예배는 미사라는 방식으로 진행되었다. 천주교 미사의 심각한 문제는 예배를 구약 제사의 연장선으로 본다는 데 있다. 그러므로 미사를 집례하는 신부(God father)를 다른 말로 '사제'(priest)라고 불렀다. 사제란 제사를 맡은 사람이라는 뜻이다. 사제라는 표현은 한자로 '맡을 사(司)'와 '제사 제(祭)'를 사용하여 구약의 '제사장'을 뜻한다. 그러므로 사제를 영어로는 제사장에 해당하는 'priest'라고 한다.

가톨릭의 이런 오류는 구약과 신약의 차이를 바르게 구분하지 못하는 데 있다. 구약의 제사와 신약의 예배를 구분하는 중요한 차이점은 복음의 예표와 실제의 차이이다. 구약의 제사는 오실 메시아를 염두에 두고 그림자로 예배한다. 구약 제사에서는 예수님으로 예표되는 제물을 잡아서 죽이는 일을 반복해야 했다. 이런 식으로 제물을 잡아 죽이는 제사를 반복해야 했던 이유는 그 제사가 완전하지 못했기 때문이다. 이러한 사실을 히브리서 기자는 다음과 같은 말로 가르쳤다.

> "율법은 장차 올 좋은 일의 그림자일 뿐이요 참 형상이 아니므로 해마다 늘
> 드리는 같은 제사로는 나아오는 자들을 언제나 온전하게 할 수 없느니라"
> (히 10:1)

히브리서 기자의 이런 가르침은 율법의 실체이신 예수님을 통해서 제사가 더 이상 필요 없게 되었다는 사실을 논증하는 과정 속에서 나온 표현이다. 예수님이 오시고 십자가에서 대속을 치르신 이후에는 더 이상 제사로서의 예배가 필요 없게 되었음을 다음과 같은 말로 가르쳤다.

> "제사장마다 매일 서서 섬기며 자주 같은 제사를 드리되 이 제사는 언제나 죄
> 를 없게 하지 못하거니와 오직 그리스도는 죄를 위하여 한 영원한 제사를 드
> 리시고 하나님 우편에 앉으사 그 후에 자기 원수들을 자기 발등상이 되게 하
> 실 때까지 기다리시나니 그가 거룩하게 된 자들을 한 번의 제사로 영원히 온
> 전하게 하셨느니라" (히 10:11-14)

히브리서 기자의 논증을 가만히 살펴보면 예수님의 십자가 사건은 구약 제사의 실체임을 알 수 있다. 예수님의 십자가 사건은 단순히 의로운 한 분의 죽음으로 그치는 것이 아니다. 그 자체가 구약 제사의 연장선에서 그 실체를 보여 주는 마지막 제사였다. 제사를 통해서 신약 교회는 짐승의 피로 하는 제사가 더 이상 필요 없게 되었다. 비로소 "영과 진리"로 예배하는 시대가 도래하게 된 것이다.

이런 차원에서 종교개혁자들은 천주교의 미사를 미신과 신성 모독이 가득한 제사라고 공격했다. 그들의 지적에는 다음과 같은 타당한 이유가 있었다.

첫째, 그들은 미사에서 시행되는 성찬에 절을 하고 신성시함으로써 빵과 포도주를 우상화했다. 둘째, 그들이 성찬을 통해 예수님을 반복해서 죽임으로 날마다 죄 용서를 받아야 한다고 가르쳤다. 이들의 행위는 예수님께서 단번에 이루신 영원한 구원의 완성을 효력 없이 취급했다는 점에서 심각한 신성 모독이라고 할 수 있다. 복음의 핵심을 부정하는 것이다.

복음에 대한 이해를 염두에 둔다면 예수 그리스도의 대속 은총을 받은 교회들은 요한복음 4장 23절에 언급된 것처럼 "영과 진리"로 예배해야 마땅하다. 영이라 함은 '성령'을 말한다. 진리라 함은 '하나님의 말씀'을 의미한다. 예배의 핵심은 '성령에 의해 말씀을 통한' 예배가 되어야 한다는 말이다.

'말씀을 통한 예배'가 무엇인가가 중요하다. 단순히 예배 시간에 강단에서 선포되는 '말씀'만 들으면 "영과 진리"의 예배가 되는 것은 아니다. 강단에서 성경을 설교한다고 다 말씀은 아니다. 이단도 예배시간에 성경으로 사람들을 가르치기 때문이다. 중요한 것은 '바른 말씀'이 선포될 때만 하나님께서 기뻐하시는 예배가 된다는 사실이다. 그러면 '바른 말씀'이란 무엇인가 하는 질문이 나올 수밖에 없다. 초대교회 때부터 바른 말씀이란 '바른 교리'와 같은 개념으로 이해되었다. 예배의 요소로서 '말씀'은 바른 교리로 선포되는 말씀이라고 생각해야 한다.

이렇게 '교리'를 말하면 일종의 거부감을 내비치는 사람들이 적지 않다. 이런 분들에게 오해를 최소화하기 위해 성경을 해석하는 '일관성'이라고 표현하고 싶다. 교리란 바로 성경 전체를 하나의 통일된 일관성과 논리적 모순 없이 바라보도록 돕는 일종의 도구와 같다.

성경을 이런 식으로 해석하는 것이 정당하다는 점은 하나님의 '불변하는 속성'과 관련을 맺는다. 하나님은 변함이 없으시다. 상황에 따라서 태도를 바꾸시거나 다르게 반응하는 분이 아니시다. 교리는 이러한 하나님의 불변성과 일관성을 염두에 두고 성경을 하나의 통일성으로 해석하려는 태도를 말한다. 이런 태도를 통해 우리는 다양한 사건과 흐름 속에서 하나님의 놀라우신 일관성을 발견하게 된다.

교리는 성경을 통해서 하나님이 어떤 상황에서도 일관성 있는 사랑과 공의로우심과 선하심, 자비로우심, 긍휼히 여기심 등을 보여 준다.

성경 '무오류성(無誤謬性)' 교리가 나온다. 성경의 무오류성이란 성경이 기계적으로 오류가 없다는 말이 아니다. 성경이 어떤 식으로든 일관성과 통일성에 한 치의 오류나 충돌도 없다는 뜻이다.

간혹 사람들은 예수님께서 겨자씨는 "땅 위의 모든 씨보다 작은 것이로되"(막 4:31)라고 했을 때, 이 말씀을 오류라고 지적한다. 겨자씨가 가장 작은 씨라는 것은 과학적으로는 틀린 말이기 때문이다. 이런 예수님의 표현은 문학적 표현으로 이해할 부분이다. 또 성경은 구약과 신약에서 기록상 오류가 있기도 하다.

예를 든다면 마태복음 23장 35절의 말씀을 보면 "의인 아벨의 피로부터 성전과 제단 사이에서 너희가 죽인 바라갸의 아들 사가랴의 피까지 땅 위에서 흘린 의로운 피가 다 너희에게 돌아가리라"라는 말씀이 나온다. 여기서 문제가 되는 것이 "바라갸의 아들 사가랴"는 말씀이다. 이 부분은 아마도 마태가 예수님의 말씀을 인용하면서 "여호야다의 아들 스가랴"(대하 24:20[10])를 오기한 것이거나, 혹은 성경을 필사하면서 생긴 잘못으로 보인다.

하나님을 대적하고자 하는 사람들은 이런 것을 통해서 성경의 무오류성

___

10) "이에 하나님의 영이 제사장 여호야다의 아들 스가랴를 감동시키시매 그가 백성 앞에 높이 서서 그들에게 이르되 하나님이 이같이 말씀하시기를 너희가 어찌하여 여호와의 명령을 거역하여 스스로 형통하지 못하게 하느냐 하셨나니 너희가 여호와를 버렸으므로 여호와께서도 너희를 버리셨느니라 하나"

을 공격하려 한다. 또한 신약 성경의 복음서에서 같은 사건을 다르게 기록한 것에서 오류성을 지적하기도 한다.

그러나 성경이 오류 없다는 말을 이런 식으로 이해하는 것은 곤란하다. 성경 무오성은 기계적 무오성을 말하는 것이 아니기 때문이다. 이 말은 진리로서의 오류가 없다는 뜻으로 이해해야 한다. 비록 이런 데이터(data) 상의 기계적 오류가 있을지라도 교리의 통일성과 일관성에는 어떤 충돌을 주지 않으며, 진리의 속성에는 아무런 지장을 주지 않는다. 말 그대로 무오류성이란 성경이 가르치는 원리가 완벽한 진리라는 뜻일 뿐이다. 이에 대하여 존 프레임John M. Frame 교수는 다음과 같이 가르친다.

무오성은 성경이 진리임을 의미하지 최고로 정확하다를 의미하지 않는다. 정확성에 있어서 성경은 진리에 필요한 정도까지 충분히 정확하다. 그러나 성경이 항상 일부 독자들이 요구하는 정확성의 양을 가진 것은 아니다. 우리가 성경은 오류가 없다고 말할 때, 성경이 말하는 바는 성경은 성경이 주장하는 것에 충실하다는 것이다.[11]

중요한 점은 이 무오류성을 증명하는 일을 교리가 한다는 점이다. 교리는 성경의 진리 됨을 명확하게 알려 주는 원리가 무엇인지 가르치는 역할을 한다. 성경의 납득하기 어려운 사건이나 말씀을 교리라는 통일성, 혹은 원리로 바라보면 그 실체가 더욱 탁월하게 보인다.

---

11) 존 프레임, 김진운 역, 『성경론』(P&R, 2014), 282.

예를 들어 보자. 성경의 어떤 구절은 하나님께서 후회하셨다고 한다(삼상 15:11[12]). 그런데 또 다른 구절에서는 하나님이 후회하지 않으신다고 한다(민 23:19[13]). 이렇게 충돌을 일으키는 두 구절은 교리가 해소해 준다. 교리에 의하면 하나님은 전지하시고 전능하시다. 하나님은 모든 것을 작정하시고 한 치의 오차도 없이 일을 진행하신다. 이런 교리를 근거로 본다면 하나님께서 후회하셨다는 구절은 하나님의 한계나 연약을 가리키는 것이 아님을 알 수 있다. 하나님께서 얼마나 마음 아파하셨는지 인간적으로 표현한 것일 뿐임을 쉽게 알 수 있다.

만일 성경을 교리의 통일성이라는 관점으로 보지 않으면 상황은 심각해진다. 어떤 때에는 예정론으로 성경을 해석하고, 또 어떤 때에는 인간의 결단과 주권으로 해석하게 된다. 때로는 독자가 자기 기분이나 상황에 따라서 아무렇게 해석할 수 있는 이상한 책이 되어 버린다. 코에 걸면 코걸이, 귀에 걸면 귀걸이 같은 책이 된다. 이렇게 되면 성경이 진리의 말씀이라는 권위는 사라진다.

오늘날 성경이 오류가 없는 하나님의 말씀이라는 절대적 권위가 떨어진 이유는 바로 여기에 있다. 성경을 읽는 사람들이 어떤 일관성이나 통일성 없이 자기 주관에 의하여 아무렇게나 해석하는 데서 문제가 생겼다. 성경

---

12) "내가 사울을 왕으로 세운 것을 후회하노니 그가 돌이켜서 나를 따르지 아니하며 내 명령을 행하지 아니하였음이니라 하신지라 사무엘이 근심하여 온 밤을 여호와께 부르짖으니라"

13) "하나님은 사람이 아니시니 거짓말을 하지 않으시고 인생이 아니시니 후회가 없으시도다 어찌 그 말씀하신 바를 행하지 않으시며 하신 말씀을 실행하지 않으시랴"

에 문제가 있는 것이 아니다. 자신의 주관적 해석에 문제가 있다. 그 결과 성경대로 살았다고 하지만 삶에 심각한 오류가 생긴다.

애석하게도 타락한 인간은 이 오류를 자신에게서 찾으려 하지 않는다. 성경에 문제가 있다고 책임을 돌린다. 이것은 마치 공학 계산기를 잘못 사용해서 답을 틀린 사람이 계산기를 탓하는 것과 같다. 공학 계산기를 통해서 정답을 산출해 내려면 무엇보다 먼저 공학 계산기를 제대로 사용하는 법을 익혀야 한다. 자기 방식대로 공학 계산기를 사용한 후에 틀린 답이 나온 책임을 계산기에 묻는다면 그것은 정당한 태도는 아니다.

구체적인 예를 들어 보자. 어떤 사람이 "만군의 여호와가 이르노라 너희의 온전한 십일조를 창고에 들여 나의 집에 양식이 있게 하고 그것으로 나를 시험하여 내가 하늘 문을 열고 너희에게 복을 쌓을 곳이 없도록 붓지 아니하나 보라"(말 3:10)는 말씀을 믿고 열심히 십일조를 했다. 그런데 그 사람은 십일조를 열심히 했음에도 불구하고 사업은 점점 망하고 더 가난하게 되었다. 이렇게 재산상의 심각한 피해를 당하게 된 그 사람은 당연히 성경의 권위를 불신하게 된다.

이런 일은 성경이 오류가 있기 때문에 생긴 일이 아니다. 이 사람은 성경 본문이 가르치는 의도를 잘못 이해했기 때문이다. 교리에 대한 이해 없이 성경을 해석한 것이 문제다. 이 가르침을 제대로 이해하려면 성경이 가르치는 십일조의 정신을 바르게 이해했어야 했다. 이런 이유 때문에 성경에 대한 신뢰를 잃게 된 사람은 매우 많다.

성경을 교리 없이 문자적으로만 해석하는 것도 문제지만, 이보다 더 큰 문제는 성경의 본문을 앞뒤 문맥 없이 직관적으로 이해하는 태도다. 이것을 우리는 흔히 'Q.T.'(Quiet Time)라고 한다. 'Q.T.'는 성경을 읽을 때, 주관적으로 해석하는 묵상법이다. 자신의 현재 처지와 환경, 혹은 사건에 의하여 성경을 보고, 자기 마음에 와닿는 대로 해석한다. 성경의 조명 앞에서 자신을 비춰 보는 것이 아니다. 자기 삶의 정황 속에 비춰서 성경을 본다. 이들에게 성경의 교리와 문맥은 중요하지 않다. 단지 성경 구절이 자신에게 어떤 식으로 감동을 줬느냐가 중요할 뿐이다.

이들은 기록된 말씀이 '레마'(rhema)로 와닿아야만 비로소 '하나님의 말씀이 된다'고 생각한다. 이런 식으로 성경을 보는 태도를 '실존주의'라고 한다. 다른 말로 '칼 바르트Karl Bart의 성경관'이라고 한다. 칼 바르트의 성경 묵상법은 말씀이 우리 자신을 조명하게 하는 것이 아니다. 자신의 감정과 상황에 의하여 말씀을 재해석한다.

이렇게 되면 기록된 성경 말씀은 결코 하나님의 말씀이 될 수 없다. 나의 생각을 투영한 문자들의 조합일 뿐이다. 이런 관점이 발전하면, 성경만 하나님의 말씀이 아니라 다른 모든 책도 하나님의 말씀이 될 수 있다. 어떤 책을 읽더라도 하나님의 말씀이 된다. 이방 종교의 경전을 보더라도 마음에 감동을 주는 구절은 하나님의 말씀이 된다. 오늘날 이런 실존주의적 묵상

태도는 결국 종교통합으로 사람들을 인도하고 말았다.

이제 우리는 예배와 관련하여 말씀의 선포에 대해 구체적으로 생각해 보자. 예배란 '하나님께서 신자에게 이끌어 주신 환경과 사건과 대상을 하나님의 뜻대로 경작하는 것'이라고 했다. 강단에서 선포되는 말씀의 역할은 '하나님의 뜻'을 알게 하는 데 있다.

신자의 삶에 하나님께서 이끌어 주신 수많은 환경과 사건과 대상은 강단의 설교를 통해서 바르게 해석되어야 한다. 하나님은 강단을 사용하셔서 회중들의 삶의 문제를 바르게 해석하도록 도우신다. 우리는 회중들에게 이끌어 주신 환경과 사건과 대상이 하나님의 주권 안에서 이루어진 것임을 믿는다. 하나님은 강단의 설교를 사용하여 회중들의 삶에 이끌어 주신 환경과 사건과 대상을 바르게 해석하도록 놀랍게 섭리하신다. 신자들에게 주신 환경만 하나님께서 주신 것이 아니라, 강단의 설교도 하나님의 주권 아래 주어진 것이다. 신자들은 매시간마다 선포되는 강단의 설교를 통해 예배자의 삶을 살 수 있게 된다.

물론 이를 위해 설교자는 기본적으로 성경을 바르게 해석할 수 있는 지적 기능을 담지하고 있어야 한다. 그러나 그것만으로는 부족하다. 설교자의 설교는 사람의 지혜로만 가르치는 것이 되지 않도록 해야 한다. "사람의 지혜가 가르친 말로 아니하고 오직 성령께서 가르치신 것으로"(고전 2:21) 해야 한다. 이를 위해 설교자는 규칙적으로 기도와 말씀 연구에 힘써야 한다. 강단에 올라가기 전에는 설교가 "복음이 말로만 이른 것이 아니라 또한 능력과 성령과 큰 확신으로 된 것"(살전 1:5)이 되도록 최소한 1시간 이상의 깊은 기도가 필요하다. 실제로 청교도들은 거의 예외 없이 강단에 오르기 전에 1시간 이상 설교를 위해 기도를 했다고 한다.

심도 있는 성경 연구와 성령의 충만함으로 강단에서 설교할 때, 회중들은 말씀이 사람의 음성이 아니라 하나님의 음성으로 들리는 은총을 경험한다. 물론 강단 설교가 하나님의 음성으로 들리는 사람은 겸손해야 한다. 기도로 간절히 사모하는 심령이어야 한다. 강단의 설교가 하나님의 음성으로 들리는 은총이 임하게 될 때, 신자의 심령에는 찬양이 동반된다. 그리고 열매를 맺게 된다.

예배 가운데 하나님의 말씀이 심령에 심어질 때 나타나는 방식을 예수님은 씨 뿌리는 비유로 말씀하셨다. 이 비유는 하나님 나라의 일곱 가지 비유 가운데 가장 먼저 언급된 비유다. 가장 분량이 많다는 점이 중요하다. 하나님 나라 경작(예배자의 삶)을 위해 무엇보다 우선시되어야 하는 것은 말씀으로 열매 맺는 것으로 시작되기 때문이다.

이 비유에서 언급되는 네 개의 밭은 네 종류의 마음 상태를 가르친다. 네 종류의 마음은 또다시 크게 두 개로 나뉜다. 첫 번째는 열매를 맺지 못하는 마음이요, 두 번째는 열매를 맺는 마음이다.

첫 번째로, 열매를 맺지 못하는 마음은 '길가'와 '돌밭'과 '가시떨기'로 나뉜다. 길가는 아예 말씀에 대한 감각이 없는 심령이다. 말씀을 마음에 담지도 못한다. 이들은 졸거나, 잡념에 빠져 있거나, 혹은 말씀에 대하여 길가처럼 '굳은 마음으로' 저항하는 상태이다. 돌밭이나 가시떨기는 말씀을 기쁨으로 받거나 혹은 수용한다. 그러나 환난이나 박해나 염려나 재물의 유혹 앞에 무너져서 열매 맺지 못한다.

이유가 어찌 되었든 이 세 종류의 심령 상태는 참된 예배자의 심령 상태라고 할 수 없다. 비록 그가 공적 예배 가운데 말씀을 기쁨으로 받거나 수용했다고 하지만 그들은 결국 삶 속에 하나님께서 이끌어 주신 환경과 사건과 대상을 향해 경작을 하는 데 성공하지 못하는 심령이다.

두 번째로, 열매 맺는 마음의 종류를 보자. 이 심령은 참된 예배자의 심령이다. 예수님은 '좋은 땅'이라고 하셨다. 좋은 땅 같은 심령은 "말씀을 듣고 깨닫는 자니 결실하여 어떤 것은 백 배, 어떤 것은 육십 배, 어떤 것은 삼십 배"(마 13:23)의 결실을 맺는다. 이는 하나님께서 보시기에 좋다고 선언하실 경작을 수행하는 심령을 말한다.

예배의 요소로서 말씀은 하나님께서 신자에게 이끌어 주신 환경과 사건과 대상을 하나님의 뜻대로 경작하는 핵심이 된다. 신자가 아무리 믿음이 좋다고 하고, 마음에 찬양이 있고, 기도가 있다고 하더라도 하나님의 뜻을 제대로 알지 못한다면 결코 하나님의 뜻에 부합하는 경작을 이룰 수 없기 때문이다. 이런 문제가 바로 유대인들에게 나타났다. 바울은 유대인들을 향하여 "그들이 하나님께 열심이 있으나 올바른 지식을 따른 것이 아니니라 하나님의 의를 모르고 자기의 의를 세우려고 힘써 하나님의 의에 복종치 아니하였느니라"(롬 10:3)고 지적했다.

창세기에서 사람을 창조하신 목적은 하나님께서 창조하신 피조 세계를 '하나님의 뜻대로' 다스리고 정복하고 땅에 충만하도록 하는 데 있었다. 이 것을 창세기 2장은 '경작'이라 했다. 또 다른 말로 '하나님의 이름(소유권)'을 부여하는 행위라고 했다.

하나님께서 창조하신 모든 피조물에 하나님의 이름(소유권)을 부여하려면 당연히 하나님의 뜻을 정확히 알아야 한다. 하나님의 뜻을 알지 못하면서 하나님의 이름을 부여할 수 없다. 이런 차원에서 예배 가운데 하나님의 말씀 선포는 우리에게 이끌어 주신 모든 환경과 사건과 환경에 어떤 식으로 하나님의 이름을 부여해 줄지 알려 준다. 강단에서 바른 해석과 적용을 설교할 뿐 아니라 성령의 조명이 있어야 하나님의 뜻을 바르게 알 수 있다. 설교를 통해서 알려진 하나님의 뜻은 신자의 마음속에서 '묵상'이라는 재련과 정(再鍊科程)을 거친다. 이 과정을 통해 신자는 자신에게 주어진 환경과 사건과 대상을 하나님의 이름으로 환원시키게 된다. 다른 말로 '하나님의 영광'을 나타낸다고 한다.

어떤 사람은 자기 직업을, 어떤 사람은 자신의 가정을, 어떤 사람은 이웃과의 갈등 문제를 어떤 사람은 자신의 재능을, 어떤 사람은 자신의 예술적 기술을 하나님의 이름(소유, 영광)으로 환원시킨다. 신자는 자신의 삶 속에 하나님께서 이끌어 주신 수많은 사건들과 상황과 대상들을 말씀을 통해 하나님의 소유로 인정하는 고백을 하게 된다.

이 과정을 위해서 신자는 성경 말씀을 교리라는 프레임 안에서 삶에 녹여내는 재련과정을 거쳐야 한다. 하지만 하나님의 말씀을 삶에 녹여내는 것이 우리의 힘으로 되지 않는다. 성령의 강력한 은혜로 가능하다. 성령께서 용광로처럼 뜨거운 은혜와 열정을 신자에게 주서서 그 열정 가운데 말씀을 삶에 녹여내도록 하신다. 이 과정을 통해 하나님의 영광이 나타난다.

말씀을 삶에 녹여내지 못하고 종교적인 영역만을 기계적으로 충실하게 수행하는 것을 바로 '성속 이원론', 혹은 '율법주의'라 한다. 이들은 종교적인 영역에서는 기계적인 순종을 보인다. 가정과 직장 같은 사적 영역에서는 자신이 배운 말씀과 교리를 전혀 적용시키지 못한다. 그 결과 하나님을 모르는 자연인들과 동일한 방식으로 살아간다. 종교적으로는 구별된 것처럼 보이지만, 사적인 영역에서는 구별됨이 나타나지 않는다.

물론 신자가 말씀을 삶에 적용하여 하나님의 영광을 드러내는 영적 재련 과정은 뼈를 깎는 고통이 동반된다. 많은 기도와 묵상과 자기부인이 필요하다. 이 과정을 '십자가'라 한다. 예수님도 "아무든지 나를 따라오려거든 자기를 부인하고 날마다 제 십자가를 지고 나를 따를 것이니라"(눅 9:23)고 하셨다. 실제로 예수님의 삶도 자신의 공생애를 하나님의 이름으로 환원시키는 십자가의 삶이셨다. 신자에게 허락하신 모든 과정을 하나님의 이름으로 환원시키는 십자가의 길은 모든 시대 모든 성도들이 수행했던 경작 행위였다. 하나님께서는 이를 위해서 우리를 구원하시고 자녀 삼으신 것이다.

분명한 점은 강단에서 선포된 하나님의 뜻을 신자가 깨닫고 그 씨가 썩어서 삼십 배, 육십 배, 백 배의 결실을 맺기 위해서는 반드시 '찬양'과 '기도'가 있어야 한다는 사실이다. 예배의 이 두 요소 없이 결코 신자는 예배자의 삶을 살 수 없다.

☞ **말씀의 정의**

예배의 요소로서 말씀은 하나님 나라 경작자로 살기 위해 하나님의 뜻을 분명히 알려 주는 하나님의 은총이다.

예배는 개념이다

05

희생

05
희생

어느 종교에서든지 예배에서 희생은 결코 빠질 수 없는 요소다. 만일 예배한다는 사람이 희생이라는 요소가 들어가는 것을 적절하지 않다고 생각한다면 예배가 무엇인지 알지 못하는 사람이다.

예배란 희생을 전제로 하여 신과 만남을 갖는 것이다. 어느 종교에서나 예배를 행하는 사람이 희생을 준비하는 것은 당연한 것으로 여겨진다. 종교에서 이러한 희생의 제물을 드리는 역할을 하는 사람을 제사장이라 한다. 제사장은 제사를 드리러 온 사람들의 희생을 신에게 드리는 중보적 역할을 담당했다.

고대시대에 희생제물은 자기 몸을 자해하는 것이라든지, 혹은 자신이 가장 아끼는 귀중품을 신에게 바치든지, 혹은 순결한 처녀나 자기 자녀, 혹은 전쟁의 포로를 신에게 바치는 인신공양(人身供養/ human sacrifice)과 같은 방식으로 나타났다. 신명기 12장 31절을 보면 당시 가나안 종교는 자녀를 불살라 신에게 드리는 제사가 있었음을 알 수 있다.

"네 하나님 여호와께서는 네가 그와 같이 행하지 못할 것이라 그들은 여호와께서 꺼리시며 가증히 여기시는 일을 그들의 신들에게 행하여 심지어 자기들의 자녀를 불살라 그들의 신들에게 드렸느니라" (신 12:31)

이방 종교에서 인신공양은 우리 생각보다 상당히 보편적으로 일어난 일이었다. 우리 한국에서도 심청전은 그 대표적인 예다. 심청전의 심청은 마을 사람들이 바다의 폭풍을 잔잔하게 하기 위해 제물로 선택되었다. 그녀가 바다에 던져지자 폭풍이 잔잔하게 되었다고 한다. 이런 한국 전설을 통해서도 과거 우리 조상들도 인신 제사를 드린 것이 아닌지 생각해 보게 된다.

고대시대부터 제사에서 제물이 얼마나 중요하게 여겨졌는지는 고대 마야문명의 인신공양이 아주 잘 보여 준다. 아스테카(Azteca)를 정복한 에르난도 코르테스(Hernando Cortez)가 에스파냐(España) 국왕에게 보낸 편지 가운데 1519년 편지를 보면 그 당시 인신 제사가 어떻게 이루어졌는지 잘 알 수 있다.

그들은 반드시 추방해야만 하는, 어떤 곳에서도 유례를 찾아볼 수 없는 너무나도 구역질 나는 관습을 가지고 있는데, 그것은 우상들에게 뭔가를 청할 때 자신들의 소원이 더 잘 받아들여지도록 여러 명의 소년, 소녀들, 혹은 어떤 경우에는 성인들을 신전에 데려와 살아 있는 상태에서 가슴을 갈라 심장과 내장을 꺼내어 우상 앞에서 그것을 태우고 그 연기를 제물로 바치는 것입니다. 우리 중 여러 명은 이것이 자신들이 지금까지 살아오면서 목격한 것 가운데 가장 잔인하고 소름 끼치는 광경이었다고 말합니다. 원주민들은 인신 공양 의식을 자주 거행하는데, 우리가 이곳에서 수집한 정보에 의하면 1년에 한 신전에서 최소한 50명 이상이 제물로 바쳐지는 것으로 보입니다. 그리고 이 행위는 코수멜 섬에서부터 우리가 지금 머물고 있는 이곳에 이르기까지 모든 원주민 마을에서 다 실행되고 있습니다. 우리가 머물고 있는 이 땅은 그 면적이 상당히 넓고 많은 신전들이 산재해 있으므로 이 지역에서만 1년에 적어도 3~4천 명이 희생되는 것으로 보입니다.[14]

1519년이라면 유럽에서는 종교개혁이 일어난 지 2년 후가 되는 해다. 종교개혁이 일어났던 동시대에도 지구촌 한쪽 구석에서는 여전히 야만적인 인신공양이 있었다는 것은 매우 충격적이다. 어느 시대든지 종교에서 신에게 '희생'을 드리는 것이 얼마나 절대적인 요소로 이해되었는지 알 수 있다.

예배에서 희생의 중요성은 기독교에서도 크게 다르지 않다. 다르다면 그 희생의 방식이나 원리가 다를 뿐이다. 여기서 기독교와 이방 종교의 구별됨이 나타난다. 상당수의 사람들이 오해하는 것처럼 기독교가 사랑의 종교이고 은혜의 종교라고 해서 희생이 없어도 되는 것은 아니다. 반드시 있어야 한다. 그렇기 때문에 예배 순서 속에 헌금을 드리는 시간이 있다. 단지 희생의 방식이나 원리가 구별될 뿐이다.

---

14) 출처: https://blog.naver.com/ohs6888/221530467618.

그러면 기독교가 이방 종교와 근본적으로 구별되는 희생의 방식과 원리란 무엇인가?

첫 번째로, 기독교에서 하나님을 만족시키는 희생은 오로지 예수님 한 분만 가능했다는 점이다.

아무리 정성스러운 것이나 의로운 사람이라도 하나님의 공의를 만족시키는 '희생'을 할 수 없다. 제물을 드리는 사람이 하나님을 위해 자기가 가장 아끼는 제물을 드린다든지, 혹은 다른 사람의 목숨을 제물로 드리든지, 더 나아가 자기의 목숨을 바치는 희생을 한다고 해도 그 희생이 결코 하나님의 공의를 만족시킬 수 없다. 왜냐하면 인간은 자기의 죄로 심판을 받아야 하는 죄인으로 태어났기 때문이다. 사도 바울의 가르침처럼 "죄의 삯은 사망"(롬 6:23)일 뿐이다. 인간은 자기 죄로 이미 죽은 목숨이다.

이런 차원에서 하나님께 어떤 식의 희생이나 헌신, 더 나아가 하나님을 위해 자기 목숨을 바치는 행위가 하나님을 만족시킬 수 있을 것이라는 가르침은 비성경적일 뿐만 아니라 이방 종교적일 뿐이다. 우리의 어떤 선행이나 희생도 하나님을 만족시킬 수 없다.

가톨릭이나 이슬람에서 신(하느님, 알라)을 위해 성전(거룩한 전쟁)에 참여하면 죄를 탕감받을 것이라는 가르침은 성경적인 정당성이 없다. 이런 가르침은 종교지도자들이 종교를 이용해서 사람들을 노예로 움직이는 수단에 불과하다.

어떤 식으로든 행위로 구원에 영향을 줄 수 있을 것이라는 가르침은 사이비 이단의 전형적인 가르침이다. 이런 식으로 가르치는 교주는 구원이라는 무기로 사람들을 겁박하여 실제로 존재하지도 않는 신(god)이라는 명분 뒤에 숨어서 자기를 위해 사람들의 재물과 희생을 강요한다. 이것이 종교가 되면 사이비가 되고, 국가적으로 정치화되면 전체주의가 된다. 사이비 종교나 전체주의는 구원을 위해 지도자가 신도나 국민들에게 희생을 강요한다는 점에서 그 맥락이 통한다.

이에 반해 성경의 가르침은 우리가 구원을 얻기 위해 희생을 해야 한다고 가르치지 않는다. 오직 그리스도의 희생만이 의미가 있다. 우리의 구원을 위해 필요한 것은 오직 믿음뿐이다. '오직 믿음'(sola Fide)으로만 구원을 받는다는 교리가 나온다.

그럼에도 불구하고 교회에서 헌금을 요구하는 것은 무슨 이유인가? 구원을 위해서가 아니다. 많은 사람들이 여기서 오해를 한다. 이 오해가 기독교와 이방 종교의 혼란을 가져왔다. 여기서 행위 구원과 은혜 구원이라는 관점의 차이가 나왔다. 성경의 관점으로 볼 때, 신자에게 요구되는 희생은 구원에 대한 감사의 고백일 뿐이다. 구원을 위해 희생한다는 생각은 전형적인 이방 종교적 구원관이다. 이것을 알미니안주의(arminianism)라고도 한다. 이런 오해가 구약에 대한 오해를 불러왔다. 구약의 구원은 동물 희생 제사를 통해서 이루어졌다는 것이다. 아니다. 구약의 모든 희생도 결국 감사와 찬양의 고백이었다.

그러면 믿음이 무엇인가?

지적 수용이나 나의 결단이 아니다. 예수님께서 내가 치러야 할 죄의 대가를 대신 치르신 희생에 우리를 연합시키는 성령님의 사역이다. 성령님께서는 우리로 하여금 예수님의 구속의 은총에 참여하도록 믿음을 주시고, 믿음이 생긴 우리는 예수님의 십자가 희생 사건에 연합하여 죄 용서를 받게 된다. 이것을 조직신학에서는 신비적 연합(mystical union)이라고 한다.

이런 신비적 연합이라는 방식을 통해 죄를 용서하시는 이유가 무엇이겠는가? 죄인이 스스로 죄의 대가를 치르는 것이 아무런 의미가 없기 때문이다. 어차피 우리는 자기 죄로 죽어야 할 죄인이다. 때문에 내가 죄의 대가를 치르기 위해 목숨을 끊는다고 해도 죄 용서를 받는 것이 아니다. 그 죽음은 자기 죄의 대가를 치른 것일 뿐이다.

그러므로 우리가 죄의 문제를 해결하기 위해서는 죄가 없으신 분의 희생만 가치 있다. 죄 없으신 예수님께서 죄에 대한 대가를 대신 치르시고 나는 아무런 대가 없이 그 희생으로 의롭게 된다. 이것을 '대속'(代贖/ransom)이라 한다. 다시 말해서 내가 치러야 할 죄를 예수님이 대신 속해 준다는 말이다. 그래서 예수님의 희생을 성경은 '은사'(선물/gift)라고 가르친다. 이는 헬라어

'카리스마'(χάρισμα)를 번 역한 것이다. 이 놀라운 사실을 바울은 "하나님의 은 사(gift/카리스마)는 그리스도 예수 우리 주 안에 있는 영생이니라"(롬 6:23)고 했다.

'영생'은 우리가 희생한 결과가 아니라 예수님께서 자신을 희생한 결과라는 말이다. 이 희생을 주님은 자기의 공로로 삼지 않고 우리에게 선물로 주셨다. 따라서 이 선물을 믿음으로 받으면 구원을 얻는다. 이렇게 믿음으로 받는 것만이 하나님의 공의를 만족시킬 유일한 길이 된다.

이 정도까지는 대부분의 기독교인들이 어느 정도 이해한다. 문제는 이렇게 구원을 믿음으로(은혜로) 받은 사람이 더 이상 희생할 필요가 없다고 생각한다는 데 있다. 구원은 믿음으로 받는 것이지, 행위로 받는 것이 아니라는 말이다. 그러므로 은혜의 시대를 살아가는 (이미) 구원받은 기독교인들에게 '희생'을 강요하는 것은 성경적이지 않다고 한다. 신자는 율법으로부터 자유로워야 한다고 한다.

일단 구원을 믿음으로 받는 것이라는 점은 맞다. 그러나 믿음으로 구원을 받았기 때문에 신자에겐 더 이상 희생이 필요 없다는 말은 틀렸다. 바울은 로마서 12장 1절에서 "그러므로 형제들아 내가 하나님의 모든 자비하심으로 너희를 권하노니 너희 몸을 하나님이 기뻐하시는 거룩한 산 제물로 드리라 이는 너희가 드릴 영적 예배니라"고 가르치기 때문이다. 바울이 가르치는 대상은 이미 구원을 받았다고 간주되는 로마의 교회들이다. 바울은 이미 구원을 받은 형제들을 향하여 "너희 몸을 하나님이 기뻐하시는 거룩한 산 제물(living sacrifices)로 드리라"고 가르친다. 이것이 "영적 예배"라고 한다.

우리가 관심을 가지고 보아야 할 바울의 표현은 "너희 몸을 하나님이 기뻐하시는 거룩한 산 제물(living sacrifices)로 드리라"는 것을 "영적 예배"라고 가르친다는 점이다. '희생'이 없으면 예배가 아니다.

도대체 무슨 말인가? 구원을 받았으면 이젠 희생이 필요 없는 것이 아닌가? 예수님께서 자기를 희생함으로 이미 예배가 완성되었으니 희생은 더 이상 필요하지 않은 것 아닌가? 앞에서 언급한 것처럼 우리 희생이 하나님을 만족시킬 수 없다고 하지 않았는가? 그런데 로마서에서 바울은 "너희 몸을 하나님께서 기뻐하시는 거룩한 산 제물"로 드리라고 한다. 이것은 모순처럼 보인다.

여기서 기독교가 이방 종교와 구별되는 두 번째 희생의 방식과 원리를 발견하게 된다.

앞에서 언급한 것처럼 이방 종교에서 희생은 구원의 조건이었다. 그러나 기독교의 희생은 구원의 조건이 아니다. 구원에 대한 감사의 고백이다. 희생이 없는 것이 아니다. 희생의 동기가 다르다. 구원을 받기 위해 조건적으로 희생을 하는 것이 아니라, 구원에 대한 감사로 자발적으로 희생하는 것이다.

구원을 위한 희생인가, 아니면 구원을 받았기 때문에 드리는 희생인가에 따라서 적극성과 자발성의 차이가 나타난다. 이방 종교는 구원을 얻기 위해 '억지로' 자기를 희생한다. 마지못해, 의무적으로 희생한다. 그러나 기독교의 희생은 예수 그리스도의 희생에 대한 감사의 표현으로 자기를 '자발적으로' 희생한다. 이방 종교의 희생은 억지로 이루어지고, 기독교의 희생은 자발적으로 이루어진다는 차원에서 구별된다.

이것은 율법과 복음의 차이이기도 하다.

예배 음악의 위치도 달라진다. 이방 종교의 음악은 희생하기 싫은 사람들에게 희생하도록 만들기 위해 일종의 마취제처럼 사용된다. 이방 종교 음악에서는 주로 타악기를 많이 사용한다. 타악기는 사람들의 이성을 마비시키고 감정을 동물적으로 강화시키기 때문이다. 오늘날에는 더 다양한 장르의 음악을 사용하여 예배의 감정을 조장한다. 성적 흥분과 폭력을 유발시키기 위해 만든 록(rock), 파괴와 살인, 폭력을 유발시키는 헤비메탈(heavymetal), 마약과 대마초의 자극을 강화시키기 위해 만든 랩(rap)이나 테크노(techno), 히피들이나 뉴에이저들이 명상을 위해 만든 뉴에이지(new Age) 등이 교회 음악에 침투해 들어왔다.

교회 안에 이런 음악을 수용하는 이유는 감정을 움직이기 위해서다. 자발성이 없는 교인들에게 감정을 자극하여 그 흥분으로 헌신과 희생을 하도록 하기 위해서다. 그 결과 찬양은 열정적으로 드리지만 헌금에는 인색하고,

말씀에는 무관심하다. 도덕적인 변화도 없다. 열정이 있는 것 같지만 금방 식어 버린다. 자발성을 외부적인 것들로 유도했기 때문이다.

반면 기독교 음악은 자원하는 마음을 표현하고 감사하는 마음을 고백하기 위해 음악을 사용한다. 악기를 사용하지 않더라도 하나님의 임재를 느끼는 데 별 문제가 없다. 중요하게 여기는 것은 찬양의 가사다. 찬양의 가사가 성경의 교리에 일치하는지 여부가 교회 찬양의 주된 관심사다. 예배에서 찬양은 자발적인 희생에 대한 묵상을 강화시키는 것으로 충분하기 때문이다.

이런 사실을 염두에 두면서 구약 제사 제도를 살펴보는 것은 매우 유익하다. 상당수 사람들이 오해하고 있는 것 가운데 하나는 구약의 제사가 구원의 조건이었다고 생각한다는 점이다. 아니다. 도리어 구약의 제사는 하나님과 언약의 관계를 맺은 이스라엘 백성들이 어떻게 하나님과 사랑의 관계를 맺고 유지할 것인지를 가르치는 원리였다.

분명히 말하지만, 이스라엘 백성들이 하나님의 언약 공동체를 이루게 된 것은 제사를 통해서 이루어진 것이 아니다. 그들은 주권적으로 선택을 받았고 은혜로 홍해 바다를 건넜으며, 그 다음에 하나님의 언약(시내산 언약)에 참여하게 된 것이다.

은혜로 언약에 참여한 후에 하나님은 이스라엘 백성들로 하여금 하나님의 임재가 이스라엘 공동체 안에 계속적으로 유지되도록 하기 위해 제사 제도를 주신 것이다. 구원을 위해서가 아니라 구원받은 관계의 유지를 위해 주셨다는 말이다. 따라서 구약에서 제사가 타락하게 되었을 때, 성전에서 하나님의 임재가 사라졌다. 에스겔 10장 18절은 이 사실을 다음과 같이 묘사했다.

"여호와의 영광이 성전 문지방을 떠나서 그룹들 위에 머무르니" (겔 10:18)

성전제사에 대한 이런 관점을 염두에 둔다면 성전의 다섯 개 제사(희생)는 은혜 시대를 살아가는 성도들에게 더 놀랍게 와닿는다. 성전의 다섯 개 제사를 나열한다면 번제, 소제, 화목제, 속죄제, 속건제가 있다.

이 다섯 개의 제사를 간략하게 설명해 보자.

첫째는 '번제'다. 번제는 죄와 관계있을 때와 죄와 관계없을 때로 나뉜다. 먼저 죄와 관계있을 때는 자기의 죄를 참회하고 하나님과 관계를 회복한다는 의미로 드렸다. 반대로 죄와 관계없이 드릴 때는 하나님께 아낌없이 헌신한다는 고백으로 드렸다. 제물은 자기 형편에 따라서 소, 양, 염소, 비둘기가 사용되었다. 예배자로서 신자가 삶 속에서 날마다 죄에 대한 참회가 있어야 하며, 날마다 삶의 전 영역에서 하나님께 전 인격을 희생하는 삶을 살아야 함을 가르친다.

둘째는 '소제'다. 소제는 곡물로 드리는 제사였다. 특이한 점은 소제가 독립적으로 드려지는 제사가 아니라, 번제와 화목제와 함께 드려지는 제사라는 점이다. 이는 하나님께 번제나 화목제를 드릴 때 감사와 기쁨과 찬양이 내포되어야 한다는 점을 알려 준다. 신자가 날마다 찬양이 동반된 삶을 살아야 한다는 점을 보여 준다.

셋째로 '화목제'다. 화목제의 히브리어는 '샬롬'(שלום)의 복수형 '쉘라밈'이다. 화목제란 희생을 드리는 쪽(예배자)과 받는 쪽(하나님)의 상호 관계가 '완전한 평화'를 유지하는 데 목적을 두는 제사라는 뜻이다. 하나님과의 샬롬이 이웃과의 샬롬으로 나타나야 함을 보여 준다. 이는 참된 회개의 특징을 잘 보여 준다. 여기에도 소제가 들어간다는 점이 중요하다. 다시 말해서 이 제사도 반드시 감사와 찬양과 기쁨이 동반되어야 한다는 말이다.

넷째로 '속죄제'가 있다. 이 제사는 정확히 말한다면 속죄제가 아니라 '정결제'라 해야 한다. 이 제사는 죄를 속하는 제사가 아니라, 성전을 정결하게 하는 제사이기 때문이다. 죄의 오염을 제거하는 제사라는 말이다. 이것은 교회에 하나님의 임재가 가득하도록 끊임없이 개혁해야 한다는 점을 가르친다. 이것이 신자가 하나님께 날마다 드려야 할 희생 가운데 하나다. 이것을 개혁주의자들은 '개혁된 교회는 항상 개혁되어야 한다'는 구호로 표현했다.

다섯째로 '속건제'가 있다. 속건제는 '배상제', 혹은 '보상제'라고 부르는 것이 훨씬 이해하기 쉽다. 이 제사는 예배자가 남에게 해를 끼친 것이 있다면 그에 상응하는 대가를 지불하고, 더 나아가 상대방에게 끼친 손해에 1/5을 더해서 보상하는 제사(희생)다. 대상은 사람만 해당되지 않고 하나님까지 포함된다. 우리의 모든 죄는 항상 하나님께 대한 죄가 이웃을 향한 죄로 나타나기 때문이다. 신자는 날마다 하나님과 이웃에게 범한 죄에 대하여 그에 상응하는 보상으로 희생하는 태도를 견지해야 한다.

마지막으로 우리는 이 제사가 신약시대를 사는 우리에게 어떤 식으로 적용되는지 구체적으로 정리해 보자. 그리스도인들은 하나님 앞에서 거룩한 산 제사를 드리는 존재이다. 하나님 앞에서 예배자로 살아가는 그리스도인들에게 희생은 주일예배 시간에 헌금을 하는 것으로 그 의무를 다했다고 생각하면 곤란하다. 주일예배 가운데 드리는 헌물은 단지 신앙을 고백하는 것일 뿐이다. 물론 이 헌물까지도 신자는 억지로 드리는 것이 되지 말아야 한다. 바울의 가르침처럼 "각각 그 마음에 정한 대로 할 것이요 인색함으로나 억지로 하지 말지니 하나님은 즐겨 내는 자를 사랑하시느니라"(고후 9:7)는 점을 기억해야 한다. 믿음과 찬양 없는 헌금은 하나님 앞에서 위선일 뿐이다. 헌금만이 희생은 아니다. 자신의 시간, 감정, 의지, 기타 여러 가지가 예배를 위해 부인되고 희생되어야 한다. 이런 희생 없이 삶 속에 자기희생과 헌신을 얘기하는 것도 위선이다.

자신을 온전히 희생하지 않는 예배에는 하나님의 임재가 나타나지 않는다. 임재가 나타나지 않는다는 말은 예배 가운데 하나님께서 신자의 심령에 자신을 조명하시고 영광을 드러내지 않으신다는 말이다. 오늘날 임재가 결여된 예배의 가장 근본적인 문제가 바로 여기에 있다. 하나님께 자원하는 희생이 없고, 자신의 재물과 시간과 감정과 의지 등을 철저히 희생하지 않기 때문에 임재가 없다. 이는 구약에서도 하나님의 임재가 온전한 희생을 전제로 임했던 것과 같다.

분명한 사실은 성경이 가르치는 진정한 예배자는 삶 속에서 구약의 다섯 가지 희생의 삶을 동반해야 한다는 점이다. 그리스도인들의 희생은 구원을 위한 조건이 아니다. 희생이 구원의 조건이 되면 반드시 종교 지도자의 노예로 전락한다.

성경이 가르치는 희생은 이미 받은 구원에 대한 감사와 찬송의 결과여야 한다. 이런 희생은 자발적이고 능동적이다. 자발적이고 능동적인 자기 희생은 율법에 대한 헌신으로 나타난다. 하나님을 향해서는 '마음을 다하고 뜻을 다하고 힘을 다하고 지혜를 다하여 사랑'한다. 그리고 이웃을 향해서는 '자기 몸처럼 사랑함'으로 나타난다. 자발적이고 능동적인 율법에 대한 헌신으로 말미암아 신자는 자연스럽게 세상에서 복의 근원이 된다. 예수님의 가르침처럼 세상 속에서 소금과 빛으로 살게 된다.

이런 삶의 열매는 그가 진정한 하나님의 언약 안에 있는 사람인지 아닌지 검증하는 '표징'[15]이 되기도 한다. 이것을 다른 말로 '마음의 할례', 혹은 '십자

---

15) 표징에 대한 용어는 필자의 책 『신앙은 개념이다』를 참조하라.

가라고 규정할 수 있다.

☞ **희생의 정의**

예배의 요소로서 희생은 구원의 조건이 아니라 구원받은 예배자가 하나님께 찬양을 드리는 자기 고백이다.

예배는 개념이다

06

묵상

06
묵상

기독교 신앙에서 거룩한 묵상은 사람이 거듭나는 것으로부터 시작해서 성숙한 그리스도인이 되는 데 절대적인 위치를 차지하고 있다. 어느 청교도는 "묵상이 그리스도인을 만든다"고까지 했는데 이는 지나친 말이 아니다. 거룩한 묵상이 없는 기독교인은 참된 그리스도인이 아니거나 영적으로 매우 심각한 영적 질병 상태에 있는 사람임을 의미한다.

토마스 맨톤Thomas Manton은 "약속에 대한 묵상을 지속적으로 먹지 않으면 신앙은 비쩍 말라 굶어 죽게 될 것이다."[16]라고 했다. 이는 마치 묵상이 말씀이라는 음식을 입에 넣고 잘게 씹어서 위와 장을 통해 소화시키는 행위와 같다는 뜻이다. 이것을 염두에 두고 주님께서 주신 묵상의 수단이 '성찬'이다. 소화를 시키지 못한 음식은 건강에 아무런 유익을 끼치지 못하는 것처럼 말씀을 듣기만 하고 묵상을 통해 소화를 시키지 못한다면, 회심도, 영적 성장이나 무장도 기대할 수 없음을 성찬이 가르친다.

---

16) 조엘 비키, 마크 존스, 『청교도 신학의 모든 것』, 김귀탁 역 (부흥과개혁사, 2015), 1015.

토마스 왓슨Thomas Watson도 "묵상을 하지 않는 그리스도인은 무장하지 않은 군인이나 연장 없는 직공과 같다. 묵상이 없으면 하나님의 진리는 우리에게 머무르지 못할 것이다."[17]고 했다. 묵상이야말로 신자가 말씀의 검을 전쟁터에서 사용할 수 있는 유일한 길이라는 뜻이다.

실제로 교회사는 영적 거인들의 회심이 묵상에서 시작되었다는 사실을 아주 잘 보여 준다. 존 번연의 『천로역정』은 그 놀라운 사실을 그 어떤 책보다 잘 가르쳐 준다. 사람들이 알고 있는 것처럼, 천로역정의 시작은 한 남자가 성경을 읽고 울면서 고뇌하는 장면으로 시작된다.

그는 밤새도록 눈물과 한숨으로 보냈다. [18]

하나님의 말씀을 읽고 그 말씀이 마음에 새겨진 남자는 십자가에서 죄의 짐이 벗어지기까지 묵상을 멈출 수 없었다. 이것은 교회사 안에서 한 사람이 회심할 때, 술이나 세상적 즐거움으로도 자신의 묵상을 떨쳐 버릴 수 없었던 성령의 역사를 탁월하게 묘사한 것이다. 자신이 죄인이고 무능하다는 묵상을 어떤 식으로도 떨쳐 버릴 수 없다.

성령의 조명으로 자신의 무능과 타락을 자각하게 된 사람은 견딜 수 없는 스트레스로 고통을 받는다. 결국 그 남자는 아무리 어려움이 있더라도 십자가를 향해서 가지 않으면 견딜 수 없다.

---

17) Ibid.

18) 존 번연, 『천로역정』 이문숙 역 (예찬사, 2006), 26.

그를 십자가로 향하게 만드는 것은 바로 성령께서 조명하시는 거룩한 '묵상'이다. 이 놀라운 은총을 조직신학에서는 '불가항력적 은총'(irresistible Grace)이라 한다. 그리고 그가 십자가 아래에 도달하자 비로소 죄의 짐이 벗어지고 죄책과 무능에 대한 비참으로부터 해방을 맛보게 된다. 신자의 묵상은 십자가 아래에서 끝나지 않는다. 이제 시작에 불과하다. 성화를 향한 거룩한 묵상이 그의 생각을 사로잡는다. 신자는 더욱 거룩을 열망하고 죄와 싸우는 묵상이 영원한 천성에 들어가기까지 멈출 줄 모른다.

교회사에 나타난 영적 거인들의 전기를 읽어 보면 예외 없이 거룩한 묵상이 회심 이전부터 세상을 떠나는 그날까지 함께 했다는 사실을 쉽게 발견할 수 있다.

찰스 스펄전Charles Haddon Spurgeon을 생각해 보자. 그는 십대 시절에 말씀이 자신의 심령에 새겨지는 경험을 했다. 말씀이 심령에 새겨진 이후로 그는 자신의 무능함과 죄인 됨을 깊이 깨닫게 되었다. 그 후로 그는 구하고 찾고 두드리는 일을 멈출 수 없었다. 자신의 구원을 위해 심각하게 고민하며, 전심으로 기도하고 밤낮으로 묵상하며, 깨달은 것을 구체적으로 실천했다. 그럴수록 그는 자신의 무능과 죄인 됨에 더 절망할 수밖에 없었다. 천로역정에서 '절망의 수렁'이라 하는 수렁을 수도 없이 빠지는 경험을 했다. 스펄전의 영혼은 십자가 아래에서 구원을 얻기까지 한 순간도 기도와 묵상과 순종을 멈출 수 없었다. 이 과정을 거치면서 그의 마음은 예수님을 영접하기에 충분할 정도로 겸손해지고, 가난해졌다. 그가 어느 정도로 겸손한 상태가 되었는지는 그의 회심사건이 잘 말해 준다. 그의 회심은 위대한 설교자의 설교를 통해 일어난 것이 아니었다. 담임 목사가 갑작스런 사정에 의해 자리를 비운 초라한 교회에서, 별 준비 없이 설교하던 한 평신도의 두서없는 설교 한 마디에 회심했다. 피 말리는 묵상 가운데 회심한 스펄전은 그의 평생 거룩한 묵상으로 항상 마음을 채우며 영적 승리를 거두는 인생을 살았다.

기독교 신앙에서 이토록 중요한 위치를 차지하고 있는 묵상이란 과연 무엇인지 알아보자.

묵상이란 히브리어로 '하가'(הָגָה)라고 하며, 영어로는 'meditation'이라 한다. 이는 '깊이 생각하다', 혹은 '반성하다'라는 의미를 가지고 있다. 성경이 가르치는 묵상은 오늘날 우리가 흔히 이해하고 있는 가볍게 성경을 읽고 삶에 적용하는 Q.T.를 의미하지 않는다. 이런 식의 묵상을 통해서는 회심이나 영적 성숙을 기대할 수 없다.

개혁자들이나 청교도들의 묵상은 말씀에 의존하여 깊이 생각하고, 성령의 조명으로 자신을 비춰 보는 것을 말한다.

최근에 출판된 개역개정성경은 개역성경에서 '묵상'이라고 번역한 부분을 "작은 소리로 읊조리다"라고 번역한 부분이 많다(예/시편 39:3[19]). 이것은 히

---

[19] "내 마음이 내 속에서 뜨거워서 작은 소리로 읊조릴 때에 불이 붙으니 나의 혀로 말하기를"

브리어 '하기그'를 직역한 것이다. 여기서 "작은 소리로 읊조리다"에 해당하는 히브리어 '하기그'는 '속삭이다, 중얼거리다, 입으로 소리를 내다'라는 뜻으로 영어로는 'muse'로 번역된다. 이 표현은 성경 구절을 암송하기 위해 낮은 소리로 홀로 낭독하는 것을 가리킨다.[20] 이런 차원에서 성경적 묵상은 성경 구절을 암송하거나, 혹은 설교의 중요한 핵심을 잊지 않고 거룩하게 성별된 초식 동물처럼 되새김질하는 것임을 보여 준다.

이에 대하여 청교도였던 에드먼드 칼라미Edmund Calamy도 "불결한 기독교인들은 새김질하지 않고 곰곰이 생각하지 않고 하늘의 것들에 대해 숙고하지 않는다."[21]고 지적한다.

뿐만 아니라 칼라미는 "이삭이 저물 때에 들에 나가 묵상하다가"(창 24:63)라고 번역한 '묵상'(히-수아흐)이 '기도'라는 의미를 담고 있다고 가르친다. 그는 "기도와 묵상은 함께 결합됨을 알아야 한다. 묵상은 기도의 준비이고, 기도는 묵상과 매우 가까운 것이다."라고 강조했다.[22] 이는 묵상과 기도가 서로 떼려야 뗄 수 없는 관계에 있음을 아주 잘 말해 준다. 묵상이 약한 깊은 기도는 있을 수 없고, 깊은 기도 없는 묵상 또한 있을 수 없다는 뜻이다.

실제로 17세기 청교도들은 묵상을, 기도를 위한 가장 강력한 수단이라고

---

20) 조엘 비키, 마크 존스, 1011.

21) 에드먼드 칼라미, 『이것이 기독교인의 묵상이다』 라은성 역 (PTL, 2016), 41.

22) Ibid., 19.

보았다. 그들은 간절한 기도를 위해 성경이나 설교, 혹은 경건서적을 묵상해야 한다고 생각했다. 그리고 묵상을 통해서 마음이 뜨겁게 달구어진 상태에서 기도에 집중했다. 로버드 맥체인[Robert Murray M'Cheyne]이나 조나단 에드워즈의 전기를 읽다 보면 그들이 성경을 읽거나 하나님께 대한 깊은 묵상 가운데 자연스럽게 기도에 몰입했다는 기록을 쉽게 접할 수 있다. 그러므로 어떤 청교도는 "묵상은 기도의 유익한 도구다. 묵상은 기도하기 전 기도라는 악기를 조율한다."[23]고 했다.

묵상과 기도의 이런 상관관계를 보면 오늘날 교회에서 기도가 점점 경박해지고 위선으로 기울어지는 이유가 어디에 있는지 알 수 있다. 그 주된 원인은 바로 '묵상의 결여'에서 찾을 수 있다. 이 시대의 기독교인들은 너무도 세속적인 즐거움에 마음과 생각이 빼앗겨 있다. 인터넷이나 영화, 쇼핑, 세상적 유흥이 거룩한 묵상을 심각하게 방해한다. 이렇게 거룩한 묵상이 심령 속에 들어올 여지가 없는 상황에서 하나님께 대한 진지함과 간절함이 가득한 기도, 깊은 기도는 기대할 수 없다.

세속적 묵상이 가득하고 먹고 살기에 너무 바쁜 이 시대의 기독교인들을 더욱 심각하게 망가뜨리는 것이 또 있다. 그것은 인스턴트식으로 개량된 거짓 묵상 운동이다. 소위 Q. T. (Quiet Time)라 불리는 묵상 운동이 바로 그것이다. 처음에는 주로 선교단체에서 많이 하던 이 묵상 운동이 요즘에는 대부분의 교회로 확산된 추세다. Q. T.는 주로 아침에 성경을 순차적으로 읽어

---

23) 조엘 비키, 마크 존스, 1027.

가면서 그날 성경 본문 가운데 마음에 잡히는 말씀을 통해서 하나님의 음성을 듣는 훈련이다. 애석하게도 Q. T.를 하는 상당수의 성도들은 시간적인 여유가 충분하지 않기 때문에 자신이 읽은 본문의 신학적 의미나 문맥적 의미는 크게 고려하지 않는다. Q. T.를 하는 사람들이 주로 고려하는 대상은 자기의 삶의 자리(삶의 정황)이다. 자기 삶의 자리에서 성경 말씀을 '직관적으로' 적용한다. 성경을 읽다가 자신의 처지와 너무 흡사해 보이거나, 혹은 자신이 누구에겐가 듣고 싶고 위로받고 싶은 성경 구절을 만나게 되었을 때, 그 성경 구절을 성령님의 음성이라고 받아들인다. 어떤 사람들은 이것을 소위 '레마'(rhema)라고 한다.

이것이 Q. T.가 가지고 있는 문제점이다. 성경을 이런 식으로 묵상하면서 감동이 온 것을 성령의 역사라고 이해하는 것은 신중하지 못한 태도다. 이것을 성령의 역사라고 주장하기엔 객관적 근거가 없다. 도리어 자기가 듣고 싶은 마음의 음성일 가능성이 많다. 이런 관점을 철학에서는 실존주의(實存主義/Existentialism)라고 한다.

실존주의란 쉽게 말해서 자기의 생각과 관점을 절대시하는 태도 정도라고 할 수 있다. 자기 생각과 관점을 하나님의 자리에 놓는 심각한 우상 숭배다. 사르트르Jean Paul Sartre는 실존주의를 "실존은 본질에 앞선다."는 말로 정의했다. 이 말을 Q. T.와 관련해서 말한다면 이해가 쉽다. 즉 '성경 본문보다는 자신의 삶의 정황이 더 중요하다'는 말이다. 이런 태도는 성경이 자신의 삶을 해석하게 하는 것이 아니라, 삶이 성경을 해석하도록 한다. 이런 식으로 성경을 보는 사람들에게 중요한 것은 성경이 어떤 교리와 의도를 가지고 있느냐가 아니다. 중요한 것은 자신의 삶이고 자신이 듣고 싶은 말이다.

우리가 흔히 하는 Q.T.는 성경을 자기 방식으로 재해석하여 자기가 듣고 싶은 말을 성경 구절로 환원하여 절대화한다. 그 결과 자기 숭배에 빠지게 한다. 이렇게 자기 생각을 하나님의 음성으로 절대화한 사람은 설득이 어렵다. 이런 묵상을 다른 말로 '실존주의 묵상', 혹은 '발트주의 묵상'이라고도 한다.

한 가지 예를 든다면 이해가 쉽다. 새로운 사업을 하려고 계획하는 사람이 있다. 그는 지금 자기가 사업을 하는 것이 하나님의 뜻인지 아닌지 알 수 없다. 문제는 그가 정말 사업을 하고 싶어 한다는 사실이다. 아무도 그가 사업하는 것을 지지하지 않는다. 이런 상황에서 그는 누군가 권위 있는 사람에 의해 자신의 생각이 적절하다는 지지를 받고 싶어 한다. 그러던 중에 욥기 8장 7절의 "네 시작은 미약하였으나 네 나중은 심히 창대하리라"는 성경구절을 접했다. 이 말씀은 그가 정말 원하던 말이고, 자신의 삶과 직결된 말씀이므로 하나님께서 자신에게 주신 응답이라고 믿는다. 자신의 생각을 성경 구절에 투영하여 신적 권위로 올린다. 이런 식으로 Q.T.를 하고 응답을 받았다는 사람들을 우리는 주변에서 쉽게 접한다. 문제는 이렇게 응답을 받고 결정을 했다는 사람들 가운데 시험에 든 사람들이 많다는 점이다. 사실 이런 사람들은 성경 말씀으로 응답을 받은 것이 아니었다. 자기 마음의 음성을 성경에 투영한 것일 뿐이다.

성경 말씀을 바르게 적용하려면 기본적으로 두 가지 과정을 거쳐야 한다. 첫째는 성경이 기록된 상황에 대한 주석적 이해가 있어야 한다. 예를 들어서 바울이 로마서를 쓰게 되었을 때는 수신자들을 향한 바울의 의도가 있었다는 점이다. 성경을 읽는 독자는 그 당시의 정황을 정확하게 이해해야 한다. 둘째는 동일한 조건 가운데 있는 우리의 삶을 이입하는 것이다. 다시 말해서 성경의 기록자가 수신자들을 향하여 적용한 방식과 원리로 우리의 삶에 적용하는 과정을 거쳐야 한다는 말이다. 여기서 너무 무리한 적용을 하지 않도록 주의해야 한다.

방금 전에 언급했던 욥기 말씀으로 생각해 보자. 먼저 욥기 8장 7절은 욥에게 소망을 주기 위해 언급된 말씀이 아니었다. 빌닷이 욥을 정죄하기 위해 언급한 말이다. 두 번째로 이 말씀을 정확하게 적용하려면 문맥의 흐름을 염두에 두어야 한다. 지금 빌닷은 욥에게 "네 시작은 미약하였으나 네 나중은 심히 창대하리라"고 한 말을 하기 전에 분명한 전제를 두고 있다. 그는 "네가 만일 하나님을 찾으며 전능하신 이에게 간구하고 또 청결하고 정직하면 반드시 너를 돌보시고 네 의로운 처소를 평안하게 하실 것이라"(욥 8:5-6)고 했다. 이 전제 조건을 만족시키면 "네 시작은 미약하였으나 네 나중은 심히 창대하리라"고 말했던 것이다. 군이 욥기 8장 7절을 객관적으로 자신에게 적용하고, 응답을 기대한다면 이 전제를 염두에 두어야 한다.

욥기의 이 말씀을 올바로 적용하려면 성경을 읽는 사람은 자신이 지금 납득할 수 없는 어려움 속에 있는가를 먼저 염두에 두어야 한다. 그리고 그 어려움이 자신의 잘못에 의한 것인지, 아니면 하나님께서 자신을 연단하시는 것인지 반성하는 차원에서 본문을 묵상해야 한다.

뿐만 아니라 만일 자신이 사업을 하려고 한다고 하더라도, 그는 자신이 "하나님을 찾으며 전능하신 이에게 간구하고 또 청결하고 정직하면" 하나님의 선하신 주권 안에서 그는 "네가 만일 하나님을 찾으며 전능하신 이에게 간구하고 또 청결하고 정직하면 반드시 너를 돌보시고 네 의로운 처소를 평안하게 하실 것이라"고 믿어야 한다. 그는 형통에 초점을 맞추는 것이 아니라, 자신이 부지런히 하나님의 뜻을 찾고 기도하며, 청결하고 정직하게 사업을 해야 한다고 다짐해야 한다.

이런 문맥적 흐름을 무시하고 앞뒤 다 자르고 점을 치듯이 성경을 묵상하는 것은 성경을 점치는 책으로 전락시키는 죄를 범하는 것이다. 이는 성경 구절을 부적처럼 사용하는 오류에 빠진 것이다.

이제 묵상에 대한 구체적인 실천 방식에 대하여 살펴보자.

먼저 시편 1편 1-2절을 보면 다윗은 "복 있는 사람은 악인들의 꾀를 따르지 아니하며 죄인들의 길에 서지 아니하며 오만한 자들의 자리에 앉지 아니하고 오직 여호와의 율법을 즐거워하여 그의 율법을 주야로 묵상하는도다"라고 했다. 여기서 묵상의 중요한 몇 가지 요소를 발견하게 된다.

그 첫 번째는 거룩한 묵상이 "복 있는 사람"의 몫이라는 점이다.

"복 있는 사람"이란, 두 가지 의미를 내포한다. 첫째는 말 그대로 복 받은 사람이라는 뜻이고, 둘째는 복의 근원이 되는 사람이라는 뜻이다. 구약과 신약에서 사람이 복 받은 것은, 곧 복의 근원이 되도록 하는 하나님의 방식이기 때문이다. 복을 받지 못한 사람이 복을 줄 수 없다. 이는 베드로가 성전 미문에 "내게 있는 것으로 네게 주노니"(행 3:6)라고 한 말씀 속에 잘 나타난다. 베드로는 복을 받았다. 그러므로 그는 복을 줄 수 있다. 그러나 복을 받지 못한 사람은 줄 것이 없다. 하나님은 이렇게 복을 나눠주는 사람이 되도록 하기 위해 복을 주신다. 이것이 성경의 원리다. 그러므로 복 있는 사람은 어디를 가든지 복의 원천으로 살아가는 사람이다.

그러면 하나님의 택한 백성들이 복을 받거나, 혹은 복의 근원으로 살아가는 것이 어떻게 이루어진다는 것인가? 시편 기자인 다윗은 "악인들의 꾀를 따르지 아니하며 죄인들의 길에 서지 아니하며 오만한 자들의 자리에 앉지 아니하고"(시 1:1)라 한다. 악한 생각과 행동을 하지 않는다. 예수님께서 "선한 사람은 그 쌓은 선에서 선한 것을 내고 악한 사람은 그 쌓은 악에서 악한 것을 내느니라"(마 12:35)고 하신 말씀과 일맥상통한다. 복이 있는 사람, 혹은 복의 원천으로 살아가는 사람의 특징은 그 마음에 악한 생각을 쌓지 않고, 선한 생각을 쌓는 사람이다.

'거룩한 묵상은 오로지 구원을 받은 사람들의 특권이다'

여기서 소위 '마음지킴 교리'가 나온다. 거룩한 묵상을 하는 자들은 먼저 악한 생각으로부터 마음을 지키는 태도가 앞서야 한다. 악한 것으로 마음이 빼앗긴 사람이 거룩한 묵상을 할 수 없다. 무엇보다 하루 종일 세속적이거나 악한 것으로 마음을 빼앗긴 사람이 아침이나 저녁에 잠시 성경을 묵상하는 것으로 경건을 지켜낼 수 있다거나, 경건의 능력을 기대한다는 것은 불가능하다. 예수님의 말씀처럼 "선한 사람은 그 쌓은 선에서 선한 것을 내고 악한 사람은 그 쌓은 악에서 악한 것"(마 12:35)을 낼 뿐이다. 시편 기자 다윗은 복의 근원으로 살아가는 하나님 백성의 첫 번째 특징을 악한 묵상으로부터 자신의 마음을 지키는 사람들이라고 한다. 이를 위해 보고 듣고 말하는 것을 주의해야 한다.

두 번째로 시편 기자는 복 있는 사람이란 "오직 여호와의 율법을 즐거워"하는 사람이라고 한다. 여기서 묵상의 핵심이 잘 나타난다. 묵상은 억지로 되지 않는다. 묵상은 자기의 본성이 즐거워하는 것, 사랑하는 것, 기뻐하는 것을 자발적으로 자연스럽게 하는 것이다. 성경이 가르치는 거룩한 묵상의 핵심은 여기에 있다. 거룩한 묵상은 억지로 의무적으로 이루어지지 않는다. 사랑에 의하여 자연스럽게 나오는 것이다. 마치 자신이 좋아하는 옷이나, 물건, 사람이 생기면 자꾸 머릿속에 반복적으로 되새기는 것과 같다. 좋아하지 않는 것을 억지로 되새길 수는 없다. 도리어 그 생각을 거부한다.

흥미로운 점은 자신이 사랑하는 대상이나 사람이 생기게 되었을 때, 반복적으로 되새기는 묵상은 그 사랑을 강화시킨다는 사실이다. 반대로 사랑하는 대상이나 사람을 반복적으로 생각하기를 멈추면 그 대상에 대한 사랑이 점점 식어간다. TV에서 광고를 반복적으로 하는 이유다. 상품을 반복적으로 보면 사람들은 그 상품에 대해 자꾸 생각하게 되고, 반복해서 생각하다 보면 구매 욕구를 참을 수 없다. 이런 차원에서 묵상은 사랑하는 것으로 향하게 하고, 그 사랑을 더 뜨겁게 만든다. 사랑이 뜨거워지면 기도하게 되고 기도는 행동을 유발시킨다. 이는 마치 사랑하는 대상이 생기면 그 생각이 반복되고, 반복된 생각은 그 대상에 대한 뜨거운 열망으로 나타나는 것과 같다.

이렇게 사랑으로 견딜 수 없게 된 상태를 우리는 흔히 '상사병'이라고 한다. 상사병이란 무엇인가? '상사병'에 해당하는 한자를 보면 '자세히 볼 상(相)'에 '생각 사(思)'를 쓴다. 상사병이란 자신이 사랑하는 대상을 '점점 더 자세히 구체적으로 생각하게 되는 상태'를 말한다. 이것이 묵상의 특징이다. 묵상은 주의 율법을 즐거워하여 '자세히 구체적으로 생각'하게 만든다. 때문에 묵상이 깊은 사람일수록 복음을 구체적으로 이해한다. 피상적이지 않다. 복음에 대한 이해가 피상적이라는 말은 복음을 수박 겉핥기 식으로 이해하고 있다는 말이다. 이렇게 거룩한 묵상을 하게 되면서 성도는 점점 거룩한 것에 대한 열망이 더 커질 뿐만 아니라, 구체적이게 된다. 그리고 세상의 것에 대한 경멸이 점점 커진다.

이런 사실을 존 오웬은 다음과 같이 말했다.

하늘에 대하여 규칙적으로 생각함으로 인해 얻을 수 있는 몇 가지 유익이 있습니다. 밝은 빛을 계속해서 바라보던 사람이 고개를 돌렸을 때, 잠시 동안은 아무것도 볼 수 없는 것과 마찬가지로, 하늘의 영광들에 대하여 깊이 묵상하는 사람은 누구나 세상의 것들에 대한 열망이 줄어드는 것을 발견할 것입니다.[24]

오웬은 기독교가 알려지지 않은 나라보다 기독교가 알려진 나라에 더 많은 무신론자들이 나오는 이유를 다음과 같이 묵상과 관련하여 세 가지 이유를 가르쳤다. 이 가르침은 교회 밖에 있는 사람들보다 교회에 정기적으로 출석하는 사람들이 복음에 더 강퍅하게 되거나 이단에 쉽게 빠져드는 현상을 잘 설명해 준다.

첫째로, 사람들이 하나님의 자기 계시를 의도적으로 거절할 때마다 하나님께서는 그들의 불신으로 완고케 된 마음을 상실한 채로 놓아두시기 때문입니다. 둘째로, 진리의 빛을 거절하는 사람들은 더욱 쉽게 거짓 진리에 빠져들기 때문입니다. 셋째로, 일단 사람들이 빛이 되신 하나님을 바라보지 않기로 결심을 하고 나면 그 빛이 강하게 비추일수록 그들은 더 꼭 눈을 감아 버리기 때문입니다. … 하나님에 대하여 생각하기를 의도적으로 꺼리는 것이 우리가 영적인 마음을 가지고 살고 있지 않음을 나타내는 더욱 커다란 증거입니다.[25]

---

24) 존 오웬, 『그리스도인의 영성』, 조호영 역 (보이스사, 1998), 26.

25) Ibid., 35-36.

마지막 세 번째로 시편 기자가 가르치는 묵상의 특징은 "그의 율법을 주야로 묵상하는" 태도를 견지한다는 점이다. 여기시 "주야"라는 말은 '하루 종일'이라는 히브리식 숙어다. 이는 오늘날 교회 안에서 아침에 잠시 하는 Q.T.와는 격이 다르다. 성경이 가르치는 묵상은 삶 속에서 항상 이루어진다. 묵상이 삶의 전 영역에 구체적으로 적용되어야 한다는 뜻이기도 하다.

예를 든다면, 우리가 하나님의 무소부재(無所不在)하심(어디에나 계심)을 항상 묵상한다면 우리는 모든 결정과 행동에서 사람의 눈치보다는 하나님의 눈치를 보게 된다. 이 묵상이 결여되면 사람의 눈치를 더 보게 된다. 또 우리가 하나님의 선하심과 지혜로우심을 믿는다면 삶 속에서 일어나는 모든 일에 대해 하나님의 선하심과 지혜로움을 염두에 두고 해석하게 된다. 묵상이 결여되면 반대의 결과가 나올 것은 분명하다.

묵상에서 '설교'는 가히 절대적인 위치에 있다. 설교는 전통적으로 청교도들이 묵상을 위해 성경 다음으로 가장 선호하는 수단이었다. 성경이 기록된 하나님의 말씀이라면 설교는 선포된 하나님의 말씀이기 때문이다. 특히 설교의 중요성은 일반 신자들이 해석할 수 있는 것보다 성경 본문을 목회자가 더 깊이 적절하게 해석해 주고 적용해 준다는 점이다. 청교도들은 본문을 설교하면서 교리를 가르치고, 그 다음엔 반드시 적용을 알려 주었다. 이들에게 교리는 객관적인 적용을 위한 수단으로 이해되었다. 청교도들은 설교의 꽃을 '적용'이라 보았다. 이렇게 적용까지 알려 줌으로써 회중들의 적용에 대한 오류를 최소화하여 주었다.

이런 차원에서 설교는 항상 묵상을 전제로 선포되는 것이라고 보아야 한다. 칼라미는 "하나님은 여러분이 설교를 듣기 원하시고, 또 들은 설교를 묵상하기 원하신다."[26]고 했다. 제임스 어셔James Ussher도 "모든 설교는 단지 묵상을 위한 준비에 불과하다."고까지 했다

그러면 설교를 어떻게 주야로 묵상하는 것과 연관 지어 적용할 수 있겠는가? 그것은 설교를 통해서 조명해 주신 하나님의 말씀을 자신의 문제에 구체적으로 적용하여 열매 맺기 위해 모든 힘과 신경을 곤두세우는 것이다. 이를 위해 신자는 끊임없이 기도해야 한다. 주님께서 기뻐하시는 열매를 맺기 위해 말씀을 또 묵상하고 습관적인 죄와 오류가 반복되지 않도록 모든 힘을 기울여 주님을 붙잡아야 한다.

이것을 예수님은 씨 뿌리는 비유로 잘 가르쳐 주셨다. 씨 뿌리는 비유는 네 가지 마음 밭을 다룬다. 여기서 세 개의 마음 밭은 말씀이 떨어져도 열매를 맺지 못하고 사그라진다. 그러나 마지막 좋은 땅은 "착하고 좋은 마음으로 말씀을 듣고 지키어 인내로 결실하는 자"(눅 8:15)로 언급된다. 좋은 땅의 특징은 말씀을 듣는 것으로 그치지 않는다. "듣고 지키어 인내로 결실하는" 데까지 간다. 묵상은 바로 여기까지 가는 것이다. 말씀을 듣고 머릿속에 기억을 새롭게 하는 것으로 그치지 않는다. 듣고 반복하여 생각할 뿐만 아니라, 인내로 지켜서 결실할 때까지 가도록 하는 것이 성경적 묵상의 핵심이다.

---

26) 조엘 비키, 마크 존스, 1025.

서론에서 언급했던 존 번연의 『천로역정』을 다시 생각해 보자. 묵상은 십자가 앞에서 죄의 짐이 풀어질 때까지 멈추지 말아야 한다. 인내로 결실을 맺을 때까지 묵상이 멈추지 말아야 한다. 이 거룩한 묵상의 과정을 통해서 신자는 태어나고 자라고 강해지는 것이다.

☞ **묵상의 정의**

묵상이란 하나님의 말씀을 듣고 지키어 열매를 맺기까지 우리의 심령을 하나님께 집중시키는 것이다.

예배는 개념이다

07

세례

07
세례

　기독교에는 '성례'라는 예식이 있다. 소교리문답에서 가르치는 것처럼 "성례란 그리스도께서 세우신 거룩한 예식"[27]을 뜻한다. 기독교는 '세례'와 '성만찬'만을 성례로 인정한다.

　가톨릭에서는 일곱 개의 성례(세례, 견진, 성만찬, 고해, 병자, 신품, 혼인)를 주장하지만 기독교는 그들의 주장을 인정하지 않는다. 가톨릭의 일곱 개의 성례 가운데 다섯 개의 성례는 그리스도께서 세우신 예식이 아니기 때문이다. 더군다나 나머지 두 개의 예식(세례와 성찬)도 성경의 가르침에 부합하지 않고 미신적으로 이해하기 때문에 올바른 성례로 인정하지 않는다.

　그러면 가톨릭에서 시행하는 세례와 성찬에 어떤 문제가 있기 때문에 인정하지 않는다는 것인가? 이 두 개의 성례를 이번과 다음, 두 번에 걸쳐서 살펴보고자 한다.

---

27) 웨스트민스터 소교리문답 제92문.

먼저 세례에 대해서 살펴보자.

로마 가톨릭에서 세례는 입교 후 6개월 동안 교리 공부를 이수하는 사람들에게 수여한다. 세례받음으로 비로소 가톨릭교회의 일원이 된다. 가톨릭교회의 일원이 된다는 것은 단순히 교회 회원이 되었음을 의미하지 않는다. 구원을 받았다는 것을 의미한다. 가톨릭에서 구원이란 가톨릭교회 일원이 되는 것을 의미하기 때문이다.

여기서 교회와 구원에 대한 이해의 차이가 나온다. 가톨릭은 교회 안으로 들어옴으로 구원받는다고 한다면, 기독교는 구원받은 사람이 하나의 동질감 때문에 자발적으로 교회 안에 들어간다. 전자는 교회의 일원이 되는 것을 구원의 조건으로 여긴다면, 후자는 구원받은 사람이 참된 교회와 연합하길 기뻐하는 '표징'으로 이해된다.

애석하게도 오늘날 기독교는 가톨릭과 구원에 있어서 거의 차이를 찾아보기 어렵다. 상당수의 기독교인들은 자신이 세례를 받고 교회 일원이 되었기 때문에 당연히 구원을 받았을 것이라 생각한다. 교회 일원이 되었기 때문에 구원받았을 것이라고 생각하는 구원관은 가톨릭 구원관이다.

성경은 교회 안에 구원받은 사람과 구원받지 못한 사람들이 섞여 있다고 가르친다. 교회 안에 들어오기만 하면 구원받는다고 가르치지 않는다. 이것을 조직신학에서는 보이는 교회(가시적 교회)와 보이지 않는 교회(불가시적 교회)라고 가르친다. 보이는 교회는 예배당에 정기적으로 출석하는 사람들을 지칭하고, 보이지 않는 교회는 예배당에 정기적으로 출석하는 사람들 가운데 성령으로 거듭난 사람들을 지칭한다. 물론 예배당에 정기적으로 출석하는 사람들 가운데 성령으로 거듭난 사람(참교회)이 누군지 명확하게 구별할 수는 없다. 그래서 이들을 보이지 않는 교회라고 한다. 분명한 사실은 이들 보이는 교회가 최후의 심판 때, 양(보이지 않는 교회/참교회)과 염소로 갈라진다는 사실이다.

가톨릭에서 세례는 '칭의(稱義)'의 의미를 가진다. 그들은 세례를 받음으로 의롭게 된다고 믿는다. 이들이 세례받음으로 의롭게 되는 데는 성인(聖人)[28]들의 공덕(功德)이 한몫한다. 가톨릭 신자들은 성인들이 자신들이 구원을 받기에 충분한 공덕 외에도 다른 사람들의 구원에 도움을 줄 여분의 공덕이 있다고 믿는다. 이것을 '잉여공덕설'(剩餘功德說)이라 한다. 때문에 가톨릭 신자들은 세례를 받을 때, 특정 성인의 여분 공덕을 받아서 의롭게 되는 데 도움을 얻었으므로 그 성인의 이름으로 '세례명'을 받는다.

그러나 세례 때 받은 의로움은 천국에 들어갈 정도로 충분한 구원을 주지 못한다. 천국에 들어갈 정도가 되려면 스스로 나머지 부족한 공덕을 쌓아야 한다고 한다. 그렇지 않으면 '연옥'(煉獄)[29]에 떨어진다. 이렇게 보면 가톨

---

28) 성인(聖人)이란 순교자나 거룩하게 살다 죽은 이 가운데 훌륭한 덕행과 모범이 인정되어 공식적으로 성인품에 오른 사람을 지칭한다. http://maria.catholic.or.kr/sa_ho/saint.asp.

29) 연옥이란 라틴어로 풀가토리움(Purgatorium)이라 한다. 이는 가톨릭 교리에서 죽은 사람의 영혼이 살아 있는 동안 지은 죄를 씻고 천국으로 가기 위해 일시적으로 머무른다고 믿는 장소이다. https://terms.naver.com/entry.nhn?docId=1126610&cid=40942&categoryId=31575.

릭의 구원은 철저히 인본주의적 구원이라고 할 수밖에 없다.

반면 기독교에서 세례는 의롭게 되는 것과 아무런 관계가 없다. 루이스 벌코프Louis Berkhof는 "세례가 세례 받는 사람으로 하여금 예수 그리스도의 몸에 심겨지도록 하는 특별한 은혜를 일으키지 않는다"[30]고 가르친다. 그리스도와 한 몸을 이루는 신비적 연합(구원)은 오로지 성령께서 말씀을 통한 믿음으로 하신다. 세례는 중생이라는 내적인 사역의 외적인 표에 불과하다.[31] 단지 구원의 약속과 은혜 언약에 참여하게 되었다는 공적이고 외적인 예식에 불과하다.

이 예식은 구원의 확신이 있어야 받는 것은 아니다. 상당수의 기독교 신자들은 세례를 믿음이나 구원의 확신이 있어야 받는다고 생각한다. 이것은 세례를 잘못 이해하는 것이다. 전통적으로나 성경적으로, 세례는 말씀을 받고 기독교 신앙에 참여하길 소망하는 사람에게 주어졌다. 사도행전 2장 41절을 보면 "그 말을 받은 사람들은 세례를 받으매 이 날에 신도의 수가 삼천이나 더하더라"고 기록하고 있다. 여기서 세례를 받은 사람들은 "그 말을 받은 사람들"이다. 중생했다거나 구원의 확신을 가지고 있는 사람이 아니다. 말씀을 받았다는 말과 구원을 받았다는 말은 다른 얘기다. 실제로 사도행전은 말씀 받았다는 말을 구원받았다는 의미로 사용하고 있지 않다.

---

30) 루이스 벌코프, 161.

31) R.C. 스프로울, 『웨스트민스터 신앙고백 해설 3권』, 이상응·김찬영 공역 (부흥과개혁사, 2011), 158.

그러나 세례를 받지 않아도 신앙생활에 아무 상관없다는 뜻은 아니다. 세례는 자신이 진정으로 믿기 원하며, 고백하는 신앙에 대한 '표'(票)와 '인'(印)이라는 차원에서 신자에게 중요한 의미가 있다. 이 예식으로 말미암아 신자의 믿음은 강화된다. 이미 거듭난 사람은 세례를 통해 자신에게 일어난 중생 사건을 반복하여 묵상하게 된다. 그리고 만일 자신이 아직 거듭나지 못한 상태라면 자신에게 중생이 어떻게 일어나게 되는지 묵상하고 열망하게 된다. 무엇보다 중요한 점은 예수님께서 승천하시기 전에 제자들에게 세례를 주라고 명령하셨고, 제자들은 이 명령을 철저하게 준수했다는 사실이다. 예수님의 이 명령은 세례를 주어야 구원받는다는 의미는 아니다. 신자의 믿음에 세례가 절대적으로 중요하다는 점을 일깨우시는 것이다. 그렇다면 우리는 아직 구원받은 확신이 없다 하더라도 복음의 말씀을 받은 자들에게 세례를 주어야 한다. 또한 말씀을 받은 사람들은 적극적으로 세례를 받으려 해야 마땅하다.

그러면 세례의 개념을 이해하기 위해 무엇보다 먼저 구약을 살펴보자.

애석하게도 구약에는 세례가 전혀 언급되어 있지 않다. 세례라는 예식은 신구약 '중간기'에 등장했다.[32] 처음 이 예식은 이방인이 유대인으로 개종하기 원할 때 행해졌던 개종의식이었다. 그러나 세례 요한에 의하여 유대인들에게 세례가 시행되었다. 이런 배경을 염두에 둔다면, 세례 요한이 유대인들에게 세례를 선포했다는 점은 당시 유대인들에게는 급진적으로 이해

---

32) Ibid., 154.

되기 충분했다. 요한이 유대인들을 마치 이방인들처럼 취급한 것이기 때문이다.

그들의 회개는 개종의 수준이어야 한다는 메시지가 담겨 있다. 기독교 학자들은 이구동성으로 세례가 구약의 할례와 같은 것이라고 가르친다. 물론 유아세례를 거부하는 사람들도 있다. 그러나 이에 대한 성경적 근거는 아주 분명하다. 골로새서 2장 11-12절의 말씀에 근거한다.

"또 그 안에서 너희가 손으로 하지 아니한 할례를 받았으니 곧 육의 몸을 벗는 것이요 그리스도의 할례니라 너희가 세례로 그리스도와 함께 장사되고 또 죽은 자들 가운데서 그를 일으키신 하나님의 역사를 믿음으로 말미암아 그 안에서 함께 일으키심을 받았느니라" (골 2:11-12)

여기서 바울은 할례와 세례를 같은 것으로 설명한다. 세례를 "그리스도의 할례"라고 표현함으로써 세례와 할례를 같은 의미로 언급한다. 그리스도의 할례란 손으로 아니하고, 오로지 그리스도에 의하여 옛 사람을 장사지내고 새 사람으로 다시 태어나게 하는 '세례 사건'이라는 말이다.

그러면 '할례'(割禮)가 무엇인지 구체적으로 살펴보자.

할례를 이해하려면 당연히 창세기의 15장과 17장의 언약 사건을 살펴보아야 한다. 창세기 15장은 하나님께서 아브라함의 믿음을 보시고 그를 의롭다 하신 사건을 언급한다. 17장은 그 일로부터 수년이 지난 후에 할례를 하게 된 사건을 다룬다. 이것을 바울은 로마서 4장 11질로 그 의미를 다음과 같이 설명한다.

"그가 할례의 표를 받은 것은 무할례시에 믿음으로 된 의를 인친 것이니 이는 무할례자로서 믿는 모든 자의 조상이 되어 그들도 의로 여기심을 얻게 하려 하심이라" (롬 4:11)

바울의 가르침을 보면 할례란 언약의 조건이 아니었다. 이미 체결된 언약을 "인친 것"이라고 한다. 여기서 인친 것이란 언약에 내포된 내용을 설명해 준다는 뜻이다. 또 하나님은 할례를 통해서 창세기 15장 12-21절의 횃불언약을 잊지 않고 기억하고 묵상하도록 몸에 표를 새기게 하셨다.

횃불언약은 무엇인가?

아브라함이 하나님의 명령대로 "삼 년 된 암소와 삼 년 된 암염소와 삼 년 된 숫양과 산비둘기와 집비둘기 새끼"(창15:9)를 취해서 "그 중간을 쪼개고 그 쪼갠 것을 마주 대하여"(10절) 놓자 하나님께서 불로 응답하신 사건이다. 이 언약 체결 방식은 고대시대에 두 국가 간에 언약을 체결하는 방식이다. 언약 당사자는 쪼개진 짐승 사이로 지나간다. 이는 언약을 깰 경우 짐승처럼 죽게 될 것을 맹세하는 것이다. 그런데 이 언약에서 하나님만 불로 쪼갠 고기 사이로 지나가셨다(17절). 이는 예수 그리스도의 대속을 암시한다.

흥미롭게도 횃불언약은 아브라함에게 "깊은 잠이 임하고"(12절)로 시작된다는 점이다. 이는 하나님께서 하와를 주시기 위해 아담에게 깊은 잠을 주신 것(창2:21)과 같은 이미지다. 실제로 히브리어도 같은 표현을 사용한다. 뿐만 아니다. 창세기 기자는 아브라함에게 "깊은 잠"과 함께 "큰 흑암과 두려움이 그에게 임하였다"(창15:12)고 기록한다. 이는 처음 창조 시 "땅이 혼돈하고 공허하며 흑암이 깊음 위에 있고 하나님의 영은 수면 위에 운행하시니라"(창1:2)는 말씀을 떠올리게 한다. 이를 통해서 창세기 기자는 아브라함과 맺은 언약이 창조와 비견될만한 사건임을 암시한다. 할례는 이처럼 놀라운 의미를 내포하는 언약이었다.

하나님은 이렇게 아브라함과 언약하시고, 그 언약을 잊지 않고 묵상하도록 할례(포피를 베는 예식)라는 징표를 몸에 새기도록 하셨다. 할례는 아브라함에게만 요구되지 않았다. 창세기 17장 10절은 "너희 중 남자는 다 할례를 받으라 이것이 나와 너희와 너희 후손 사이에 지킬 내 언약이니라"고 한다.

이 언약은 아브라함만 받았다. 그런데 하나님은 아브라함뿐만 아니라 그 집안 모든 남자들이 다 할례 받도록 명령하셨다. 여기엔 태어난 지 팔일 된 아기도 포함되었다. 이것을 하나님은 아브라함에게 "이것이 나와 너희 사이의 언약의 표징"(11절)이라고 선언하셨다. 그리고 이 할례를 거부하는 사람은 언약을 배반한 사람으로 취급되고, 언약으로부터 끊어지게 된다.

아브라함 언약을 볼 때, 할례의 개념은 믿음으로 옛 사람은 죽고 새 사람으로 다시 태어나는 중생 사건을 잘 설명해 준다. 그리스도와 장사되고 부활하는 사건을 설명해 준다. 이것이 "그리스도의 할례"(골2:11-12[33])다. 뿐만 아니다. 이 언약은 아브라함 언약에 참여하여 한 가족이 되었음을 의미한다.

이 언약을 신명기 30장 6절은 좀 더 선명하게 설명해 준다.

"네 하나님 여호와께서 네 마음과 네 자손의 마음에 할례를 베푸사 너로 마음을 다하며 뜻을 다하여 네 하나님 여호와를 사랑하게 하사 너로 생명을 얻게 하실 것이며" (신30:6)

할례의 핵심은 외적인 표시에 있지 않다는 뜻이다. "너로 마음을 다하며 뜻을 다하여 네 하나님 여호와를 사랑하게 하사 너로 생명을 얻게 하실 것"에 있다. 이것을 바울은 "오직 이면적 유대인이 유대인이며 할례는 마음에 할지니 영에 있고 율법 조문에 있지 아니한 것이라 그 칭찬이 사람에게서가 아니요 다만 하나님에게서니라"(롬 2:29)고 설명했다.

할례는 이렇게 신약의 세례와 연결된다.

---

33) "또 그 안에서 너희가 손으로 하지 아니한 할례를 받았으니 곧 육의 몸을 벗는 것이요 그리스도의 할례니라 너희가 세례로 그리스도와 함께 장사되고 또 죽은 자들 가운데서 그를 일으키신 하나님의 역사를 믿음으로 말미암아 그 안에서 함께 일으키심을 받았느니라"

그러면 세례가 복음의 어떤 의미를 설명하고 있는지 구체적으로 살펴보자.

첫 번째, 세례는 복음이 '죄 씻음'을 준다는 의미를 설명한다.

세례에 해당하는 한자는 '씻을 세(洗)'와 '예절 예(禮)'를 사용한다. '씻는 예식'이라는 말이다. 디도서 3장 5절의 말씀을 보면 바울은 "우리를 구원하시되 우리가 행한 바 의로운 행위로 말미암지 아니하고 오직 그의 긍휼하심을 따라 중생의 씻음과 성령의 새롭게 하심으로 하셨나니"라고 한다.

이는 성령의 작용을 통해 죄 씻음과 새롭게 됨을 말한다. 성령이 어떻게 죄를 씻는지를 예수님은 요한복음 13장의 세족식을 통해 설명해 주셨다.

"예수께서 이르시되 이미 목욕한 자는 발밖에 씻을 필요가 없느니라 온 몸이 깨끗하니라" (요 13:10)

이 말씀을 통해서 예수님은 신자의 죄가 예수님의 대속을 통해 단회적으로 완전히 씻겼음을 가르치셨다. 이렇게 단회적으로 죄 씻김을 받은 신자는 "발밖에 씻을 필요가 없다"는 말씀을 기억해야 한다. 이 말씀은 예수님의 대속의 은총을 통해 성령으로 죄 씻음을 받은 사람은 날마다 발을 씻듯 죄의 오염으로부터 정화되는 삶을 살아야 한다는 뜻이다. 세례는 이런 복음의 내용을 설명해 준다.

두 번째로, 세례는 옛 사람을 장사 지내고 새 사람으로 거듭남을 설명해준다.

침례교는 이 의미를 강조하기 위해 '침례'로 성례를 집례한다. 침례(浸禮)란 세례 받는 사람을 물에 잠그는 예식이다. 물속에 잠그는 것은 옛 사람을 장사 지내고 새 사람으로 다시 태어남을 설명한다. 이에 대한 대표적인 성경적 근거는 고린도전서 10장 1-2절이다. 바울은 이 구절을 통해서 이스라엘 백성들이 홍해 바다 가운데로 지나가고 애굽 군대가 몰살당하는 것을 세례로 설명했다.

"형제들아 나는 너희가 알지 못하기를 원하지 아니하노니 우리 조상들이 다 구름 아래에 있고 바다 가운데로 지나며 모세에게 속하여 다 구름과 바다에서 세례를 받고" (고전 10:1-2)

애굽 군대의 몰살은 옛 사람을 장사 지냄을 의미한다. 그리고 이스라엘 백성들이 홍해에서 구출받은 것은 새 사람으로 다시 태어나는 것(중생)을 상징한다. 마찬가지로 신자는 옛적 삶과 새로운 삶의 경계인 홍해 바다를 건넌 사람들이다. 애굽 군사들이 홍해 바다에서 몰살당한 것처럼 신자는 옛적 삶이 성령으로 죽임당한 존재다. 죽임을 당하기만 한 것이 아니다. 이제 새로운 나라 백성으로 새로운 삶에 참여한 존재가 된다.

그러므로 광야의 삶을 살아가는 성도는 세상 삶의 방식(애굽의 삶)을 그리

위하지 말아야 한다. 오직 하나님의 입에서 나오는 말씀(만나)만 양식으로 삼는 삶을 살아야 한다. 이것을 반복적으로 되새기고 묵상하도록 돕는 예식이 바로 '성만찬'이다. 성만찬 예식이란 세례의 정신을 반복하여 떠올리게 하여, 이 땅에서 신자가 하나님의 말씀으로만 양식을 삼도록 돕는 예식이다.

세 번째로, 세례는 그리스도와 한 몸으로 연합됨을 설명한다. 바울은 고전 12장 13절에서 이렇게 말한다.

"우리가 유대인이나 헬라인이나 종이나 자유인이나 다 한 성령으로 세례를 받아 한 몸이 되었고 또 다 한 성령을 마시게 하셨느니라" (고전 12:13)

신자란 단순히 지옥 갈 사람이 천국 가게 된 것을 의미하지 않는다. 구원은 단순히 신분의 변화만 생긴 것이 아니라, 존재 방식이 근본적으로 변하게 된 사건이다. 이전에는 옛 아담으로부터 태어나 타락한 형상으로 살았다면, 이젠 마지막 아담이신 그리스도로부터 다시 태어나 하나님의 형상으로 살아가는 사람들이다. 하나님 형상에 참여하는 것은 그리스도와 한 몸으로 연합됨으로 가능해진다. 이것을 조직신학에서는 '신비적 결합(Mystical union)'이라 한다. 신자를 그리스도와 신비적으로 연합시키시는 주체는 바로 '성령님'이시다. 신자는 인종과 성별과 나이를 불문하고 "한 성령으로 세례를 받아" 그리스도와 한 몸 된 존재다. 여기서 세례는 '연합의 개념'으로 이해된다.

그러므로 한 성령으로 그리스도와 연합된 신자들은 서로 사랑하는 공동체를 이룬다. 이 고백 안에서 신사는 그리스도를 머리로 할 뿐 아니라 다른 형제들을 '자기 몸처럼' 감각하게 된다. 세례는 이런 구원 사실을 예식으로 설명해 준다. 때문에 세례는 공동체 앞에서 이뤄진다. 공동체 앞에서 이뤄진다는 점은 한 사람의 세례가 단순히 개인 구원을 의미하는 것뿐 아니라, 교회 안으로 한 몸 되었음을 의미한다.

세례는 한 사람이 우리와 같은 믿음을 갖게 되었음을 공개적으로 선포하며, 교회의 일원(회원)이 되었음을 의미한다. 이런 사실을 사도신경은 "성도가 서로 교통하심을 믿사오며"라고 고백한다.

이 고백을 반복적으로 기억나게 하는 것이 '성만찬'이다. 이것을 묵상하도록 하기 위해 성만찬은 하나의 빵을 찢어서 나눈다. 이는 예수님께서 그렇게 하셨기 때문이다. 이렇게 하신 이유는 신자가 한 성령으로 한 몸에 참여했다는 세례를 떠올리기 위함이다.

그러므로 한 몸을 이룬 신자는 머리 되신 그리스도를 뜨겁게 사랑하게 되어야 마땅하다. 그리스도를 머리로 사랑한다는 점은 그의 말씀에 귀를 기울이고 통치에 순응함을 의미한다.

뿐만 아니다. 신자는 형제를 내 몸처럼 사랑해야 마땅하다. 모든 형제가 하나의 머리와 연결되었기 때문이다. 또한 십자가는 형제를 향해 한 몸 된

감각을 갖게 될 뿐 아니라, 평등한 대상으로 여기며 서로가 결코 머리가 될 수 없음을 의미한다. 한 몸에서 지체에 우열이 없는 것처럼 말이다. 그리고 이 점은 오직 예수 그리스도만 머리일 수 있음을 의미한다.

☞ 세례의 정의

세례란 신자가 성령으로 죄를 씻어 옛 사람이 죽고 새 사람으로 태어남을 말한다. 이 때, 신자는 한 성령으로 그리스도를 머리로 삼고 같은 신앙을 고백하는 신자들을 자기 몸으로 삼는 연합이 이루어진다.

예배는 개념이다

08

성만찬

08
성만찬

교회에서 행해지는 가장 강력한 은혜의 방편은 바로 '예배'다. 예배는 모든 은혜의 방편이 집약되어 있기 때문이다. 기도, 말씀, 찬양, 성례와 같은 은혜의 방편이 이처럼 집약된 것은 오직 예배뿐이다.

그런데 예배에서 기독교는 주로 말씀에 비중을 두는 반면 가톨릭이나 루터교는 성례에 비중을 둔다. 애석한 사실은 기독교가 성례보다 말씀에 더 큰 비중을 두면서 예배에서 점차 성찬예식을 등한시하게 되었다는 점이다. 이런 태도는 급기야 성찬예식을 일 년에 두 번만 하거나, 심하게는 거의 하지 않는 교회를 양산하기까지 했다. 말씀만 잘 전하면 될 뿐, 굳이 교회 성장에 별 도움 되지 않는 성찬예식을 번거롭게 자주 할 필요가 없다는 얘기다. 이런 태도는 효율성만을 따진 나머지 예수 그리스도께서 명령하신 의도를 전혀 고려하지 않은 불신앙적 태도다. 뿐만 아니라 종교개혁자들의 정신에도 위배된다.

상당수 사람들은 개혁자들이 성찬예식을 매우 중요하게 여겼다는 사실을 잘 알지 못한다. 그들이 성찬예식을 어느 정도로 중요하게 여겼는지는 종교개혁 당시 마르부르크 회담(1530년)만 보아도 잘 알 수 있다. 이 회담은 쯔빙글리 계통의 개혁 교회와 루터파 교회가 15개의 항목을 합의하여 하나의 개혁된 교회를 세우기 위한 모임이었다. 여기서 개혁파와 루터파는 14개 항목에 대해 아무 어려움 없이 합의했다. 그러나 성만찬 항목에서 극심한 논쟁이 일어났다. 어찌 보면 그다지 민감할 필요가 없고, 본질적이지 않아 보일 수 있는 문제다. 그러나 개혁자들은 이 문제를 민감하게 보았고, 본질의 문제로 보았다. 그리고 이 논쟁은 끝까지 합의를 이루지 못했다. 어느 한쪽도 이 문제를 양보하지 않고 첨예한 대립을 했다. 성찬에 대한 논쟁 하나 때문에 마르부르크 회담의 목적(교회 연합)은 달성되지 못했다. 이 사건은 매우 상징적인 의미를 내포한다. 개혁자들이 어느 정도로 성찬예식을 중요하게 여겼는지 보여 준다. 성찬예식은 매우 중요한 예식이며 한 치의 양보나 타협도 있을 수 없는 본질이라고 본 것이다.

애석하게도 오늘날 상당수 교회들은 성만찬을 개혁자들처럼 본질적인 문제로 바라보지 않는다. 성만찬의 정신이 무엇인지, 왜 성만찬을 해야 하는지, 또는 어떻게 해야만 하는지에 대해 무관심하다. 여기엔 개혁주의를 표방한다는 교회들도 예외는 아니다. 이런 현상이 나타난 데는 이유가 있다. 어거스틴이 성만찬을 "보이는 말씀"[34]이라고 한 가르침을 제대로 이해하지 못했기 때문이다. 보이는 말씀이라는 말 속에 잘 나타난 것처럼 성만

---

34) 기독교 강요 IV, 14, 6.

찬이 복음을 잘 설명해 준다는 사실을 제대로 이해하지 못하고 있다는 말이다.

그렇다면 성만찬이 보여 주는 복음이란 무엇인가?

이를 이해하기 위해 먼저 염두에 두어야 할 점이 있다. 세례가 하나님의 말씀에 의하여 중생한 삶을 확증한다면, 성찬이란 계속해서 이 새로운 삶을 영위하도록 돕기 위해 주어졌다는 사실이다.[35] 성만찬은 예수 그리스도와 그 은혜를 신앙(믿음)으로 받는 것[36]이 구체적으로 어떤 것인지 시각적으로 설명해 준다. 은혜 받았다는 것이 단순한 지적 수용이나 이해가 아니라, 육신이 양식을 먹고 유익을 얻는 것만큼 실제적이라는 사실을 설명한다. 공적 예배를 통해 주어진 은혜를 바르게 받고 소화하면 어떤 식으로 유익을 얻게 되는지 이해시켜, 열매 맺도록 돕는 예식이라는 말이다. 때문에 칼빈은 성만찬을 "영적 잔치"라 했다.[37]

성만찬이 영적 잔치라는 관점을 이해한다면 이 예식을 자주 할수록 좋다고 했던 칼빈의 주장은 납득하기 어렵지 않다. 이 예식을 제대로 이해하지 못하면 항상 배우지만 진리에 이르지 못한다. 오늘날 상당수 교인들이 규칙적으로 예배하지만 삶 속에서 열매 맺지 못하는 이유는 바로 성만찬에 대

---

35) 이형기, 『종교개혁 신학사상』 (장로회신학대학교출판부, 1997), 489.

36) Ibid., 488.

37) Ibid.

한 이해의 부족함에 있다.

성만찬을 이해하기 위해 우리는 먼저 로마 가톨릭의 성만찬에 대한 입장을 살펴볼 필요가 있다. 가톨릭 성만찬의 문제를 이해해야 우리 기독교의 성만찬을 이해하는 데 도움이 되기 때문이다.

로마 가톨릭은 성만찬을 '화체설'(化體說/transubstantiation)로 이해한다. 화체설이란 성만찬의 빵과 포도주가 실제 예수님의 살과 피로 되었다고 믿는 교리다. 예수님께서 빵을 가리켜 "이것은 너희를 위하여 주는 내 몸이라"(눅 22:19)라고 하신 말씀을 문자적으로 해석한다.

만일 이 주장을 받아들인다면 우리는 그 다음 구절에서 "이 잔은 내 피로 세우는 새 언약이니"(눅 22:20)라고 한 말과 충돌이 된다는 점을 발견하게 된다. 여기서 주님은 이 '포도주'라 하지 않고 '이 잔'이라 하셨기 때문이다. 더군다나 예수님은 포도주 자체를 '내 피'라고 하지 않으셨다. 단지 "내 피로 세우는 새 언약"이라고 하심으로 "새 언약"을 강조하셨다. 예수님은 분명히 빵과 포도주가 자신의 살과 피가 되었다고 하신 것이 아니라는 뜻이다. 예수님께서 진짜 자신의 살과 피를 가지고 계신 상태에서 굳이 그렇게 말씀하실 이유가 없다. 또한 제자들도 그 성찬에서 예수님의 살과 피를 먹고 있다고 생각했다는 어떤 암시도 없다. 예수님이나 제자들은 이 예식을 통해 새 언약을 세우고 있음을 알고 있었던 것이다.

가톨릭 화체설의 더 치명적 문제점은 '편재성'(遍在性)에 있다. 편재성이란 시간과 공간을 초월하여 어디나 존재하시는 하나님의 고유 속성을 말한다. 이 속성은 다른 어떤 피조물도 공유할 수 없다. 여기에는 예수님의 육신도 포함된다. 예수님의 몸은 완전한 사람의 몸이기 때문이다. 물론 성자의 '신성'은 분명히 편재하신다. 때문에 성자께서는 인간의 몸을 입고 이 땅에 오셨을 때도 여전히 어느 곳에나 계신 편재성을 가지고 계셨다. 그러나 예수님의 '인성'은 시간과 공간에 제약을 받는다. 인성은 완전한 사람이기 때문이다. 그렇지 않다면 우리와 동일한 인성을 가지신 분이라 할 수 없다. 때문에 가톨릭이 주장하는 것처럼 성만찬이 시행되는 곳마다 예수님의 살과 피가 실제로 존재한다는 주장은 예수님의 인성에 대한 모순을 보여 준다.

뿐만 아니다. 가톨릭의 이런 해석은 성찬예식이 예수님을 반복하여 죽이는 제사 행위라는 차원에서 그 심각성이 더하다. 그들은 성만찬을 구약 제사 행위로 이해한다. 때문에 성만찬을 집례하는 신부를 '사제'(제사장/priest)라 한다. 그리고 집례하는 상(table)을 '제단'이라 부른다. 이런 가톨릭의 용어들은 성만찬을 제사로 이해하는 신학적 입장을 분명하게 보여 준다. 따라서 가톨릭 성만찬은 그 자체로 구약 제사와 같은 개념이다. 성만찬을 구약시대 사람들처럼 구원을 위한 요건으로 이해한다. 그들이 볼 때, 구약과 신약의 차이라고 한다면 제사에 사용된 제물이 짐승이 아니라, 예수님의 '살과 피'일 뿐이다. 때문에 가톨릭에서 성만찬은 논리적으로 빵과 포도주가 상징이 아니라, 실제 예수님의 살과 피(화체/化體)여야 하는 것이다.

이런 관점은 예수님이 십자가에서 한 번으로 완성하신 제사를 부정하는 것이 된다. 뿐만 아니라 이미 하나님 우편에 앉아 계신 예수님을 반복하여 죽이는 신성모독이 된다. 더군다나 빵과 포도주를 예수님의 실제(real) 살과 피로 여김으로써 그 빵과 포도주를 신성시하는 미신과 우상숭배에 빠지도록 한다. 때문에 루터를 비롯한 개혁자들은 가톨릭의 화체설을 한결같이 심각한 우상숭배요, 미신이라고 지적한 것이다. 이런 미신과 우상숭배로부터 신자들을 자유롭게 하기 위해 나온 성찬에 대한 교리들이 바로 '공재설'과 '기념설'과 '영적 임재설'이다.

먼저 "공재설"(共在設/coexistentialism)을 살펴보자.

공재설을 주장한 사람은 바로 '마틴 루터'다. 공재설이란, 그리스도의 전 인격이 장소적으로 빵과 포도주 안에, 밑에, 함께(in, under, along with) 실제로 있다고 보는 주장이다. 이 주장은 성찬의 빵과 포도주가 사제의 축사에 의해 예수님의 실제 살과 피가 되었다는 주장과 너무 흡사하다. 단지 가톨릭은 빵과 포도주가 예수님의 '실제' 살과 피가 되었다고 한다면, 루터는 빵과 포도주는 변함없지만, 그 속에 예수님의 살과 피가 '실제로' 있다는 차이뿐이다. 이 주장은 가톨릭의 화체설과 매우 흡사하다. 빵과 포도주가 실제 예수님의 살과 피가 되었다는 것과, 빵과 포도주 안에 예수님의 살과 피가 실제로 있다는 것이 어떤 차이가 있는지 구분하기 어렵다. 그 결과 공재설은 가톨릭의 미신을 완전히 제거하는 데 실패했다고 평가받는다.

루터의 공재설에서 이런 문제점을 보고 비판한 사람이 바로 '울리히 쯔빙글리'Ulrich Zwingli였다. 그는 루터의 공재설을 비판하면서 '기념설'(記念設/memorialism)을 주장했다. 그는 성찬에서 가톨릭 화체설의 미신을 완전히 제거하고, 루터의 공재설이 가지고 있는 오류를 제거하기 위해, 성만찬을 십자가 사건에 대한 '기념'으로만 제한하여 이해해야 한다고 주장했다. 성만찬은 단순한 표징이나 상징, 주님의 죽음을 기념하는 것에 불과하다는 뜻이다.[38] 오늘날 상당수 프로테스탄트 교회들은 거의 대부분 쯔빙글리의 기념설로 성찬예식을 이해하고 참여한다. 애석하게도 칼빈의 주장을 따른다는 개혁파 교회들도 대부분 기념설로 성만찬을 집례한다.

그러나 기념설도 성경의 정신을 다 담아냈다고 할 수 없다. 물론 이 교리가 성찬에서 미신을 제거하는 데는 성공했을지 모른다. 하지만 예수님의 부활과 신비적 교제, 그리고 현재적 사역을 설명하지 못한다는 점에서 그 문제점이 지적된다. 그리스도께서 성만찬을 통해 드러내시고자 하시는 신비를 드러내는 데 실패했다는 말이다. 때문에 성만찬을 기념설로 이해하는 교회들은 예수님께서 친히 제정해 주신 성만찬의 신비를 단지 주님의 십자가 죽으심만 감정적으로 슬퍼하는 것으로 마칠 뿐이다.

이제 우리는 성만찬에 대한 루터와 쯔빙글리의 문제를 종합하여 해결한 또 하나의 교리를 살펴보도록 하겠다.

---

38) 루이스 뻘콥, 201.

그것은 바로 '영적 임재설'(靈的 臨在說, spiritual presence)이다.

영적 임재설을 가르친 사람은 바로 제네바의 종교개혁자 '존 칼빈'John Calvin이다. 영적 임재설은 개혁파 장로교회가 추구하는 성만찬에 대한 이해이기도 하다. 칼빈은 영적 임재설을 통해서 성만찬이 하나님의 은혜의 사역을 설명해 준다고 가르쳤다. 쯔빙글리가 주장하는 것처럼 단순히 예수님의 살과 피를 기념하는 것이 아니라는 뜻이다. 앞에서 언급한 것처럼 예수님의 죽으심과 부활을 설명하는 예식은 '세례'다. 성만찬은 그 세례 안에 들어간 신자가 어떻게 날마다 영적 임재를 경험하며 누리는지 설명해 주는 신비한 예식이다. 칼빈은 이런 성만찬에 대하여 다음과 같이 설명한다.

> 요컨대, 떡과 포도주가 육체의 생명을 지탱시키고 유지시켜 주는 것과 똑같은 방식으로 그리스도의 살과 피가 우리의 영혼에게 양식이 된다는 것이다.[39]

칼빈이 성만찬에 대해 언급한 부분에서 관심을 가지고 보아야 할 부분은 "영혼에게 양식이 된다는 것"이다. 예수님의 살과 피로 구원을 받았다는 것을 기념하는 것이 아니다. 예수님의 살과 피가 구원받은 성도들에게 날마다 일용할 양식이 된다는 기쁨과 감격이 된다는 말이다. 십자가에서 살이 찢기고 피를 흘리신 사건을 묵상하는 것이 아니다. 예수님의 말씀과 피로 맺은 언약이 어떻게 신자의 영혼에 날마다 공급되는 영혼의 만나가 되는가

---

39) 기독교 강요, IV. 17. 10.

를 가르치는 예식이다. 이 고백과 직결된 성경구절이 바로 신명기 8장 3절의 말씀이다.

"너를 낮추시며 너를 주리게 하시며 또 너도 알지 못하며 네 조상들도 알지 못하던 만나를 네게 먹이신 것은 사람이 떡으로만 사는 것이 아니요 여호와의 입에서 나오는 모든 말씀으로 사는 줄을 네가 알게 하려 하심이니라"(신 8:3)

이 신명기 말씀을 성만찬으로 설명하신 사건이 바로 요한복음 6장의 오병이어 사건이다. 예수님은 광야에서 오병이어의 기적을 행하신 후에 자신이 광야에서 만나를 베풀었던 모세와 같은 메시아라고 입증하셨다. 그리고 계속해서 "나는 하늘에서 내려온 살아 있는 떡이니 사람이 이 떡을 먹으면 영생하리라 내가 줄 떡은 곧 세상의 생명을 위한 내 살이니라"(요 6:51)라고 선언하신다. 광야의 만나는 그림자에 불과하며 실체는 예수님 자신이라는 말이다. 더 나아가 "내 살은 참된 양식이요 내 피는 참된 음료로다"(요 6:55)라고 선언하시면서 성찬의 의미를 명확하게 가르치셨다.

예수님만이 참된 양식과 음료가 된다. 십자가에서 살이 찢기고 피를 흘리신 사건을 떠올리고 기념하기 위한 것이 아니다. 이 말씀에서 우리는 성찬이 오로지 홍해 바다를 건넌 사람들(세례 받은 사람들)만 참여하는 것임을 알게 된다. 이것이 뜻하는 바는 성령으로 거듭나지 못한 사람은 성찬의 신비를 알 수 없다는 뜻이다. 성만찬에는 분명히 믿음을 견고하게 하는 은혜의 작용이 있다. 하지만 성령으로 거듭나지 않은 사람들은 성만찬에서 결코 신비를 알 수 없다. 이에 대해 퍼킨스^{William Perkins}는 "회심하지 않은 자들은 표징이 지시한 것은 없이 단지 표징만 받는다. 하지만 회심한 자들은 그들의 구원에 대해 표징과 표징이 지시한 것을 다 받는다"[40]고 했다. 마치 같은 설교를 듣더라도 어떤 사람들에겐 성령의 내적 조명이 있는가 하면, 어떤 사람들에겐 없는 것과 같다.

성찬은 그리스도 구속의 은총을 받은 성도가 오직 예수 그리스도의 입에서 나오는 말씀만을 양식으로 삼아야 하며, 결코 애굽의 양식(옛적 삶의 방식)을 추구하지 말아야 할 것을 다짐하게 한다. 이 놀라운 은총은 성령으로 거듭나서 그리스도와 연합하지 않은 사람들은 결코 알지 못한다. 이들은 비록 성찬에 참여하지만 결코 하나님의 입에서 나오는 말씀으로만 양식 삼는 것까지 가지 못한다. 출애굽을 했으나 여전히 애굽 양식으로 생명을 유지하려 했던 잡족들처럼 애굽의 양식(옛적 삶)으로 생명을 유지하려 한다.

여기서 '영적 임재'가 강조된다. 영적 임재란 빵과 포도주에 임재가 일어난다는 말이 아니다. 빵과 포도주가 예수님의 몸과 피를 보여 주고, 성령님은 그 상징을 통해 성경에 계시된 그리스도를 우리 마음에 나타내 주신다는 것이다.[41] 여기서 빵이나 포도주 자체가 예수님의 실체는 아니다. 그렇지만 실체이신 예수님을 설명해 준다는 차원에서 칼빈은 "환유법"으로 보아야

---

40) 조엘 비키, 마크 존스, 852.

41) "만일 우리가 눈과 마음을 가진 채 하늘로 들러 올라가서 그리스도의 나라의 영광 속에서 그를 찾는다면, 상징들이 온전하신 그에게로 우리를 초대하는 것과 같이, 우리는 떡이라는 상징의 이름으로 그의 몸을 먹게 되고 포도주라는 상징의 이름으로 그의 피를 따로 마시게 되어 결국에는 그를 완전히 즐길 수 있을 것이다." (기독교 강요 IV. 17. 18)

한다 가르친다.[42] 이는 마치 언약궤를 가리켜 하나님이라 부르고 하나님의 얼굴이라 부르는 것이나, 비둘기를 성령님이라 부르는 것과 같다.[43]

성만찬을 통해 신자는 복음의 원리를 묵상하게 된다. 퍼킨스의 가르침처럼 "성찬의 참여자가 손으로 떡과 포도주를 잡는 것은 믿음으로 그리스도를 붙잡는 표지이며, 성찬의 참여자가 떡을 먹고 포도주를 마시는 것은 자신이 그리스도와 연합하고 교제하는 것을 증진시키기 위해 믿음으로 그리스도를 자신에게 적용시키는 표지"[44]가 된다. 믿음으로(성령의 은총을 힘입어) 그리스도를 붙들 듯 빵(말씀)을 붙든다. 이때 신자는 복음서에서 그리스도를 간절히 만나고자 붙들었던 사건을 묵상한다. 빵을 입에 넣어 씹고 삼키면서 하나님의 말씀이 깊은 묵상을 통해 소화됨을 상기한다. 이 과정에서 신자는 되새김질하는 짐승들만 성별되었다는 점을 상기한다. 빵을 삼키면서 빵이 육신의 살과 피를 형성시키는 것처럼, 신자는 주님의 말씀을 믿음으로 소화할 때, 예수 그리스도의 살과 피에 연합됨(신비적 결합)을 경험하게 된다.

성만찬의 신비를 명확하게 이해하기 위해 고린도전서 11장 24절의 말씀을 묵상하는 것은 대단히 중요하다.

"축사하시고 떼어 이르시되 이것은 너희를 위하는 내 몸이니 이것을 행하여 나를 기념하라 하시고" (고전 11:24)

---

42) 기독교 강요 IV. 17. 21.

43) Ibid.

44) 조엘 비키, 마크 존스, 854.

예수님은 제자들과 마지막 만찬을 통해서 성찬예식을 가르치셨다. 제자들을 향하여 빵을 떼어 주시며 "이것은 너희를 위하는 내 몸"이라 하셨다. 이 말씀은 성찬이 예수님의 '신성'을 나누어준다는 뜻이 아니다. '인성'을 나누신다는 뜻이다. 성찬은 우리가 마지막 아담이신 예수님의 인성에 연합하는 신비를 가르쳐 준다. 예수님은 제자들에게 신자가 어떻게 그리스도와 신비적 연합(결합)에 참여할 수 있는지 성만찬을 통해 설명해 주신 것이다.

그렇다면 신자가 그리스도와 한 몸으로 연합되기 위해 성찬은 복음의 어떤 신비를 가르치고 있는가? 그것은 예수 그리스도의 육체가 우리 가운데 다시 내려오기보다는 우리의 마음이 하늘에 올라가서[45] 하나님 우편에 앉아 계신 예수 그리스도의 살과 피에 참여하는 것이다. 이것이 가능하려면 성령께서 우리에게 '믿음'을 주셔야 한다. 칼빈은 성찬의 신비적 연합에서 성령의 역할을 절대적으로 본다.

성령이 결여되면 성례는 우리 마음 속에서 아무것도 이룰 수 없다. 그것은 마치 태양의 광체가 맹인의 눈에 비치고 귀머거리의 귀에 울려 퍼지는 것과 같다.[46]

---

45) 여기서 "우리 마음이 하늘에 올라가서"라는 말의 뜻은 예수 그리스도께서 지금 하나님 우편에 앉아 계심을 염두에 둔 표현이다. 예수님의 인성은 편재하지 않으신다. 그러므로 그 인성이 우리에게 내려오는 것이 아니라, 우리의 인성이 성령님에 의해 하나님 우편에 앉아 계신 예수의 인성에 연합된다는 뜻이다. 인성이 우리에게 내려온다는 주장이 가톨릭의 화체설과 공재설의 오류다. 반면 우리가 '말씀으로' 하나님 우편에 앉아 계신 그리스도와 현재적이고 실제적인 연합을 이룬다. 이것을 신비적 결합이라 한다.

46) 기독교 강요 IV. 14. 9.

말씀에 성령이 결여되면 우리에게 아무 효력을 기대할 수 없다. 성령께서 성찬을 통해 그리스도를 보여 주시지 않고 우리 마음을 아버지 우편에 앉아 계신 그리스도에게 연합시키지 않는다면 신비적 연합이 이루어지지 않기 때문이다. 이는 마치 기록된 성경을 성령의 조명과 적용하게 하심이 없을 경우 아무 유익이 되지 않는 것과 같다. 성만찬도 성경이나 설교를 통한 은혜의 적용은 동일한 원리로 이루어진다. 칼빈의 가르침처럼 이 신비적 연합은 "우리의 눈과 생각을 하늘로 향하여 그의 나라의 영광 가운데 계신 그리스도를 바라보면서 … 그는 자기 자신의 몸으로 자기 백성을 먹이시며, 그의 성령의 능력으로 말미암아 그 몸과의 교제를 그들에게 베푸시는 것"을 보도록 한다.

결론적으로 성례의 두 가지, 세례와 성만찬이 의미하는 바를 핵심적으로 정리해 보자.

세례는 신자의 중생한 삶을 설명해 준다. 신자는 성령으로 죄 씻음을 받아서 옛 사람은 장사 지내고 새 사람으로 다시 태어난 존재라는 사실을 설명해 준다는 말이다. 여기서 예수 그리스도의 십자가와 부활에 대한 묵상이 따른다.

이에 반하여 성만찬은 성령으로 거듭난 이후 신자의 삶을 설명해 준다. 거듭난 신자는 그리스도와 연합하여 이전과 다른 생존 방식을 갖게 된다. 여기서 묵상은 예수님의 십자가 대속이 아니다. 이전엔 애굽의 양식으로 생명을 유지했다면, 이젠 하나님의 입에서 나온 말씀으로만 삶을 유지하는 존재가 된다는 점을 묵상한다. 이 묵상은 신자가 예수님의 살과 피로 형성된 새로운 혈통이 되어 간다는 점을 상기시킨다. 그리스도의 살과 피로 태어난 그리스도인들은 점차적으로 그리스도의 살과 피로 몸을 형성해 나가는 공동체가 된다. 신자들은 하나의 빵으로 성만찬함으로 모든 그리스도인들이 한 몸에 참여한 존재임을 상기한다. 성만찬은 이렇게 그리스도인의 정체성을 반복적으로 상기시킨다. 이런 정체성의 반복을 통해 신자는 배우고 익힌 말씀을 인내로 결실하며 거룩한 성전으로 지어지게 된다. 따라서 성만찬의 결과는 퍼킨스의 말처럼 하나님의 뜻에 복종하는 것으로 귀결된다.[47]

☞ 성만찬의 정의

성만찬이란 성령으로 거듭난 신자가 성령으로 하나님의 입에서 나온 말씀으로만 삶을 유지하는 새로운 피조물 된 정체성을 상기키시는 예식이다.

─────────
47) 조엘 비키, 마크 존스, 851.

예배는 개념이다

09

경외

09
경외

　기독교 신앙은 여호와 하나님께 대한 경외심(敬畏心)으로 시작된다. 많은 사람들이 흔히 생각하는 것처럼 따뜻하고 낭만적인 감정으로 시작하는 것이 아니다. 그러나 우리는 주변에서 찬양 집회에서 아름다운 찬양을 부르는 가운데 예수를 믿게 되었다는 사람을 자주 접한다. 혹은 예배에 참석했다가 하나님께 대한 따뜻한 감정을 느끼면서 예수를 믿게 되었다거나, 복음에 대한 논리적인 설교를 듣고 그 논리에 설득되어서 지적 회심을 하게 되었다고 하는 사람도 있다. 그 대표적인 사람으로 C. S. 루이스C.S. Lewis를 들기도 한다.

　그러나 지적 회심이란 표현은 성경적 근거가 없다. 회심은 전인격적이다. 지적 영역이나 감정적 영역, 혹은 의지적 영역만으로 회심했다는 점은 성경의 가르침과 거리가 멀다. 로이드 존스 목사의 지적처럼 '설득 당해서' 하나님 나라에 들어간 사람은 아무도 없다.[48]

---

48) 로이드 존스, 『목사와 설교』 정근두 역 (복있는사람, 2005), 218.

다 그런 것은 아니겠지만 애석하게도 이런 분들 가운데 상당수의 사람들은 여전히 하나님께 대한 경외심이 무엇인지 알지 못한다. 하나님은 선하시고, 사랑이 많으시며, 자비로우시고, 은혜로운 분이시라는 것을 인정한다. 그러나 그 하나님께서 심판하시고, 징계하시고, 우리에게 고난을 주시고, 십자가를 지게 하시는 분이라는 점을 인정하는 데 많은 어려움을 느낀다.

존 번연의 『천로역정』에서 잘 설명해 주고 있는 것처럼 한 사람의 회심은 하나님께 대한 좋은 감정으로 시작되지 않는다. 자신의 비참에 대한 자각과 죄인을 심판하시는 하나님께 대한 두려움인 경외심에서 출발한다.

칼빈의 기독교 강요에서 언급하고 있는 것처럼 신앙은 하나님을 아는 지식을 통해 자신의 비참함을 알게 되는 것으로 시작된다. 칼빈이 기독교 강요에 언급한 부분을 잠시 인용해 보자.

우리가 우리의 의(義), 지혜, 덕에 아주 만족하면서 이 세상의 너머를 바라보지 않는 한, 우리는 스스로를 극단적으로 추켜올려서 자신을 반신적(半神的)인 존재로 여길 것이다. 그러나 우리가 일단 생각을 하나님께 향하고, 그가 어떤 존재인가를 생각하며, 우리의 규범이 되어야 할 그분의 의와 지혜와 능력이 얼마나 완전한가를 생각하기를 시작한다면, 전에 의라는 가면을 쓰고 우리 안에서 즐거워하던 것이 곧 가장 사악하고 추한 것으로 변할 것이다. 또 지혜라는 이름으로 우리를 그렇게 감동시켰던 것이 가장 어리석은 것으로써 역겨워질 것이다. 능력의 얼굴을 하고 있던 것은 가장 비참한 무능력자임이 입증될 것이다. 이와 같이 우리에게 가장 완전한 것 자체처럼 보이는 것들도 하나님의 순결에 비하면 구역질나는 것이다.[49]

한 명의 자연인이 처음 하나님을 마주 대할 때 오는 첫인상은 '경외심'이다. 모세가 시내산에서 하나님을 처음 대면했을 때 받았던 인상도 '경외심'이었다. 모세만이 아니다. 구약에서 하나님의 영광이 임재하는 곳마다 사람들은 두려워 고개를 들 수 없었다. 선지자 이사야도 처음 주님을 대면했을 때 동일한 반응을 보였다.

"화로다 나여 망하게 되었도다 나는 입술이 부정한 사람이요 나는 입술이 부정한 백성 중에 거주하면서 만군의 여호와이신 왕을 뵈었음이로다 하였더라" (사 6:5)

구약의 대제사장이 지성소에 들어갈 때를 보자. 그는 말로 표현할 수 없는 경외심으로 들어가야 했다. 지성소는 하나님을 대면하는 장소였기 때문이다. 하나님을 대면하는 것이 가볍게 여겨질 것이 아니다. 온 우주의 왕을 대면하는 것이 어찌 가볍고 경솔할 수 있겠는가? 이런 현상은 신약에서도 마찬가지였다. 베드로가 예수님을 처음 만났던 때, 그는 "예수의 무릎 아래에 엎드려 이르되 주여 나를 떠나소서 나는 죄인이로소이다"(눅 5:8)라고 고백할 수밖에 없었다. 여기서 우리는 한 사람이 참으로 하나님을 만났는지

---

49) 기독교 강요 I. 1. 2.

여부를 분별할 수 있는 중요한 시금석이 무엇인지 발견하게 된다.

바로 하나님께 대한 경외심이다.

하나님을 진정으로 만난 사람들은 예외 없이 하나님께 대한 경외심을 품게 된다. 하나님을 단순히 사랑하게 된 것이 아니라, 경외하면서 사랑하게 된다. 그 경외심은 하나님께 대한 '막연한 불안'과 같은 감정이 아니다. 이런 태도는 주로 유신론적 실존주의자들에게 나타나는 태도다. 그들은 이런 '막연한 불안'을 하나님께 대한 경외심처럼 가르친다. 키에르케고르^{S. Kierkegaard}, 칼 야스퍼스^{Karl Jaspers}, 칼 바르트^{Karl Barth}가 대표적이다.

실존주의에서 가르치는 경외와 성경이 가르치는 경외는 흡사해 보이나 분명히 다르다. 여기서 속지 않도록 해야 한다. 혹은 미신처럼 하나님을 두려워하는 경향의 사람도 있다. 예를 들어서 주일성수를 안 하면 큰 사고가 난다든지, 또는 십일조를 안 하면 사업에 큰 손해가 임할 것이라는 태도다. 인생에 어려움이 끊이지 않는 것이 하나님을 잘 섬기지 못해서 그런 것처럼 생각한다. 이런 식의 경외심은 이방 종교나 무속 신앙에서 흔히 나타나는 공포일뿐이다. 하나님을 경외함은 이런 막연한 두려움이 아니다.

그렇다면 성경이 가르치는 '경외심'이란 무엇인가? '경외'에 해당하는 히브리어는 '야레'(ירא)라고 한다. 헬라어로는 '포베오'(φοβέω)라 하며, 영어로는 'Fear God'으로 번역된다. 이 표현은 주로 "하나님께 대한 두려움과 존경"을 의미한다.[50] 우리 한글 성경은 한자를 사용해서 '공경할 敬(경)'과 '두려워 할 畏(외)'를 사용하여 아주 살 번역했다. 우리 한자어가 잘 표현한 것처럼 '경외'는 '공포'같은 개념이 아니다. 존경심과 사랑을 담지하고 있는 공경과 두려움이다.

신명기 10장 12-13절의 말씀은 이 사실을 잘 가르쳐 준다.

"이스라엘아 네 하나님 여호와께서 네게 요구하시는 것이 무엇이냐 곧 네 하나님 여호와를 경외하여 그의 모든 도를 행하고 그를 사랑하며 마음을 다하고 뜻을 다하여 네 하나님 여호와를 섬기고 내가 오늘 네 행복을 위하여 네게 명하는 여호와의 명령과 규례를 지킬 것이 아니냐" (신 10:12-13)

신명기 이 말씀에서 모세는 "여호와를 경외하라"고 명령하면서 "그의 모든 도를 행하고 그를 사랑하며 마음을 다하고 뜻을 다하여 네 하나님 여호와를 섬기고 내가 오늘 네 행복을 위하여 네게 명하는 여호와의 명령과 규례를 지킬 것이 아니냐"고 한다. 하나님께 대한 경외심은 '사랑'과 '복종'을 내포한다는 뜻이다. 롤랜드 머피[Roland E. Murphy]의 지적처럼 "여호와 경외는 사랑을 포함한다."[51]는 점을 기억해야 한다. 단순히 공포와 두려움만 있다면 그것은 성경이 가르치는 경외가 아니다. 도리어 귀신을 숭배하는 것에 더 가깝다.

---

50) 강사문, 나채운 감수, 『청지기 성경사전』 (도서출판 청지기, 1995), 85.

51) 롤랜드 E. 머피, 『WBC 22권 잠언 주석』 (도서출판 솔로몬, 2001), 407.

간혹 우리 주변에 종교적 공포심만을 가지고 교인들을 복종하게 하는 목회자들을 보게 된다. 이들은 구원을 담보로 하여 교인들에게 복종을 강요하고 노예처럼 부리려 한다. 그들은 하나님을 복종하지 않으면 지옥에 보내시는 무서운 존재로만 가르친다.

이것은 가톨릭에서 흔히 느낄 수 있는 하나님에 대한 인식이다. 예나 지금이나 로마 가톨릭은 구원을 수단으로 교인들을 요람에서 무덤까지 지배한다. 일곱 가지 성례를 통해서 신자들의 구원을 사제(신부)가 주관한다. 세례로 구원을 받고, 성찬과 고해로 구원을 유지하며, 견진으로 구원을 확신하도록 한다. 혼인성사를 통해서 결혼생활의 행복을 보장하며, 서품으로 신부를 세우고, 종유로 신자의 임종을 보장한다. 이 모든 것은 신부의 집례로 이루어진다. 따라서 신부는 신자들의 영혼을 주관하는 주권자처럼 이해된다. 이렇게 되면 신부는 일종의 샤먼(shaman)이 되며, 정작 두려움의 대상은 하나님이 아니라 신부가 된다.

가톨릭의 하나님께 대한 두려움은 마리아 숭배에서 그 절정에 달한다. 그들은 하나님을 심판만 하시는 너무 두려운 분으로 가르친다. 때문에 하나님은 가까이 하기엔 너무 먼 분으로 여겨진다. 그래서 예수님의 어머니 마리아의 도움이 있어야 한다고 가르친다. 마리아는 예수님의 어머니이기 때문에 어머니의 중보는 하나님의 진노를 누그러뜨리고 신자의 기도가 상달되도록 돕는다고 믿는다. 이들에게 하나님께 대한 경외는 사랑과 존경을 내포한다는 점을 쉽게 납득시키기 어려울 것이다.

그 외에도 하나님을 막연히 두려움으로만 이해하는 종교가 이슬람이나 유대교나. 그 외에도 율법을 강조하는 여호와의 증인과 같은 이단들도 하나님은 두려움과 공포의 대상일 뿐이다. 이런 율법주의 종교들의 공통점은 종교적 열심과 엄격성이 남다르다는 점이다. 자유함이나 사랑, 혹은 자비는 찾아보기 힘들다. 물론 이들이 하나님의 사랑을 설파하지 않는 것은 아니다. 그럼에도 불구하고 이들에게 하나님의 사랑은 좀처럼 와닿지 않는다. 이런 모습은 성경이 가르치는 참 하나님을 만난 반응이 아니다.

이런 하나님께 대한 인식은 윤리적으로 율법주의와 무율법주의로 나타난다. 율법주의는 하나님을 '심판하시는 두려운 분'이라는 인식에 기울어진 태도에서 나타난다. 이들에게 하나님의 사랑과 자비에 대한 인식은 그다지 와닿지 않는다. 반대로 무율법주의는 하나님께 대한 경외심보다는 자비와 사랑으로 기울어진 인식에서 나타난다. 하나님이 '경외할 분'이라는 인식이 빈약하기 때문에 신중함과 두려움이 없다. 불경건이 자주 나타나며 이에 대한 경각심이 빈약하다. 이 또한 하나님을 만난 자의 반응이 아니라고 할수 있다.

오늘날 상당수의 기독교인들에게 하나님께 대한 경외심을 찾아보기 어렵다. 율법주의 성향보다는 무율법주의적 성향으로 더 많이 기울어진 상태다. 은혜의 복음을 잘못 이해하여, 하나님을 너무 가볍고 쉽게 취급한다. 무엇보다 예배에 임하는 태도는 신성 모독에 가깝다. 공예배에 늦거나 준비없이 참석하는 것은 차치하더라도, 예배에 참석하는 옷차림이나 태도는 상상을 초월한다. 예배시간에 아무의 눈치도 보지 않고 엎드려 자는 젊은이들도 다반사다. 기분이 나쁘거나 맘에 들지 않으면 예배 도중에 나가기도 한다. 예배에 집중하지 않고 휴대폰으로 장난하거나 옆사람과 웃으며 잡담하고 조는 경우는 일반적인 현상이 되었다. 예배 인도자들은 회중들의 감정이 상할까봐 하나님이 노골적으로 모독당하는 이런 예배를 방치한다. 이렇게 공적 예배의 불경건과 하나님께 대한 모독이 일상화된 상태에서 신자들의 경건한 삶은 기대할 수 없다. 그들은 일상 속에서 진리를 타협하기를 밥 먹듯이 한다. 하나님을 모르는 세상 사람들과 아무런 구별됨도 찾아 볼 수 없다. 아니 이젠 그 도덕성에 있어서 불신자들의 손가락질을 받는 대상이 되고 말았다.

신자가 정말로 하나님을 만났다고 한다면 그는 분명히 하나님을 경외하게 된다. 여기서 우리는 먼저 '하나님을 만났다'는 말의 의미를 오해하지 말아야 한다. 간혹 사람들은 '하나님을 만났다'는 말을 신비적인 어떤 체험을 뜻한다고 생각한다. 아니다. 기독교 신앙에서 하나님을 만난다는 말은 성령께서 말씀을 우리의 심령에 각인시키는 것을 뜻한다. 이것을 '효력 있는 부르심'(Effectual calling)이라 한다. 성경을 읽거나 설교를 듣는 가운데 하나님의 말씀이 신적 권위로 심령에 각인되는 것을 말한다.

사도 바울이 데살로니가전서 2장 13절에서 말한 것이 바로 효력 있는 부르심이다.

"이러므로 우리가 하나님께 끊임없이 감사함은 너희가 우리에게 들은 바 하나님의 말씀을 받을 때에 사람의 말로 받지 아니하고 하나님의 말씀으로 받음이니 진실로 그러하도다 이 말씀이 또한 너희 믿는 자 가운데서 역사하느니라" (살전 2:13)

따라서 하나님과의 만남은 말씀을 통해서 이루어진다. 말씀이 효력 있게 신자의 마음에 새겨지고 그 가운데 하나님의 사랑이 마음에 부은 바 된다(롬5:5[52]). 그래서 믿음은 들음에서 난다. 신명기 4장 10절[53]을 보면 여호와께 대한 경외함(참된 만남)이 "율법을 들음"에서 난다고 가르친다. [54]

"네가 호렙 산에서 네 하나님 여호와 앞에 섰던 날에 여호와께서 내게 이르시기를 나에게 백성을 모으라 내가 그들에게 내 말을 들려주어 그들이 세상에 사는 날 동안 나를 경외함을 배우게 하며 그 자녀에게 가르치게 하리라 하시매" (신 4:10)

뿐만 아니라 예레미야 31장 33절에서도 하나님을 인격적으로 만나는 것을 하나님께서 율법을 "그들의 속에 두며 그들의 마음에 기록"하는 것이라고 가르친다. 바울은 이것을 "믿음은 들음에서 나며 들음은 그리스도의 말

---

52) 소망이 우리를 부끄럽게 하지 아니함은 우리에게 주신 성령으로 말미암아 하나님의 사랑이 우리 마음에 부은 바 됨이니"

53) "네가 호렙 산에서 네 하나님 여호와 앞에 섰던 날에 여호와께서 내게 이르시기를 나에게 백성을 모으라 내가 그들에게 내 말을 들려주어 그들이 세상에 사는 날 동안 나를 경외함을 배우게 하며 그 자녀에게 가르치게 하리라 하시매"

54) 강사문, 나채운, 85.

씀으로 말미암았느니라"(롬10:17)고 가르친 것이다. 그러므로 기독교인들에게 하나님을 만나는 유일한 방식은 '말씀'이다. 말씀을 통해서 하나님을 만나고 경외하게 되는 경험을 한다. 이것이 바로 참된 믿음을 가진 사람의 특징이다.

무엇보다 여호와를 경외하는 것은 악을 미워하는 것과 직결된다. 잠언 기자는 "여호와를 경외하는 것은 악을 미워하는 것이라"(잠 8:13)고 가르친다. 이는 욥기 28장 28절에서 여호와 경외는 악행을 피하는 것과 결합되었다는 도덕적 뉘앙스를 보여 준다.[55] 때문에 여호와를 경외한다는 사람에게 부도덕한 태도는 결코 있을 수 없다.

"또 사람에게 말씀하셨도다 보라 주를 경외함이 지혜요 악을 떠남이 명철이니라" (욥 28:28)

십계명의 준수는 그가 정말로 여호와 하나님께 대한 경외심을 감지하고 있는지 보여 주는 시금석이다. 하나님을 경외한다고 하면서 종교적인 일에만 심취하고 도덕적 방종을 일삼는 사람은 다른 하나님을 섬기는 것이다. 신천지와 같은 이단을 보면, 이들은 종교적 열심이 남다르다. 그들은 항상 종교적 헌신이 조금이라도 부족하면 지옥에 보낼지도 모르는 하나님에 대한 두려움에 떨고 있다. 이들에겐 자유함이 없다. 그들이 만일 진정으로 하나님을 경외한다면 그들의 경외심은 주님의 계명을 지키는 것으로 나타나

---

55) 롤랜드 E. 머피, 407.

야 마땅하다.

　"여호와 경외"와 아울러 꼭 기억해야 할 점이 있다. 그것은 경외심이 반드시 지혜와 지식을 동반한다는 사실이다. 잠언은 여호와를 경외함이 지혜와 지식의 근본이라고 가르친다(잠 1:7[56]; 9:10[57]). 이 말은 여호와를 경외하는 자가 결코 지혜롭지 않을 수 없음을 보여 준다.

　우리가 잘 아는 것처럼 성령은 지혜의 영이시다. 성령님은 우리를 '지식의 말씀을 통해' 복종을 행하게 하심으로 지혜롭도록 하신다. 그래서 신자는 지혜롭기 위해 더 많은 지식을 추구하게 된다. 지식을 추구하는 목적이 지적 우월감을 뽐내기 위해서가 아니다. 두려움으로 주님을 따르기 위해 지식을 추구한다. 이 과정이 반복되면서 신자는 점점 지식이 쌓이고 지혜롭게 된다. 따라서 신자가 지혜롭지 못하다는 지적을 받는다면 그는 분명히 문제가 있다. 그는 지식을 추구하는 데 게으른 사람이든지, 아니면 지식만 추구하고 실천하지 않는 사람임에 틀림없다. 그것도 아니라면 잘못된 지식을 따르는 사람일 것이다.

　신자는 반드시 지혜로워야 한다. 지혜롭지 못하면 결코 복의 근원이 될 수 없다. 태생적으로 어리석기 때문에 구원을 받아도 지혜롭지 않을 수 있다는 주장은 성립되지 않는다. 이런 주장은 구원이 무엇인지, 혹은 하나님

---

56) "여호와를 경외하는 것이 지식의 근본이거늘 미련한 자는 지혜와 훈계를 멸시하느니라"

57) "여호와를 경외하는 것이 지혜의 근본이요 거룩하신 자를 아는 것이 명철이니라"

께서 왜 우리에게 구원을 주신 것인지 알지 못하는 것이다. 구원이란 그 자체로 어리석은 자를 지혜롭게 하기 위한 하나님의 행위이기 때문이다. 사람이 지혜롭지 못한 것은 지능의 문제 이전에 여호와 경외함이 없기 때문이다. 모든 지혜는 여호와를 경외함으로 시작된다. 이것이 잠언의 가르침이고 지혜의 핵심이다. 그러므로 구원을 받아서 여호와를 경외하게 되었다면 그는 하나님과 이웃 사이에서 지혜로운 삶을 살 수밖에 없다.

물론 지혜로워진다는 것은 머리가 좋아진다는 것이 아니다. 성경은 지혜로운 삶을 게으르지 않음, 악을 행치 않음, 개미처럼 추운 겨울을 미리 대비함, 주의 계명을 지킴 등으로 가르친다. 이런 항목들은 지능의 문제가 아니다. 여호와를 경외함으로 나타나는 '삶의 태도'를 말한다.

삶의 태도가 달라지면 자동적으로 지혜로워질 수밖에 없다. 무엇보다 우리가 여호께 대한 경외심을 품을 수밖에 없는 이유는 그분이 세상 모든 것의 주관자가 되시기 때문이다. 하나님은 우리의 살고 죽는 것, 복과 저주, 천국과 지옥의 심판을 주관하신다. 그러므로 예수님은 제자들에게 "마땅히 두려워할 자를 내가 너희에게 보이리니 곧 죽인 후에 또한 지옥에 던져 넣는 권세 있는 그를 두려워하라 내가 참으로 너희에게 이르노니 그를 두려워하라"(눅 12:5)고 경고하셨다. 우리 인생의 모든 것은 하나님의 주권 안에 있다. 내가 열심히 노력하면 내 맘대로 되는 세상이 아니다. 힘과 권력이 있다고 해서 내 맘대로 되는 세상이 아니다. 세상의 임금들과 권세자들이라도 하나님의 주권과 통치와 심판을 피해갈 수 없다. 그래서 하나님을 경외할 수 밖에 없다.

우리가 흔히 은혜의 교리라고 하는 예정과 선택은 이런 차원에서 두려운 교리가 된다. 은혜의 교리는 단순히 공로 없이 구원을 받는다는 정도가 아니다. 은혜를 주시고 안 주시는 결정권자가 하나님이시라는 뜻이다. 내가 힘쓰고, 내가 선택해서 구원받고 은혜를 받는다면 하나님을 두려워할 이유가 없다. 전도를 받아도, 세상의 것을 즐기다가 내가 아쉬울 때 내 맘대로 하나님을 믿을 수 있다면, 또 오늘 예배 시간에 은혜를 못 받아도 내가 원할 때 내가 힘쓰면 아무 때나 은혜를 받을 수 있다면 하나님을 경외할 필요가 없다. 문제는 이 모든 것의 주권이 하나님께 있기 때문에 두려운 것이다. 하나님은 내가 믿고 싶을 때 믿을 수 있는 분이 아니다. 내가 은혜를 받고 싶을 때 은혜를 주시는 분도 아니다. 이 모든 것은 하나님의 주권 안에 있다.

전도서 기자의 가르침처럼 천하의 범사가 기한이 있고 때가 있다(전 3:1[58]). 하나님께서 은혜를 주시는 때가 있다. 하나님께서 주신 기회를 소홀히 여기면 바깥 어두운 데에서 슬피 울며 이를 갈게 된다(마 22:13[59]).

하나님을 경외하는 사람들은 은혜의 기회를 놓치지 않으려 한다. 성령을 소멸하지 않고 예언을 멸시하지 않으려 힘쓴다. 모든 은혜의 방편을 사용하되 결코 소홀히 하지 않는다. 하나님께서 은혜를 주실 때 받지 못하면 다

---

58) "범사에 기한이 있고 천하 만사가 다 때가 있나니"

59) "임금이 사환들에게 말하되 그 손발을 묶어 바깥 어두운 데에 내던지라 거기서 슬피 울며 이를 갈게 되리라 하니라"

시는 기회가 없을 것과 같은 태도로 살아간다. 리차드 백스터^{Richard Baxter}가 죽어 가는 사람이 죽어 가는 사람을 향하여 마지막 설교를 하듯이 설교했다는 것처럼, 비장한 태도로 하루 하루 순간순간을 살아간다.

바울에게서도 이런 태도는 발견할 수 있다. 그는 빌립보 교회를 향하여 "항상 복종하여 두렵고 떨림으로 너희 구원을 이루라"(빌 2:12)고 호소했다. 다윗도 우리아의 아내 밧세바를 범한 후에 주의 성령을 내게서 거두지 마실 것을 강청하며 두려워했다. 이 모든 것이 하나님의 주권 안에 있기 때문에 경외심을 가질 수밖에 없다. 은혜의 교리는 공짜로 은혜를 받는 교리라고 생각하면 곤란하다. 결코 가벼운 교리가 아니다. 하나님을 경외할 수밖에 없도록 하는 교리다.

마지막으로 경외는 피조물의 한계를 초월하는 하나님의 거룩하신 속성에 대한 '실질적 인식'에서 나오는 자연스러운 반응이다. 하나님의 존재 속성은 피조물 된 인간의 한계를 무한히 뛰어넘는다. 그 무한한 속성으로 인해 경외심을 갖게 된다. 사도 바울의 가르침처럼 "하나님의 미련한 것이 사람보다 지혜 있고 하나님의 약한 것이 사람보다 강"(고전 1:25)하다.

성령으로 거듭나게 되면 신자는 하나님의 거룩하신 무한한 속성을 하나씩 자각하게 되면서 경외심이 점점 커진다. 하나님의 거룩하신 속성을 지식으로만 알고 있는 것으로는 경외심이 생기지 않는다. 욥의 표현처럼 "내가 주께 대하여 귀로 듣기만 하였사오나 이제는 눈으로 주를 뵈옵나이다"(욥 42:5)라는 고백이 있을 때, 비로소 경외심이라는 실질적 반응이 나타난다. 이 반응은 하나님과 만남이 깊어지면 깊어질수록 더 커진다.

단순히 두려워하는 것이 아니라 사랑과 존경과 오묘함 같은 다양한 인식이 결합된 경외심을 갖게 된다. 마치 광대한 우주를 사진으로만 본 사람이 직접 광대한 우주를 접하게 될 때 나타나는 두려움과 같다. 그랜드 캐니언을 그림으로만 본 사람이 실제로 그 광활한 모습을 목도하면서 경외심을 느끼게 되었다는 것과도 같다. 경외심은 인간의 능력으로 도무지 가늠조차 할 수 없다는 인간의 초라함과 보잘것없음에 대한 자각에서 나온다. 신자가 하나님을 만났을 때, 경험하게 되는 것이 이런 것이다. 하나님을 인격적으로 만났다고 하는 참된 신자에게 경외심은 가장 두드러진 특징이 된다.

☞ **경외의 정의**

경외란 하나님을 만난 신자가 피조물의 한계를 초월한 무한한 속성을 인식함으로 나타나는 사랑과 존경의 태도다.

예배는 개념이다

10

부흥

10
부흥

　예배와 관련하여 부흥은 결코 떼어놓을 수 없다. 하나님은 교회를 회생시키는 부흥을 주로 예배를 통해 주시기 때문이다. 그러나 언제부터인가 교회 안에서 부흥이라는 단어는 그다지 환영을 받지 못하는 용어가 되었다. 부흥이라는 단어가 부흥강사들에 의해 사람들의 감성을 자극하여 헌금과 봉사를 강요하는 프로그램 정도로 여겨졌기 때문이다.

　요즘은 예전보단 덜해졌지만 90년대까지만 하더라도 상당수 교회들은 연중행사처럼 유명 부흥사를 초청해서 부흥회를 하는 것을 당연시 여겼다. 부흥회에 초청을 받은 부흥사는 회중들의 눈물샘을 자극하여, 하나님의 말씀을 대언하는 것이 아니라 교회 담임 목사가 하지 못하는 말을 대언하는 역할을 했다. 더 나아가 교인들에게 몸으로 헌신하도록 할 뿐 아니라, 통장을 다 털어 헌금하도록 만들었다. 여기엔 감초처럼 등장하는 순서가 있었다. 성령 받고, 은사 받고, 능력 받는 시간이다. 부흥사는 신자들을 뜨거운 찬양으로 달군 다음 온갖 쇼를 하면 서 성령을 받으라고 고함을 친다. 사람들은 미친 듯이 성령을 소유하기 위해 괴성을 지르며 광적인 몸부림을 친다. 성령은 목사가 받으라고 해서 받는 것도 아니다. 이 사람들 가운데 회개 없이 욕심으로 성령을 소유하려 했던 사람들은 영적으로 잘못되는 경우도 종종 나타났다.

이렇게 부흥회가 끝나면 교회는 한동안 열심히 헌신을 하는 분위기가 조성된다. 그러나 이 분위기도 시간이 지나면 점점 시들해진다. 교회가 또 시들해져 가는 듯하면 담임 목사는 교인들에게 소위 '약발'이 거의 떨어져 간다고 판단한다. 최면이 점점 풀리면 다시 최면을 거는 것과 무슨 차이가 있는지 모르겠다. 이런 모습은 성경이 가르치는 성령의 역사와는 분명히 큰 괴리가 있다. 아무튼 부흥회로 교회를 성장시킨다는 교회들은 교인들의 헌신이 식는 듯하면, 또 다른 부흥강사를 초청해서 부흥회를 열어 교인들의 열심이 식지 않도록 한다. 이렇게 교회가 요란해지는 부흥회를 최소한 분기별로 나눠서 어떤 교회는 두 번, 어떤 교회는 네 번 정도를 치른다. 그렇게 부흥회를 치르고 나면 한 해는 간다.

지금 뒤돌아보면 1980년대와 1990년대 한국교회에서 유행하던 부흥회란 유치하기 이를 데 없는 광대쇼와 같았다. 지금도 그런지 모르지만 우리가 부흥회나 기도원에서 흔히 보아 온 부흥사들 가운데 상당수의 사람들은 부흥사 학교라는 데서 훈련을 받는다고 한다. 부흥사를 양성하는 학교는 주로 이름만 대면 알 수 있는 유명한 부흥사들이 강사로 활동한다. 그들은 거기서 교인들 감정을 띄우는 법, 헌금 많이 나오게 하는 법, 성령의 불을 받게 하는 법, 뜨겁게 찬양과 기도회를 인도하는 법 등을 배운다. 이들이 가지고 있는 신학적인 수준은 천박하기 이를 데 없는 경우가 많았다. 교리적으로 무식했고, 상식적으로도 납득하기 어려운 저급한 말을 아무렇지도 않게 했다. 윤리적으로도 심각한 결함을 가진 부흥사도 많았다. 기도를 많이 해서 목소리는 항상 쉬어 있는 경우가 많았다. 그런데 그들이 엄청난 기도 가운데 성령 받았다는 이야기는 간혹 무속인들이 신내림을 받았다는 경우와 너무 흡사하다. 그 대표적인 사람이 박태선 같은 사람이다. 그래서 그런지 부흥사들 가운데 강력한 능력과 이적을 행하다가 이단이 되는 경우가 많았다.

과거 한국 기독교 역사에서 부흥사에 대한 이런 어두운 기억은 교회 안에 부흥에 대한 기대를 접게 만들었다. 오늘날 소위 부흥을 추구한다는 곳은 주로 복음주의 노선이나 은사주의자들, 신사도운동하는 사람들, 혹은 선교 단체들뿐이다. 소위 교리적으로 깨어 있다는 교회들은 대부분 부흥에 대한 관심이 시큰둥하다. 로이드 존스 목사는 이런 현상이 참된 부흥을 막는 사탄의 교묘한 술책이라고 지적한다. 하나님께서는 부흥을 열망하는 태도를 통해서 부흥을 주신다. 이러한 사실을 잘 알고 있는 사탄은 어느 시대든지 부흥이 도래하지 않도록 하기 위해 부흥에 대한 오해와 불신, 혹은 잘못된 교리를 통해서 성도들이 부흥을 열망하지 않도록 했다.

어떤 개혁파 진영은 18세기 부흥이나, 더 나아가 한반도에서 일어났던 1907년 평양 대부흥도 은사주의 운동 가운데 하나로 보아야 한다고 주장한다. 이런 주장은 조나단 에드워즈 당시의 찰스 촌시Charles Chauncy 같은 이성주의자들(신학적 자유주의자)에게도 나타났던 현상이다. 촌시는 에드워즈를 통해 일어나는 부흥의 현상을 '종교적 광신'으로 부르면서 반율법주의, 교황주의, 무신론 등과 같은 뉴잉글랜드의 다른 혐오스런 운동들과 묶어 취급했다.[60] 이런 상황에서 우리는 참된 부흥과 거짓된 부흥을 바르게 분별하는 것이 매우 시급하다고 생각하게 된다.

그러면 성경이 가르치는 부흥이란 과연 무엇인가?

전통적으로 부흥이란 죽은 것과 같았던 교회가 '소생하는 것'이라고 이해한다. 청교도들은 부흥을 마치 밤이 깊어 가며 어둠이 극에 달하면 새벽 미명에 지평선 너머에서 한 줄기 빛이 뻗어 오는 것과 같은 것이라고 보았다. 어둠에 눌릴 대로 눌려 하나님의 영광에 극도로 목말라하는 성도들이 "당신의 영광을 보여 주소서"[61]라고 깊이 탄식하는 기도의 결과로 주어지는 것이 부흥이다. 이것을 염두에 두고 로이드 존스는 부흥을 "하나님께서 지나가시는 것, 그것이야말로 부흥을 완벽하게 묘사하는 것"[62]이라고 했다. 부흥은 하나님께서 자신의 얼굴을 그의 백성들을 향해 돌려 임재하시는 하나님의 궁휼 행위다.

전통적으로 부흥을 이렇게 정의하는 데는 나름대로 이유가 있다. 부흥은 회중들의 감정을 자극해서 일어나는 심리적 운동이 아니다. 부흥은 하나님

---

60) 조나단 에드워즈, 『균형잡힌 부흥론』, 양낙흥 역 (부흥과개혁사, 2005), 16.

61) 마틴 로이드 존스, 『로이드 존스의 부흥』, 서문강 역 (생명의말씀사, 2000), 277.

62) Ibid., 285.

이 자신의 영광을 죄악된 세상에 강력하게 드러내심의 결과다. 이렇게 자신의 영광을 나타내는 방식이 '말씀'이다. 구약과 신약에서 공통적으로 보여 주는 것처럼 하나님의 말씀을 대언하는 방식을 통해 하나님은 자신의 영광을 드러내신다. 부흥을 이렇게 정의하게 되면 부흥이 찬양이나 은사 운동, 혹은 어떤 감정적 프로그램으로 온다는 식의 주장이 설 자리는 전혀 없다.

부흥이 일어나는 방식은 예나 지금이나 항상 말씀의 선포로 이루어진다. 하나님의 말씀이 성령의 은총을 통해 강력하게 증거되면, 하나님은 말씀을 통해 자신의 영광을 드러내신다. 하나님께서 자신의 영광을 강력하게 드러내시면 그 속에서 죄인들의 각성이 일어나고 자신의 죄인 됨과 무능을 심각하게 자각하게 된다. 부흥은 기분 좋게 감정을 들뜨게 하는 방식으로 오지 않는다. 도리어 엄중한 하나님의 말씀이 선포되는 가운데 죄인이 하나님 앞에 대면하는 것과 같은 두려움을 느끼고, 그 가운데 자신의 죄인 됨과 무능에 대한 각성 가운데 온다. 로이드 존스는 존 번연의 예를 들면서 다음과 같이 언급했다.

> 번연은 자기가 거의 18개월 동안 죄의식의 고뇌 속에 어찌나 사로잡혔던지 들에서 먹이를 찾고 있던 기러기가 부럽기도 했었다고 토로합니다. 차라리 사람으로 태어나지 않았던 것이 더 나을 뻔했었다고 생각했습니다. 이 고뇌, 이 가공할 죄책감-부흥이 일어날 때 그러한 의식을 가질 수 있습니다.[63]

---

63) Ibid., 148.

죄인들이 강력하게 각성되면서 '회심(回心)'이 일어난다. 회심이란 영어로 'conversion'이라고 한다. 이 표현은 '개종'이나 '전향', 혹은 '개조'라는 의미로 사용되는데, 이는 회심이 이전과 완전히 다른 새로운 피조물로 전환된다는 것을 의미한다.

에스겔 37장에 나오는 마른 뼈가 살아나는 예언은 부흥의 영광이 어떻게 일어나는지 잘 보여 준다. 이 예언의 배경은 이스라엘 백성들이 예루살렘의 황폐로 인해 절망하는 상황이다. 당시 이스라엘은 마치 골짜기에 죽은 지 오래되어 심히 말라 버린 마른 뼈와 같은 상태였다. 여기서 하나님은 에스겔에게 "인자야 이 뼈들이 능히 살 수 있겠느냐"(겔 37:3)고 물으신다. 흥미롭게도 이 질문에 대하여 에스겔은 '아니요'로 대답하지 않았다. 그는 하나님의 주권을 믿었다. 그는 "주 여호와여 주께서 아시나이다"(3절)라고 대답했다. 이는 사람의 힘으로는 살 수 없지만 하나님께서 원하시면 살리실 수 있다는 고백이 내포되어 있다.

하나님은 마른 뼈와 같은 이스라엘을 살리고자 하신다. 마른 뼈와 같은 이스라엘을 살리시기 위해 에스겔에게 요구한 것은 말씀을 대언하는 것이었다. 에스겔은 "너희 마른 뼈들아 여호와의 말씀을 들을 지어다 주 여호와께서 이 뼈들에게 이같이 말씀하시기를 내가 생기를 너희에게 들어가게 하리니 너희가 살아나리라"(겔 37:4-5)고 하나님의 말씀을 대언했다. 그러자 놀라운 기적이 일어났다. "이에 내가 명령을 따라 대언하니 대언할 때에 소리가 나고 움직이며 이 뼈, 저 뼈가 들어맞아 뼈들이 서로 연결되더라"(겔 37:7)

는 것이다. 사람으로는 상상도 할 수 없는 일이 일어났다.

이 말씀만큼 부흥을 잘 묘사한 부분도 흔치 않다. 부흥이란 마치 마른 뼈처럼 철저하게 죽은 영혼들이 하나님의 말씀을 대언하는 설교자의 설교를 통해서 다시 살아나는 것과 같다. 부흥이란 솔로몬 스토다드^{Solomon Stoddard}의 지적처럼 말씀이 선포되는 가운데 "하나님이 비상한 방식으로 하나님의 백성 가운데 믿음과 신앙을 소생시키는 어떤 특별한 계절"[64]과 같다. 이 시기(season)가 도래하면 깊이 잠든 영혼들이 말씀을 듣고 다시 깨어난다. 첫사랑을 상실해서 무력해지고 침체되었던 영혼들이 말씀을 통해 회복된다. 교회는 다시 어둠을 이기는 강력한 능력을 회복하고, 온 땅에 가득했던 사망의 흐름은 안개처럼 힘을 잃고 만다.

청교도들은 부흥을 '계절들', 다시 말해서 'Seasons of Revival'(부흥의 계절들)라고 불렀다. 그러나 미국의 제2차 각성기에 부흥주의가 등장하면서 '부흥의 계절들'(Seasons of Revival)이 '부흥회'(Revival Meeting)로 바뀌었다.[65] 청교도들이 부흥을 '시기', 혹은 '계절'이라고 부른 것은 부흥을 하나님의 주권적인 역사의 결과로 보았기 때문이다. 부흥은 인위적인 방법으로 창출해 낼 수 있는 것이 아니다. 감동적인 음악을 연주하고, 부흥을 위해 위원회를 조직하고, 사람들을 많이 동원한다고 해서 일어나는 것이 아니다.

---

64) 이안 머레이, 『부흥과 부흥주의』, 신호섭 역 (부흥과개혁사, 2005), 19.

65) Ibid., 20.

조나단 에드워즈는 다음과 같은 말로 지적했다.

하나님은 이 위대한 부흥을 시작하시고 진행시키기 위해 사람들의 방법을 택하시지 않았습니다. 또 사람들의 방법들을 사용하시지도 않았습니다. … 위대하신 하나님은 이 일을 진행하심에 있어 하나님답게 행하셨습니다.[66]

인위적으로 감정을 자극하여 부흥을 조장하는 것은 더 큰 부작용을 가져온다. 부흥은 오직 하나님께서 주권적으로 행하시는 기적이다. 부흥은 오직 말씀과 기도라는 은혜의 방편을 통해서만 일어난다. 하나님의 신에 크게 감동된 경건한 설교자를 통해서 하나님은 당신의 때에 당신의 방식으로 부흥을 일으키신다. 이것은 교회사가 입증하는 일이다. 말씀과 기도가 아닌 부흥은 시간이 지나면 예외 없이 거짓 부흥이라는 것이 입증되었다. 그리고 거짓 부흥이 휩쓸고 난 후엔 교회가 더 큰 몸살을 앓아야 했다.

그러면 기도와 말씀으로만 부흥이 일어난다는 말이 의미하는 바가 무엇인지 생각해 보자. 먼저 하나님은 부흥을 주시기 위해 그의 택한 백성들로 하여금 기도하게 하신다. 성령의 감동받은 신자들은 타락한 교회와 세상의 현실을 바라보며 심한 탄식으로 기도하며 하나님께만 소망을 두게 된다. 이 기도는 교회가 하나님께서 의도하시는 대로의 교회를 회복해 달라는 기도다.[67] 로이드 존스 목사의 지적처럼 "부흥을 위한 기도는 교회가 다시 교

---

66) 조나단 에드워즈, 60.

67) 로이드 존스, 239.

회답도록 하기 위한 기도"[68]라고 할 수 있다. 성령님은 이런 신자들의 탄식 어린 기도를 사용하여 주님께서 작정하신 때에 부흥을 갑작스럽게 허락하신다.

한국에서 일어난 부흥도 마찬가지였다. 한국의 부흥도 선교사들의 간절한 기도로 말미암아 1903년 원산으로 시작하여 1907년에는 평양에서 대부흥으로 폭발하기 시작한 것이다. 로이드 존스 목사는 "능력을 위한 기도는 부흥이 있기 전의 교회 역사에서 언제나 나타난다"[69]고 했다. 어느 시대든지 목마른 기도의 사모함이 없는 곳에서 부흥이 일어난 곳은 한 곳도 없다. 실제로 평양 대부흥이 일어날 때 장대현 교회 사경회를 찾아온 사람들에겐 이렇게 절실함이 있었다. 그들의 절실함이 어느 정도였는지 총신대 박용규 교수는 당시를 다음과 같이 기록했다.

이번 사경회 참석자들 중에는 300리(약 120km)를 달려온 자들도 있었고, 어떤 이들은 360리(약 141km)를 달려오기도 했으며, 대부분의 참석자들은 2주간의 사경회에 참석하기 위해 영하 수십 도를 오르내리는 혹한과 싸우며 거친 산과 거친 들을 넘어 포장되지 않은 시골길을 달려온 자들이었다. 더구나 이들은 사경회 장소까지 오는 교통비는 물론 사경회에 참석하는 동안에 필요한 식사와 숙박비 일체의 비용을 자신들이 부담해야 했다. 그래서 모든 사람들은 사경회가 진행되는 동안 자신들이 먹을 쌀을 등에 메고 왔다.[70]

---

68) Ibid.

69) Ibid, 236.

70) 박용규, 『평양 대 부흥운동』(생명의말씀사, 2007), 225.

하나님은 분명히 부흥을 당신의 주권으로 주신다. 그러나 그냥 주시는 것이 아니다. 절실하게 하나님의 얼굴 보기를 열망하는 자들에게 주신다. 심령이 가난한 마음으로 부흥을 열망할 때, 사람들은 비상한 기도를 하게 된다. 이렇게 기도할 때, 한 개인으로부터 시작하여 가정과 교회와 지역, 더 나아가 나라 전체에 부흥이 임하기도 했다.

부흥은 말씀을 통해서 마른 뼈와 같았던 교회들이 살아나는 방식으로 일어난다. 또한 말씀의 강력한 역사 이면에는 언제나 예외 없이 부흥을 위한 기도를 하게 하시는 성령의 역사가 앞섰다는 사실을 잊어서는 안 된다.

여기서 오해하지 말아야 할 것은 기도를 했기 때문에 부흥이 일어나는 것이 아니라는 것이다. 부흥을 위해 하나님께서 우리를 기도하게 하시는 것이다.

이것을 오해한 사람이 바로 찰스 피니^{Charles Grandison Finney}였다. 그는 우리가 부흥을 위한 기도와 환경 조건을 만들면 언제든지 부흥을 일으킬 수 있다고 생각했다. 그렇지 않다. 이 모든 것의 주권은 하나님께 있다. 부흥을 위해 간절하게 기도하도록 하시는 분은 하나님이시다. 성령님은 부흥을 뜨겁게 열망하는 경건한 사람을 택하시고 그를 통해서 부흥을 위해 기도하게 하신다.

부흥을 위해 기도하도록 하기 위해 하나님은 말씀을 사용하신다. 말씀을 통해 신자들의 마음을 간절하게 하시고, 뜨겁게 불을 붙이신다. 그리하여 부흥을 위한 기도가 신자의 마음속에서 일어나고 그 기도를 통해 말씀이 다스리는 세상이 되게 하신다. 이것이 1907년 평양에서 일어난 부흥이었다.

오늘날 우리가 부흥을 오해하는 것은 부흥과 교회 성장, 혹은 부흥과 부흥주의를 혼돈하는 데 있다. 부흥과 부흥주의, 혹은 교회 성장은 완전히 다른 것이다. 부흥은 단순히 교회가 성장하고 수가 많아지는 것을 의미하지 않는다. 하나님의 영광을 주권적으로 보이시는 것이다. 진정한 부흥을 위한 열망은 수의 증가나 인간이 박수를 받기 위한 것이 아니다.

부흥은 교회가 너무도 급박한 난제와 원수들의 엄청난 저항을 자각하면서 하나님으로부터 비상한 은혜가 임하길 바라는 것이어야 한다. 부흥을 위해 기도를 하는 사람은 현실에 부어진 은혜에 결코 만족하지 못한다. 더 큰 능력을 열망하고, 더 강력한 거룩과 정화를 필요로 하며, 하나님의 나라가 온 세상에 더 강력하게 확장되길 소망한다.

이렇게 임한 부흥은 마치 해일이 도시를 덮치는 것과 같은 힘으로 죄인들을 굴복시키고 세상을 변화시킨다. (베드로의 한 번의 설교로 3,000명이 회개를 하게 된 것처럼) 세상은 하나님의 강력한 임재 아래에서 작은 저항도 할 수 없을 정도로 말이다.

이런 일은 18세기 영국에서 일어난 부흥에서 잘 나타난다. 18세기 영국은 정치, 경제, 사회, 종교, 어느 영역할 것 없이 총체적인 부패와 무능함이 위험 수위를 넘은 지 이미 오래였다. 사회에서 뇌물은 모든 사회 계층에서 공공연한 것이 되었고, 수치를 느끼지 못할 정도로 죄에 대해서는 무감각한 상태였다. 이런 상황에서 안락함과 차가운 도덕주의, 메마르고 생명력 없는 교리만 외치는 정통주의가 교회와 예배의 주된 모습이었다. 당시의 모습은 예외 없이 설교가 선포되는 곳이면 어디서나 형편없는 윤리적 주장만이 넘쳐나고 있었으며, 영혼을 깨우고 돌이키며 구원하기 위한 어떠한 움직임도 찾아볼 수 없었다.

당시에 명망 높은 법관이었던 블랙스톤^{Blackstone}은 당시 교회의 상황을 다음과 같이 묘사했다.

> 런던에 있는 모든 목사들의 설교를 듣기 위해서 런던에 있는 모든 교회들을 두루 다녀 보았다. 그러나 그는 그 설교들이 키케로(Cicero)의 글보다 오히려 더 기독교적이지 못함을 발견할 뿐이었다. 그들이 과연 공자나 마호메트를 따르는 자들인지, 그리스도를 따르는 자들인지 의심하지 않을 수 없다.[71]

당시 영국 국교회 교구 목사들의 상태가 얼마나 심각했는지 라일^{J. C. Ryle} 감독은 다음과 같이 기록하고 있다.

> 그들은 자신들이 선한 일을 하지 않는 것에 그치지 않고 다른 사람들이 선한

---

71) J.C. 라일, 『18세기 영국의 영적 거성들』 송용자 역 (지평서원, 2005), 22.

일을 하는 것 또한 원치 않았습니다. 그들은 사냥하고 총 다루는 솜씨를 자랑하며 조세를 징수했고 거짓을 일삼고 술에 취했으며 노름에 빠져 있었습니다. 그들은 예수 그리스도와 십자가의 도를 제외한 모든 것을 알려고 혈안이 된 자들이었습니다. … 그들이 집에 돌아가는 것은 오직 조금이라도 설교를 덜 하기 위한 방편이었으며, 설교를 할 때면, 그들의 설교는 도무지 말로 표현할 수 없을 정도로 형편없는 것이어서 차라리 빈 의자에 대고 설교를 했다는 것이 위안이 될 정도였습니다.[72]

이 정도라면 영국이 얼마나 마른 뼈처럼 소망이 없는 상태였는지 짐작할 만할 것이다. 그런데 이렇게 절망적인 상황 속에서도 조지 휘필드George Whitefield와 요한 웨슬리John Wesley, 윌리엄 그림셔William Grimshaw, 윌리엄 로메인William Romaine 같은 설교자가 하나님의 말씀을 대언하자 부흥이 일어났다. 부흥이 일어나자 마른 뼈와 같았던 영국이 다시 살아나기 시작했다. 거대한 해일이 덮쳐오는 것처럼 세상의 죄악은 저항 한번 못 해 보고 무너지고 영국은 급속도로 변화되기 시작했다.

이런 엄청난 부흥에는 오직 기도와 말씀 외에 다른 것은 없었다. 그 외에 다른 것으로 부흥을 말하는 것은 분명히 성경적 근거나 교회사적 근거가 없다. 교회사 안에서 거짓 부흥을 조작하는 사람들은 많았다. 그들은 찬양 운동, 은사 운동, 성령 운동, 치유 사역 등으로 부흥을 조작한다. 물론 이런 사역을 통해서 교회 성장이 일어나기도 한다. 그러나 성경적으로 정확한 부

---

72) Ibid., 26.

흥이 아닌 경우에는 반드시 후유증이 뒤따르곤 한다.

우리나라 같은 경우 1980년대와 1990년대에 오순절 운동이 휩쓴 이후에 교회의 도덕성이 떨어지고, 교리에 대한 무시가 심해지며, 종교적 혼합주의가 나타난 것을 보면 알 수 있다. 성경적인 부흥은 반드시 정확한 교리와 기도에 의한 것이어야 한다. 올바른 부흥은 사회를 더욱 거룩하게 하고, 문명이 발달하게 하며, 세상에 침투하여 변화시키는 교회의 면모를 갖추게 한다.

사도행전에서 사도들이 교회에 어려움이 생겼을 때 "우리는 기도하는 것과 말씀 전하는 것을 전무하리라"(행 6:4)고 했던 고백과 그대로 일치한다.

이러한 고백은 종교개혁자들이 했던 고백이기도 했다. 개혁자들은 파이브 솔라(Five sola), 즉 '오직 성경(sola Scriptura)', '오직 믿음(sola Fide)', '오직 은혜(sola Gratia)', '오직 그리스도(solus Cristus)', '오직 하나님께만 영광(soli Deo Gloria)'를 외쳤다. 개혁자들은 세상을 이기기 위해서는 오직 이것들만으로 충분하다는 것을 알았다. 그리고 그들은 오직 성경과 기도로만 로마 가톨릭이라는 거대한 제국을 정복했고 세상의 모든 죄악된 흐름을 변화시켰다. 기도와 말씀(정확한 교리)에 의해 개혁된 세상은 야만이 사라지고 문명이 꽃을 피우고, 봉건시대가 무너지고 민주주의가 탄생했다. 인류 역사가 해결하지 못했던 가난과 굶주림이 믿을 수 없을 정도로 해결되었다.

이런 사실은 막스 베버Max Weber가 그의 저서 『프로테스탄티즘의 윤리와 자본주의 정신』이라는 책의 서문에서 분명하게 인정하고 있다. 막스 베버는 프로테스탄티즘에 의해 음악과 미술과 인쇄술에 의한 문화, 과학의 발전, 경제의 발달이 가능했다고 한다.[73] 이것이 정상적인 부흥이 가져다주는 놀라운 영광이다. 이 세대도 이것을 깨닫고 다시 부흥을 꿈꿔야 한다.

☞ **부흥의 정의**

부흥이란 하나님께서 경건한 신자들에게 기도하게 하시고 그들의 기도의 응답으로 마른 뼈와 같은 세상을 강력하게 다시 회복시키시는 하나님의 주권적 계절이다.

---

73) 막스 베버, 『프로테스탄티즘의 윤리와 자본주의 정신』, 박성수 역 (문예출판, 2006), 5-7.

예
배
는

개
념
이
다

11

구약의 복

11
구약의 복

오늘날 기독교 신앙에서 '복'이라는 용어만큼 왜곡이 심각한 것도 없을 것이다. 이 용어의 왜곡은 다른 모든 용어의 왜곡에 도화선이 되었다고 해도 과언이 아니다. 우리가 흔히 이해하고 있는 기독교의 복은 애석하게도 기복적이고 이방 종교적이다. 복의 개념을 어떻게 이해하느냐에 따라서 신앙이 추구하는 방향이 결정된다. 우리가 흔히 생각하는 성공, 출세, 건강, 명예, 재물이 복이라고 생각된다면 신앙의 방향은 여기로 향하게 된다.

이런 차원에서 우리는 성경의 복 개념을 이해하기 위해 구약과 신약의 복개념을 나누어 살펴보고자 한다.

먼저 구약에 나타난 복의 개념을 살펴보자. 구약에 나타난 복의 개념을 이해하려면 무엇보다 창세기에 나타난 인간의 타락 문제부터 시작해야 한다. 이것은 성경을 이해하는 핵심적인 전제다. 그 이유는 최초의 인류인 아담과 하와의 타락이 인류로 하여금 복을 반드시 추구할 수밖에 없는 상태를 조성했기 때문이다.

태초의 인간은 본래 하나님의 형상으로 창조되었다(창 1:27[74]). 하나님의 형상이란 하나님과 하나의 유기적 연대를 이룬 관계 속에서 나타나는 태도라고 할 수 있다. 구약은 이 상태를 복과 연관 짓고 있다. 하나님과 올바른 관계 속에 있었던 사람은 하나님의 영광을 담지하고 있었으며 복된 상태였다. 이렇게 복된 인간에게 아쉬울 것은 전혀 없었다. 우리가 관심을 가지고 보아야 할 점은 그들에게 낙원 경작이라는 임무가 주어졌다는 것이다. 타락 이전 인간의 모든 행위는 에덴(기쁨)을 확장시키는, 다시 말해서 복을 확산시키는 것이었다. 흥미로운 점은 십계명의 제4계명이 이것을 제7일의 안식으로 설명하고 있다는 사실이다.

하나님은 이스라엘 백성들에게 안식일 준수를 명령하시면서 "일곱째 날은 네 하나님 여호와의 안식일인즉 너나 네 아들이나 네 딸이나 네 남종이나 네 여종이나 네 가축이나 네 문안에 머무는 객이라도 아무 일도 하지 말라"(출 20:10)고 하셨다. 이 명령은 하나님의 안식 안에 들어간 사람은 자기의 역량 안에 있는 사람들이나 피조물들까지 다 안식하게 해야 한다는 뜻이다. 이것은 에덴을 확장시키도록 하셨던 태초의 창조 의도와 그대로 일치한다. 이 타락 이전의 인류의 삶과 구원받은 인류의 삶은 모든 사람들과 피조물들에게 복을 양산하고 복의 원천으로 살아가는 데 있었음을 알 수 있다.

그런데 인간이 뱀(사탄)의 유혹을 받고 타락함으로써 인류는 더 이상 복을

---

74) "하나님이 자기 형상 곧 하나님의 형상대로 사람을 창조하시되 남자와 여자를 창조하시고"

확산시키는 하나님의 대리자로 살 수 없게 되었다. 아니 재앙과 저주를 확산시키는 사탄의 대리자가 되고 말았다. 아담과 하와는 기쁨의 동산, 에덴으로부터 추방되었고 온 세상은 가시덤불과 엉겅퀴를 내도록 저주를 받았다. 복을 양산하고 복의 원천으로 살아가야 할 인간의 타락은 피조 세계 전체를 저주로 가득하게 만들었다. 창세기는 인류의 타락을 다룬 후에 심각한 몇 가지 사건을 소개한다.

창세기의 심각한 몇 가지 사건을 다루기 전에 타락한 공동체의 등장을 먼저 관찰해 보자.

타락한 인류에게 복의 원천으로 살아가는 일(경작/안식)이 멈추게 되었다. 타락한 인류는 스스로의 힘으로 복을 추구하고, 자기의 복만을 위해서 살아가는 모습으로 변질되었다. 이들을 일명 '가인 공동체'라고 한다. 창세기 4장은 이 타락한 공동체(가인 공동체)의 특징을 다음과 같이 정리해 준다. 그들은 성(city)을 쌓는 공동체로 나타난다(창4:17[75]).

이는 하나님 없는 안전을 추구하는 공동체를 보여 준다. 또 짐승을 자기 울타리에 가두어서 피조물들을 재산 축적의 도구로 삼게 되었다. 창세기 4장 20절을 보면 야발을 "가축 치는 자의 조상이 되었다"고 기록한다. 여기서 "가축"에 해당하는 히브리어 '미크네'(מִקְנֶה)는 짐승을 가두어 재산으로 삼는

---

75) "아내와 동침하매 그가 임신하여 에녹을 낳은지라 가인이 성을 쌓고 그의 아들의 이름으로 성을 이름하여 에녹이라 하니라"

것을 말한다. 타락 이전의 인류가 모든 피조물들을 하나님의 뜻대로 다스리고 돌봐야 할 대상으로 여겼던 태도와 대조를 이룬다. 그 외에도 타락한 인류는 하나님 없는 즐거움을 위해서 악기를 만들고(창 4:21[76]), 연장과 무기를 만들기에 이르렀다(창 4:22[77]).

타락한 인류가 하나님을 떠나서 스스로 복을 추구했던 노력은 결코 복으로 돌아오지 않았다. 도리어 노아의 대홍수 사건과 바벨탑 사건, 소돔과 고모라의 멸망 사건이라는 처참한 결과로 돌아왔다. 이것이 인류 타락을 통해 나타난 3대 심판이다. 3대 심판은 복을 상실한 인류가 스스로 복을 추구하려는 몸부림이 얼마나 처참한 것인지 입증한다. 복의 원천(源泉)의 삶이 아닌 복을 취하기 위해 몸부림치는 인류는 점점 잔인해지고 불행해지며 혼란스러워지고 모든 것을 파괴할 뿐이었다.

창세기 6장 5절의 말씀은 이러한 인류의 상태를 "여호와께서 사람의 죄악이 세상에 가득함과 그의 마음으로 생각하는 모든 계획이 항상 악할 뿐임을 보시고"라는 말씀으로 요약한다. 타락한 인류의 자화상이다. 이러한 비극적 인류 심판 사건의 배경에서도 하나님은 은밀하고 놀라운 계획을 시작하셨다. 언약 백성을 창조하셔서 새로운 인류를 시작하셨다. 신학적으로 '족장 언약'의 출현이라고 한다. 창세기의 족장은 '아브라함과 이삭과 야곱'을 말한다. 이 족장들에게 하나님은 놀라운 '복'을 약속하신다.

---

76) "그의 아우의 이름은 유발이니 그는 수금과 퉁소를 잡는 모든 자의 조상이 되었으며"

77) "씰라는 두발가인을 낳았으니 그는 구리와 쇠로 여러 가지 기구를 만드는 자요 두발가인의 누이는 나아마였더라"

여기서 하나님이 족장에게 먼저 찾아오시고 복을 약속하셨다는 점이 흥미롭다. 이는 타종교나 무속신앙과는 근본적인 구별을 보여준다. 타종교는 인간이 신을 찾아가는 종교다. 그런데 여호와 신앙은 하나님께서 인간을 선택하시고 찾아오신다. 이 약속은 선택과 은혜의 교리를 보여 준다. 뿐만 아니라 가인 공동체가 스스로(인위적으로) 복을 추구하려 했던 모습과 대조를 이룬다. 이 복의 약속은 신약의 '복음'의 그림자가 된다.

우리가 족장언약을 살펴보기 전에 무엇보다도 최초의 족장이었던 아브라함이 하나님과 언약을 맺었던 사건을 먼저 살펴보는 일이 중요하다. 이 일은 하나님께서 족장들에게 주신 '복'을 이해하는 데 열쇠(Key) 역할을 하기 때문이다.

아브라함은 창세기 11장 후반부에 최초로 등장한다. 창세기 11장은 우리가 잘 아는 것처럼 바벨탑 사건을 다루고 있다. 바벨탑은 노아의 대홍수 심판을 목격한 인류가 회개로 반응하기보다는 스스로의 힘으로 홍수 심판을 대비하려 했던 결과였다. 그들은 성과 대를 하늘에 닿게 쌓았다. 벽돌을 구워 오늘날 '타일'과 같은 것으로 방수벽을 만들었다. 타일과 타일 사이에 물이 스며들지 않도록 역청(방수제)으로 진흙을 대신했다. 그들은 가인처럼 스스로 구원을 추구하려 했다. 이런 식으로 바벨탑은 만들어져 갔다. 이들의 악한 모습을 보고 하나님은 언어를 혼돈하게 하시고 사람들을 온 세상으로 흩으셨다. 아브라함이 하나님의 부르심을 입은 것은 이런 상황을 배경으로 한다.

이런 배경 속에서 부름 받은 아브라함은 하나님으로부터 아주 독특한 축복의 선언을 듣는다. "너는 복이 될지라"(창 12:2)는 것이다. 이 간단한 선언 속에서 우리는 아브라함이 선택을 받은 목적이 무엇인지 분명하게 알 수 있다. 그는 온 세상의 '복(福)'으로, 또는 '복의 원천(源泉)'이 되도록 부름 받은 것이다. 이것은 하나님께서 타락 이전의 아담에게 요구하셨던 삶의 방식의 회복이다.

아브라함은 인류의 타락으로 말미암아 중단되었던 옛 아담의 삶을 다시 회복하도록 선택받았음을 알 수 있다. 아브라함이 받은 이런 놀라운 언약은 후에 나타나게 될 복의 성격을 잘 규정해 준다. 하나님께 선택받은 것은 복을 받는 데 초점이 맞춰진 것이 아니라, 피조 세계에 '복의 원천(源泉)'이 되도록 하는 데 초점이 맞춰진 것이다.

하나님은 저주로 온 땅에 가시와 엉겅퀴로 가득한 세상이, 아브라함과 그의 후손들을 통해서 다시 에덴처럼 회복되길 기대하셨다. 이것이 바로 아브라함이 받은 복의 성격이다.

아브라함에게 '복'이 되라고 선언하신 하나님은 창세기의 세 족장에게 공통된 언약을 주신다. 언약의 내용은 "내가 너와 너의 자손에게 복을 주리니, 땅의 모든 족속이 너와 너의 자손으로 말미암아 복을 받으리라"로 요약된다.

족장들이 받은 복은 두 가지로 규정할 수 있다.

첫째, 하나님께서 복을 주시기 위해 누군가를 선택하신 것은 복을 받아야 할 또 다른 대상들에게 복을 주시기 위한 하나님의 행위라는 점이다. 둘째는 복을 받은 사람은 이제 '복의 원천'으로 살도록 '새로운 기능'이 주어진다. 첫째가 선택의 목적(purpose)과 관련된다면, 둘째는 선택을 통한 기능(function)의 변화를 보여 준다. 이것이 하나님의 선민들이 받은 '복'의 특징이다. 이 특징은 다른 여러 이방 종교나 철학과 근본적으로 구별된다.

이런 하나님의 행위는 인간이 타락하기 이전에 아담과 하와를 하나님의 형상으로 창조하신 것과 짝을 이룬다. 신약 성경에서 바울은 하나님의 선택과 복을 주심에 대하여 '새로운 창조(New creation)'라고 정의한다. 하나님의 선택은 단순히 천국 백성과 지옥 백성을 나누는 행위 이전에 '새로운 경작자'의 창조를 의미했다. 타락한 인류는 모든 피조물들을 파괴하고 서로를 죽이고 저주를 몰고 왔다. 성경은 그들이 저주를 몰고 다니는 이유를 저주의 상태 아래 있기 때문이라고 가르친다.

아브라함을 필두로 하여 하나님께서 다른 두 족장과 맺은 언약은 복과 에덴의 회복(하나님 나라 건설)을 몰고 오는 새로운 인류의 등장을 알리는 것이다. 이것은 창세기의 세 심판 사건, 노아의 대홍수 사건과 바벨탑 사건, 그리고 소돔과 고모라 사건을 염두에 둔 하나님의 행위였다. 족장 언약에서 '복 받음'은 그 자체가 목적이 아니다. 수단이요, 기능의 변화다. 창세기의 족장들은 복의 대상이 되기 위해 선택받은 것이 아니다. 저주로 가득한 세상에 복의 '원천', 또는 복을 양산하는 존재가 되기 위해 선택받고 복을 받은 것이다.

이런 관점에서 율법을 생각해 보자.

우리가 알고 있는 것처럼 율법은 언약 백성의 의무로 주어졌다. 엄밀히 말해서 율법은 구원의 조건이 아니다. 이미 유월절을 통해 은혜로 죽음의 저주로부터 구원받고 홍해에서 세례를 받은 백성들에게 주어진 언약이다(고전 10:2). 율법은 아브라함과 이삭과 야곱이라는 족장이 받은 언약의 계승자들, 다시 말해서 하나님의 선택을 받은 이스라엘 백성들에게만 주신 것이다.

"모세에게 속하여 다 구름과 바다에서 세례를 받고(고전 10:2)" 이러한 사실은 율법의 기능이 무엇인지 잘 암시한다. 율법은 모든 족속에게 복의 원천으로 살도록 부름 받은 이스라엘 백성들의 삶의 원리다. 계명대로 사는 것이 복의 근원으로 사는 유일한 길이다. 계명을 어기면 어디를 가든지 자기만이 아니라 모든 사람들에게 저주의 원천으로 살 수밖에 없다.

이 원리는 크게 하나님께 대한 사랑과 이웃에 대한 사랑으로 구분된다. 그래서 율법을 사랑의 이중 계명이라고 한다. 사랑의 이중 계명은 이 땅에서 복으로 살아가도록 부름 받은 성도의 대전제다. 하나님을 뜨겁게 사랑하는 것(대신 계명/對神 誡命)만이 이웃에게 참으로 복(대인 계명/對人 誡命)된 삶을 살 수 있다는 점을 가르친다.

이 양대 계명의 우선순위는 하나님께 대한 계명(對神 誡命)에 둘 수밖에 없다. 하나님께 복을 받지 않은 사람이 이웃에게 복의 원천으로 살 수 없기 때문이다. 너무도 당연한 논리적 귀결이다. 여전히 죄의 저주 아래에 있는 사람이 이웃에게 복의 원천으로 살아간다는 것은 불가능하다. 복의 원천으로 살아가고 싶어도 더 큰 저주를 불러올 뿐이다. 인간은 이웃을 참되고 바르게 사랑하는 데 무능하다. 하나님을 사랑하지 않는 사람의 이웃 사랑은 결국 이웃을 파괴하는 왜곡된 사랑으로 갈 뿐이다.

오늘날 나타나는 휴머니즘(humanism)의 문제가 여기에 있다. 휴머니즘은 어찌하든지 사람들에게 유익을 주고자 한다. 그러나 하나님께 대한 사랑을 우선순위로 두지 않기 때문에 심각한 인간성 파괴와 환경 오염, 모든 질서의 붕괴로 나타난다. 휴머니즘이라는 표현 자체는 좋다. 하지만 결과는 안티 휴머니즘(antihumanism)일 수밖에 없다. 진정한 휴머니즘은 오직 신본주의밖에 없다.

이제 핵심적인 질문을 던져 보자. 구약 성경에서 말하는 '복'이란 도대체 무엇인가?

표면적으로, 그것은 '젖과 꿀이 흐르는 가나안 땅'이라고 생각되기 쉽다.

그러나 실제로는 가나안 땅이 복은 아니다. '하나님 자체'가 '복'이다. 인류 타락이 궁극적으로 갖고 있는 문제가 무엇인가? 하나님과의 관계 단절이다. 하나님과 함께하던 삶을 잃었다. 거기서 인류의 저주와 죽음과 불행이 시작되었다. 에덴동산이 기쁨의 동산일 수 있었던 것은 에덴동산이 아름답고 풍요롭기 때문은 아니다. 하나님과 올바른 관계를 유지했기 때문이다.

아무리 풍요로운 가정이라도 가족 구성원 간의 관계가 깨지면, 지옥이 될 수밖에 없는 것과 같은 이치다. 그러나 간혹 사람들은 구약 성경의 많은 부분에서 가나안 땅이 이스라엘의 기업(유산)이라고 언급된 것으로 인해 혼돈을 겪는다. 그럴 수밖에 없는 것은 이스라엘의 기업으로서 가나안 땅과 여호와 하나님이 모두 기업으로 언급되었기 때문이다. 이 말은 가나안 땅의 실체가 바로 여호와 하나님이라는 점을 가르친다. 신학적으로 볼 때, 가나안 땅은 곧 성전이다. 그런데 예수님이 또 성전이 되신다. 이런 차원에서 가나안 땅이 이스라엘의 기업이라는 말은 이스라엘의 기업은 땅이 아니라 성전이신 예수님이시라는 점을 가르친다.

좀 더 구체적으로 말한다면, 가나안 땅보다는 하나님 자체가 '복'이다. 젖과 꿀이 흐르는 가나안 땅은 하나님과 관계가 깨지면 참혹한 기근과 전쟁과 재앙이 가득한 곳이 된다. 급기야는 그 땅에서 토해지기까지 한다(레 18:25[78]). 에덴에서 아담이 범죄하자 쫓겨났던 점과 같다. 비록 가나안 땅에 있더라도 하나님과 관계가 단절되면 그 땅은 복이 되지 않는다. 저주와 고

---

78) "그 땅도 더러워졌으므로 내가 그 악으로 말미암아 벌하고 그 땅도 스스로 그 주민을 토하여 내느니라"

통과 괴로움으로 가득한 땅일 뿐이다. 가나안 땅 자체가 복이 아니라 하나님이 '복'이기 때문이다.

구약에서 말하는 '복'은 결국 물질적인 것도, 정신적인 것도 아니다. 영적인 것이다.

가나안 땅은 단지 하나님 자체를 '복'으로 삼는 자에게만 복이 된다. 그렇지 않으면 그 땅은 심판의 땅, 저주의 땅, 전쟁과 고통이 가득한 참혹한 땅이 되고 만다.

구약의 지혜서를 보자. 구약의 대표적인 지혜서는 '잠언'이다. 잠언에서 하나님은 '지혜'로 묘사된다. 잠언은 '지혜'를 소유하는 것이 복이요, 생명나무라고 가르친다(잠 3:13[79]; 3:18[80]; 4:7[81]). 이것은 하 나님을 소유함으로 주어지는 결과와 일치한다. 물론 성경에서 재물과 건강과 성공과 전쟁의 승리, 그리고 행복을 복이라고 말하는 부분도 종종 발견된다. 그러나 이 모든 표현은 하나님을 소유한 것으로 파생된 결과일 뿐이다. 도리어 구약에서 하나님을 떠난 물리적인 풍요와 안락함, 하다못해 하나님께서 거절하시는 것을 응답받는 것(메추라기 사건/ 민 11:3[82])까지도 저주요, 하나님의 유기로 간주된

---

79) "지혜를 얻은 자와 명철을 얻은 자는 복이 있나니"

80) "지혜는 그 얻은 자에게 생명 나무라 지혜를 가진 자는 복되도다"

81) "지혜가 제일이니 지혜를 얻으라 네가 얻은 모든 것을 가지고 명철을 얻을지니라"

82) "그 곳 이름을 다베라라 불렀으니 이는 여호와의 불이 그들 중에 붙은 까닭이었더라"

다(잠 30:7-9[83]).

그러면 구약 성경은 하나님의 선민이 어떻게 세상에서 복의 근원으로 살아갈 수 있다고 말하는가?

그것은 '하나님과 함께하는 것'이다. 이것을 히브리어로 '임마누엘'(לאונמע)이라 한다. 임마누엘은 하나님의 선민이 타락과 저주와 재앙으로 가득한 세상에 '복'이 되기 위한 하나님의 임재(도래) 방식이다. 하나님이 바로 오리지널(original) '복'이시므로 하나님이 임재하셔야 복이 되고, 복의 근원으로 살 수 있다. '임마누엘'이란 말은 '복'과 함께한다는 뜻이다. 복의 근원 되신 하나님과 함께하지 않으면 어느 누구도 스스로의 힘으로 결코 복으로 살 수 없다. 인간은 스스로의 힘으로 복의 원천으로 사는 데 무능하다. 이것은 하나님 없이 스스로의 힘으로 복된 삶을 살기 위해 몸부림치던 가인 공동체가 잘 보여 준다. 임마누엘 없는 복에 대한 추구는 결국 3대 재앙을 양산할 뿐이다.

그러면 어떻게 하나님과 함께할 수 있는가? 그것은 주의 명령(말씀)대로 살아가는 것이다. 이런 사람이 지혜로운 사람이고, 복된 사람이다.

---

83) "내가 두 가지 일을 주께 구하였사오니 내가 죽기 전에 내게 거절하지 마시옵소서 곧 헛된 것과 거짓말을 내게서 멀리 하옵시며 나를 가난하게도 마옵시고 부하게도 마옵시고 오직 필요한 양식으로 나를 먹이시옵소서 혹 내가 배불러서 하나님을 모른다 여호와가 누구냐 할까 하오며 혹 내가 가난하여 도둑질하고 내 하나님의 이름을 욕되게 할까 두려워함이니이다

문제는 인류가 타락한 후엔 아무도 하나님의 말씀대로 살아갈 수 없다는데 있다. 선택받은 백성이라고 해도 주의 명령을 어기고 범죄에 빠질 때가 다반사다. 죄에 빠지면 임마누엘은 없다. 하나님은 임마누엘을 지속하시기 위해 '성막'을 건축하도록 하셨다(후에 솔로몬 시대에 성막은 성전이 된다). 성막, 또는 성전은 하나님께서 선택하신 백성들 가운데 계속적으로 함께 하시기 위한 방편으로 주어졌다. 성전의 가장 중요한 기능은 제사를 통해서 임마누엘이 지속될 수 있도록 하는 것이다. 그렇게 해야 하나님의 선민들은 복 가운데 있을 뿐 아니라, 복의 근원으로 살 수 있다. 성전은 하나님께서 타락한 인류가 복을 받도록 하시는 임마누엘 방식이면서, 동시에 복의 근원 된 삶이 가능하게 하는 제도적 장치였다.

이런 차원에서 성전과 성전의 제사는 예수 그리스도의 예표가 된다. '예수'라는 이름은 "자기 백성을 그들의 죄에서 구원할 자"(마 1:21)라는 뜻이다. 그의 또 다른 이름은 '임마누엘'이다. 신약의 성도들이 더 이상 '제사'라는 제도 없이 영원토록 하나님과 함께한다는 뜻이다(이 부분은 신약에 나타난 복의 이해에서 더 다루게 된다).

그러나 성전이 주어졌음에도 불구하고 구약의 이스라엘 백성들은 너무도 자주 복으로 살아가지 못했다. 그 원인은 최초의 인류가 타락하게 된 원리와 같다. 죄와 위선된 성전 제사 때문이다. 복이신 하나님으로부터 떠나고 더 이상 복으로 살아가지 못하는 현상은 종종 가나안 땅에서 전쟁의 패배와 극심한 궁핍, 그리고 평화(샬롬)의 붕괴로 나타났다. 가나안 땅에서 이스라엘은 복이 아니라 재앙의 대상이 되고, 이웃 나라의 침략과 노략거리가 되었다. 그 원인은 분명했다. 복의 근원이신 하나님을 멀리했기 때문이다. 뿐만 아니라 더 이상 복으로 살아가길 거부하고 자기중심적으로 살고자 했기 때문이다. 이 두 가지가 바로 죄요, 율법을 어김이다. 세속적인 복만 추구함으로써 더 이상 복은 기대할 수 없게 되었다. 복의 역할도 기대할 수 없다. 구약에서 이스라엘이 우상 숭배에 빠졌다고 지적하는 것은 결국 그들이 복의 근원이길 포기하고 가인 공동체처럼 자기의 이기적인 복만을 추구하는 데 열심을 품게 되었다는 사실을 말한다. 오늘날 타락한 교회의 모습을 그대로 잘 보여 준다.

구약의 복을 이 정도 언급하게 될 때 대부분의 사람들에게 흔히 나오는 질문이 있다. 그것은 구약 이스라엘 백성들이 했던 가나안 전쟁이다. 하나님께서 이스라엘 백성들을 선택하신 것은 분명히 만민들에게 복의 근원으로 살아가도록 하기 위한 것이었다. 이것은 창세기의 세 족장들의 언약에 반복적으로 나타난다. 이스라엘의 하나님은 이스라엘 백성들로 하여금 가나안 땅에 들어가서 끔찍한 전쟁을 수행하라고 명령하셨다. 그것도 그냥 전쟁이 아니다. '헤렘(Herem) 전쟁'을 명령하셨다. '헤렘 전쟁'이 무엇인가? '진멸 전쟁'이다. 남자와 여자, 노인과 아이들, 그리고 하찮아 보이는 짐승들까지도 남김없이 다 죽이는 끔찍한 전쟁이다. 씨를 말리는 전쟁이다. 구약의 하나님은 이스라엘에게 이런 끔찍하고 잔인한 전쟁을 명령하셨다.

어찌하여 하나님은 이스라엘 백성들로 하여금 평화가 아니라 전쟁을 일

삼도록 하셨는가. 이것이 어찌하여 복의 근원으로 살아가는 것이라 할 수 있는가? 이 의문에 대한 대답은 신약에 나타난 복의 개념을 살펴보게 될 때 비로소 쉽게 풀릴 것이다.

☞ 구약의 복의 정의

구약에서 복은 옛 아담이 타락하기 이전의 상태를 회복하는 것이다.

예배는 개념이다

12

신약의 복

12
신약의 복

　신약에 나타난 복관(福觀)은 구약의 복관과 일관성에서 아무런 흐트러짐도 없다. 굳이 신약과 구약의 차이를 말한다면 구약이 신약의 그림자, 또는 예표라는 정도다. 구약에서는 민족적 이스라엘이 하나님의 선민으로 나타난다면, 신약에서는 교회가 하나님의 선민이다. 로마서 9장 6-8절은 다음과 같이 가르친다.

　"그러나 하나님의 말씀이 폐하여진 것 같지 않도다 이스라엘에게서 난 그들이 다 이스라엘이 아니요 또한 아브라함의 씨가 다 그의 자녀가 아니라 오직이삭으로부터 난 자라야 네 씨라 불리리라 하셨으니 곧 육신의 자녀가 하나님의 자녀가 아니요 오직 약속의 자녀가 씨로 여기심을 받느니라" (롬 9:6-8)

　아브라함은 더 이상 육신적 이스라엘의 조상으로 이해되지 않는다. 신약에서 아브라함은 믿음의 조상으로 이해된다. 이렇게 구약과 신약은 오묘한 단절성과 연속성을 보여 준다. 이런 관점에서 우리는 구약의 복관이 신약의 복관과 어떻게 연속성을 가지고 있는지 살펴보아야 한다.

앞에서 살펴보았던 것처럼 구약의 족장 언약은 모든 민족에게 복이 되도록 하기 위해서 하나님으로부터 선택받은 사건이다. 이 선택은 하나님 자신을 그들에게 주시는 것이었다. 다시 말해서 원래(original)의 '복' 되시는 하나님께서 그의 백성들 가운데 거하심을 복으로 여기며 살아가도록 하신 것이다. 이것을 예배라 한다. 구약 표현을 빌린다면 하나님의 형상 회복이요, 경작의 시작이다. 흥미롭게도 이 모습은 마치 태초에 하나님께서 천지를 창조하시고 사람을 하나님의 형상으로 창조하신 사건의 재현처럼 보인다. 이런 관점에서 선택은 최초 인류의 창조 사건과 그대로 짝을 이룬다.

하나님은 아담과 하와를 창조하시고 "하나님이 그들에게 복을 주시며 하나님이 그들에게 이르시되 생육하고 번성하여 땅에 충만하라, 땅을 정복하라, 바다의 물고기와 하늘의 새와 땅에 움직이는 모든 생물을 다스리라"(창 1:28)고 하셨다. 태초에 하나님께서 사람을 창조하시고 복 주신 이유는 "생육하고 번성하여 땅에 충만하라, 땅을 정복하라, 바다의 물고기와 하늘의 새와 땅에 움직이는 모든 생물을 다스리라"는 명령과 관련을 맺는다. 신약에서도 복은 처음 창조 때, 사람에게 주신 목적의 수행을 위한 것이다.

신약에서 복을 언급할 때, 당연히 다루어야 할 부분은 마태복음 5장의 팔복이다. 사람들이 흔히 오해하는 것처럼 팔복은 여덟 가지 복이 아니다. 복을 이미 받은 자의 정체성을 가르친다. 예수님은 "너희 모두가 복 있는 사람이 아니라, 이런 사람들만 복 있는 사람들이다."라고 선언하신다.[84]

---

84) 정훈택, 『그 말씀 2001년 3월호』, 35.

이런 선언이 필요한 이유가 있다. 예수님께서 나열하신 여덟 가지 복 받은 사람들의 상태는 세상의 관점으로 보면 복 받은 상태가 아니라, 저주받은 상태처럼 보이기 때문이다. 예수님은 이런 혼란으로부터 신자들이 해방되길 바라셨다. 예수님은 이미 복 받은 자를 여덟 가지로 가르치신다. 심령이 가난한 자, 애통하는 자, 온유한 자, 의에 주리고 목마른 자, 긍휼히 여기는 자, 마음이 청결한 자, 화평케 하는 자, 의를 위해 박해를 받은 자들이다. 이런 모습은 예수님의 공생애 특징이며, 하나님의 영광이기도 하다. 복을 받은 사람들은 이런 예수님의 모습과 연합된다.

세상적으로 보면, 마음이 풍요롭고 즐거우며, 고통이나 고민 없이 살아가는 사람들이 복 있는 사람으로 보인다. 세상에서는 이런 사람들을 향해 복 받은 사람이라 지칭한다. 그러나 예수님은 이런 사람들을 향하여 "화 있을진저 너희 지금 배부른 자여 너희는 주리리로 다 화 있을진저 너희 지금 웃는 자여 너희가 애통하며 울리로다"(눅 6:25)라고 저주하셨다. 그리스도인들은 그런 사람들을 부러워할 필요가 없다.

예수님은 팔복을 규정하신 후에, 이 복을 받은 교회가 세상의 소금과 빛의 역할을 하도록 부름 받은 존재라는 사실을 상기시킨다. 이 구조는 창세기 1장 27절에서 남자와 여자를 하나님의 형상대로 창조하셨다는 언급 후에, 남자와 여자에게 문화 명령을 선언하신 것과 짝을 이룬다. 문화 명령은 신약에서 '빛과 소금'의 역할과 짝을 이룬다.

무엇보다 마태복음 4장에서 예수님의 광야 시험을 언급한 후에 5장에서 산상수훈을 언급한 점은 하나님의 새로운 창조를 말하고 있음을 눈치챌 수 있다. 여기서 예수님은 첫 아담과 짝을 이루는 마지막 아담으로 조명된다. 마지막 아담이신 예수님은 광야에서 사탄의 유혹을 이기심으로 첫 아담의 실패를 승리로 이끄셨다. 이 승리는 광야 40년 동안 불순종한 이스라엘과 대조를 이루는 승리이기도 하다. 광야 사건을 창세기 창조와 인간 타락으로 연관 지어 생각하는 것은 개혁파 신학자들의 공통된 견해다.[85]

특히 마태복음 4장 11절에서 "이에 마귀는 예수를 떠나고 천사들이 나아와서 수종드니라"는 말씀은 첫 아담이 범죄한 후에 그룹 천사들과 두루 도는 불 칼이 생명나무의 길을 지키게 되었던 점과 대조된다(창 3:24[86]). 에덴에서 쫓겨난 아담과 대조적으로 마지막 아담이신 예수님은 이때부터 에덴의 실체인 천국의 도래를 선포하신다. "회개하라 천국이 가까이 왔느니라"(마 4:17)는 선언은 에덴의 도래가 시작되었음을 알린다. 예수님은 마지막 아담으로서 복 있는 사람이 에덴에 입성하게 될 것을 알리고 계신 것이다.

이런 흐름 속에서 마태복음 5장의 산상수훈은 신약의 시내산 언약으로 이해된다. 예수님은 이제 새로운 출애굽을 통해 새로운 이스라엘을 건국하는 왕이심을 보여 준다.[87] 여기서 복은 하나님 나라 백성 됨을 가르침이 분

---

85) 존 페스코, 『태초의 첫째 아담에서 종말의 둘째 아담 그리스도까지』, 김희정 역 (부흥과개혁사, 2013), 176-177.

86) "이같이 하나님이 그 사람을 쫓아내시고 에덴 동산 동쪽에 그룹들과 두루 도는 불 칼을 두어 생명 나무의 길을 지키게 하시니라"

87) 정훈택, 34.

명하다. 신약에서 복이 하나님 나라 백성 됨을 뜻한다고 볼 때, 신자가 그 복을 받은 표징으로 '빛과 소금'의 역할을 하는 것은 당연하다.

이것을 구약의 표현으로 빌려서 말한다면 '성전 봉사자'의 삶을 말한다. 흥미로운 점은 신자가 성전 봉사자이면서 동시에 성전으로 이해된다는 점이다. 바울은 로마서 12장 1절의 말씀을 통해서 "너희 몸을 하나님이 기뻐하시는 거룩한 산 제물로 드리라"고 함으로써 교회를 성전의 봉사자로 표현한다. 하지만 고린도전서 3장 16절에서는 "너희는 너희가 하나님의 성전인 것과 하나님의 성령이 너희 안에 계시는 것을 알지 못하느냐"고 함으로써 교회가 성전이라고 가르친다. 교회는 성전 봉사자이면서, 동시에 성전이기도 하는 신비로운 특징을 소유한다.

우리가 기억해야 할 사실은 구약에서 성전은 하나님의 임재 장소며, 복이 나오는 근원이라는 점이다. 성전이 하나님 임재의 장소라는 점에서 성전은 다른 모든 집들 중에 특별한 복을 받았다. 성전은 하나님의 복이 흘러나오는 집이라는 점에서 또 복의 근원이 된다. 이것을 에스겔 47장은 성전의 문지방에서 물이 나와 온 세상을 적시는 환상으로 묘사한다. 그 물은 처음에는 발목에 차더니 점차 무릎과 허리에 오르고 나중에는 건너지 못할 강을 이루게 된다.

이는 신약에서 교회가 장차 온 민족에게 복을 널리 확산시킬 것을 보여준다. 이것이 교회의 사명이다. 교회는 단순히 예수 천당, 불신 지옥을 외치며 지옥 갈 사람 천국 보내는 것만을 사명으로 생각하면 곤란하다. 어두운 세상 속에 들어가 복의 근원이 되어야 마땅하다. 구원은 이 사명을 감당하라고 주신 것이다.

이렇게 볼 때, 오늘날 신자들이 복을 물질적인 풍요와 병 고침, 성공과 행복으로 이해하는 것은 매우 큰 잘못이다. 구약과 마찬가지로 신약에서도 이런 것들이 복의 개념으로 자리 잡을 여지는 없다. 이런 것들은 단지 복의 근원으로 살도록 주어지는 수단일 뿐이다.

간혹 사람들은 예수님이나 사도들이 천국 복음을 전하면서 병 고치고 오 병이어 기적을 일으키고 귀신을 쫓으신 것을 예로 들면서 물리적인 복과 복음을 연결시키려 한다. 이런 시도는 성경의 가르침을 오해한 것이다. 성경의 이적과 치유 사건들은 하나님 나라 도래의 특징을 알리기 위한 예수님과 사도들의 메시지일 뿐이다. 그 이상도 그 이하도 아니다.

도리어 신약 성경은 물질 풍요와 병 고침과 성공과 행복이 사람들을 미혹하는 적그리스도의 도구로 사용될 것을 자주 경고한다. 신약 성경은 그리스도를 위하여 박해를 받고, 재산과 명예와 행복을 잃는 것이 복이라고 언급하기까지 한다(마 5:10-11[88]).

---

[88] "의를 위하여 박해를 받은 자는 복이 있나니 천국이 그들의 것임이라 나로 말미암아 너희를 욕하고 박해하고 거짓으로 너희를 거슬러 모든 악한 말을 할 때에는 너희에게 복이 있나니"

그렇다면 신약의 복은 어떤 방식으로 새로운 이스라엘인 교회에게 주어지는가?

신약의 복은 하나님이신 예수님을 영접하는 것, 혹은 성령의 내주하심으로 이해된다. 또 하나님의 언약 백성이 되는 것을 지칭한다. 하나님 나라 일꾼으로 살게 된 것을 지칭하기도 한다. 이렇게 복의 근원 되신 예수님을 영접한 자들의 모임을 '교회'(Ecclesia/에클레시아)라 부른다. 사도 바울은 예수님을 영접한 사람들의 모임(복을 받은 사람들의 모임)을 구약의 언어로 '성전'이라고 가르치기도 한다(고전 3:16[89]). 그리고 구약의 성전은 신약에서 '교회'라는 새로운 이름으로 등장한다. 이것은 구약과 신약의 연속성이라는 관점에서 복을 이해하는 아주 중요한 용어가 된다. 이것이 신약에서 말하는 새 이스라엘인 교회의 정체성이다.

복 받은 자들의 모임인 교회(성전)는 복 받음으로 끝나지 않는다. 그들은 세상의 빛, 소금, 의의 병기, 진리의 기둥과 터로 살아가는 복의 근원이 되도록 요구된다. 이것은 첫 아담이 하나님 형상으로 창조된 후에 경작자로 살도록 요구되었던 것과 같다. 또 아브라함을 선택하시고 그와 그의 자손들이 복의 원천으로 살도록 요구되었던 것과 일치한다. 바울 자신도 로마서 1장 14절[90]에서 자신의 구원(복/은혜)받은 사건을 이방인과 헬라인에게 복을 주기 위해 빚진 사건으로 이해한다.

---

89) "너희는 너희가 하나님의 성전인 것과 하나님의 성령이 너희 안에 계시는 것을 알지 못하느냐"

90) "헬라인이나 야만인이나 지혜있는 자나 어리석은 자에게 다 내가 빚진 자라"

디도서 2장 14절의 말씀은 이런 사실은 더욱 분명하게 보여 준다.

"그가 우리를 대신하여 자신을 주심은 모든 불법에서 우리를 속량하시고 우리를 깨끗하게 하사 선한 일을 열심히 하는 자기 백성이 되게 하려 하심이라"
(딛 2:14)

신약 성경이 말하는 복은 다른 사람들에게 "선한 일을 열심히 하는" 복의 근원이 되게 하기 위해 주어진 것이다. 복의 원천으로 살아가는 데 관심이 없다면 그는 아직 복을 받지 못한 사람이다. 히브리서의 표현을 빌려서 말한다면 "이미 그의 안식에 들어간 자는 하나님이 자기의 일을 쉬심과 같이 그도 자기의 일을 쉬는"(히 4:10) 모습이 나타나야 한다. 자기 일을 쉰다는 것은 자기를 위한 이기적 삶을 정리하고 먹든지 마시든지 하나님의 영광만을 위해 살아감을 뜻한다.

창세기의 개념으로 말한다면 이 땅에 또다시 노아의 대홍수나 바벨탑 사건, 그리고 소돔과 고모라 사건 같은 하나님의 심판이 반복되지 않도록 하기 위해 부름 받은 에이전트(agent) 같은 존재다. 교회만이 이 일을 할 수 있다. 교회만이 이 일을 할 수 있는 기능을 부여받았다. 이것이 구원 사건이다. 구원받지 못한 불신자는 이 기능이 없기 때문에 복의 근원으로 살고 싶어도 살 수 없다.

교회가 복음 전파를 게을리하고 복의 근원으로 사는 데 게으르면 창세기의 3대 재앙은 그대로 반복될 수밖에 없다. 재앙의 원인은 세상의 악함 때문이 아니다. 교회가 특유의 역할을 제대로 감당하지 못했기 때문이다. 교회가 어둠을 밝히지 않음 때문이고, 썩은 세상에 소금의 역할을 하지 않기 때문이다. 세상의 타락과 멸망은 복이 되어야 할 교회가 복의 역할을 하지 못한 결과다. 바울 사도가 "내가 복음을 전할지라도 자랑할 것이 없음은 내가 부득불 할 일임이라 만일 복음을 전하지 아니하면 내게 화가 있을 것이로다"(고전 9:16)라고 한 말 속에는 이런 의미도 담겨 있다.

이런 차원에서 신약이 강조하는 전도는 단순히 지옥 갈 사람들 숫자 줄이기 위한 숫자놀음이 아니다. 교회가 세상에 복의 역할을 하는 실제적인 행위이다. 전도는 이 땅에 저주의 근원으로 살아가는 인류가 복의 근원이신 예수님을 받아 저주의 근원이 아니라 복의 근원으로 살도록 하는 행위다. 전도는 자연인들이 예수님을 영접하게 하는 것이면서, 동시에 어두운 세상에 하나님의 통치를 구현하는 일꾼을 세우는 행위이다. 전자를 통해서 개인이 멸망에 빠지지 않게 하고, 후자를 통해 세상이 멸망에 빠지지 않게 한다. 전자를 개인 구원이라고 한다면, 후자는 사회 구원이다. 이것은 하나님께서 본래 첫 사람을 통해 기대하셨던 모습이었다. 하나님은 아담과 하와에게 생육하고 번성하여 복을 확산하는 일꾼이 바다의 모래처럼 많아지길 기대하셨다. 그들을 통해 모든 피조물이 복 받기를 바라셨다. 이것이 복음 전도다.

그런데 애석하게도 이 시대의 교회는 개인 구원만 외친다. 개인 구원도 복의 근원으로 살아가도록 하는 데 초점을 맞추지 않는다. 이것은 복이 무엇인지, 복을 주신 목적이 무엇인지 알지 못하는 무지의 소치이다.

하나님은 우리 전도를 통해 불신자들이 복 받아 새로운 피조물이 되도록 하신다. 단순히 신분 변화가 아니다. '저주의 원천'에서 '복의 원천'이라는 기능(function)의 변화가 나타나게 하신다. 전도를 통해 복의 원천으로 살아가는 사람들이 늘면 세상은 더 많은 복의 혜택을 받는다. 성경적인 전도는 '영접'(그 이름을 믿는 것)만 강조되는 것이 아니다. '회개'가 먼저 강조된다. '회개'란 복을 받은 자라면 나타나야 할 '성전의 기능'을 말한다. '복'을 받았다면 당연히 '복의 원천'으로 살아가야만 한다는 것이다. 이것이 바로 복을 주신 목적이다. 기능을 바꾸어 주셨다면 기능이 바뀐 증거가 있어야 한다. 그래서 예수님은 "이러므로 그들의 열매로 그들을 알리라"(마 7:20)고 말씀하신 것이다.

이런 사실은 삭개오가 "주여 보시옵소서 내 소유의 절반을 가난한 자들에게 주겠사오며 만일 누구의 것을 빼앗은 일이 있으면 네 갑절이나 갚겠나이다"(눅 19:8)라고 회개하자, 예수님이 보여 준 반응에서 잘 나타난다. 예수님은 삭개오의 회개를 들으시고 "오늘 구원이 이 집에 이르렀으니 이 사람도 아브라함의 자손임이로다"(눅 19:9)라고 선언하셨다.

예수님께서 삭개오를 향하여 "아브라함의 자손이 되었다"고 하신 선언의 의미가 무엇인가? 그가 이전에는 저주의 근원이었지만, 이제부터는 복의 근원으로 기능이 바뀌었음을 뜻한다. 그의 열매로 복 받았음을 알 수 있다는 것이다. 삭개오는 비로소 성전이 되었다. 새로운 피조물이 되었다. 이것이 성전의 삶이다. 따라서 신약은 우리가 구원의 확신을 점검하는 방식으로 복의 근원된 삶의 여부(열매)를 묻는다(눅 6:44[91]).

이런 삶은 우리 의지와 결단으로 불가능하다. 예수님께서 부자 청년에게 하신 말씀처럼 우리 힘으로 복의 원천으로 살아가는 것은 낙타가 바늘귀를 통과하는 것만큼 불가능하다. 타락한 인간에게 이런 기능은 없다. 이런 삶은 오직 하나님만 할 수 있다. 그래서 복의 근원으로 사는 복을 받으려면 십자가 은총이 필요하다. 십자가 은총은 "모세가 광야에서 뱀을 든 것 같이 인자도 들려야 하리니"(요 3:14)라는 말씀 속에 잘 요약되어 있다.

죄 없으신 예수님께서 나의 죄를 위해 대신 죽으셨음을 믿고 영접하면 이 복을 받는다. 믿음으로 예수님을 마음속에 영접한 사람은 의롭다 칭함을 받게 된다. 의롭게 되는 것은 천국에 들어가는 입장권으로만 이해하면 곤란하다. 의롭게 되는 것은 하나님과 관계를 회복하고 교제하기 위해 주어진 것이다. 천국은 하나님과 관계를 회복하고 교제한 사람들이 가는 곳이다. 불완전한 의로 하나님과 관계를 회복할 수 없다. 예수님의 완전한 의만 바라보아야 한다. 예수님의 은혜로 하나님과 관계가 회복된 것을 '복'이라 한다. 하나님과 관계가 회복되면 이제는 하나님을 사랑하고 하나님만을 위해 살게 된다.

---

91) "나무는 각각 그 열매로 아나니 가시나무에서 무화과를, 또는 찔레에서 포도를 따지 못하느니라"

이렇게 관계를 회복한 삶을 '복된 삶', 혹은 '영생'이라 한다. 이 복에 참여한 사람은 세상에서 복의 근원으로 산다. 화평하게 하는 자가 되어 안식을 확산시킨다. 어둠을 밝히는 빛이 되고, 썩은 곳에서 소금의 역할을 하게 된다. '해야만 하는' 무거운 의무가 부여된다는 말이 아니다. 자발적이고 적극적으로 '하게 되는' 기능의 변화를 뜻한다.

이것은 우리의 행위에 근거하지 않는다. 오직 예수 그리스도의 완전하신 의에 근거한다. 하나님은 예수 그리스도의 완전한 의를 근거로 하여 영원히 우리와 함께하시는 '영원한 임마누엘'의 복을 우리에게 주신다. 구약시대처럼 죄를 범하면 성전에서 하나님의 영이 떠나시는 것과 다르다. 하나님은 영원히 우리 속에 내주하신다. 고로 예수님을 믿음으로 의롭게 된 성도는 복 되신 하나님을 영원히 담지하게 된다. 하나님은 영원히 그의 백성에게서 떠나지 않는다. 때문에 믿음으로 구원받은 성도는 죽을 때까지 복의 근원으로 살 수밖에 없다.

그러면 신약에서 복의 근원으로 살아가게 된다는 것이 의미하는 바가 무엇인가?

그것은 예수님의 십자가 삶에 동참한다는 뜻이다. 십자가는 믿음으로 구원(복)을 받은 사람에게 반드시 나타나야만 하는 외적 표징이다. 사도 바울이 갈라디아서 6장에서 언급한 것처럼 마음에 할례를 받은 사람은 그의 몸에 예수 그리스도의 흔적을 소유하게 된다. 십자가의 흔적이 없다면 도적이요, 강도다. 십자가 없이 하나님께서 기뻐하시는 하나님 사랑과 이웃 사랑은 불가능하다. 복의 원천으로 살 수 없다. 교회는 그리스도께서 모범을 보이신 십자가의 삶에 동참할 때, 비로소 복의 원천으로 살게 된다.

복(하나님/예수님) 받은 사람은 구약의 백성들처럼 성결과 거룩을 추구하게 된다. 거룩은 구약에서 성전에 하나님의 영(靈)이 항상 임재하시도록 하는 중요한 근거가 된다. 신약에서 성령 충만이란 성전에 하나님의 임재가 가득한 상태를 뜻한다. 하나님의 임재가 가득하려면 거룩을 유지해야 한다.

기도 많이 하고 금식 많이 한다고 성령 충만한 것이 아니다. 이방 종교의 방식이다. 거듭난 성도라고 해도 거룩한 삶을 살지 않는다면 성전된 삶이 나타나지 않는다. 자기를 부인하는 십자가의 삶, 거룩한 삶을 살아야 한다. 십자가와 거룩한 삶을 사는 것은 우리의 심령이 복으로(하나님의 영으로) 가득할 수 있는 유일한 길이다. 이것을 신약은 '성령 충만'이라 한다.

이제 구약의 진멸 전쟁(헤렘 전쟁)을 어떻게 이해해야 할지 생각해 보자. 구약의 진멸 전쟁은 신약에서 거짓과 악한 영과 죄악과 육체의 소욕과의 싸우는 영적 전쟁을 바라보게 하는 그림자다. 구약의 그림자는 신약의 성도가 어떻게 세상에서 복으로 살아가는지를 잘 보여 준다. 거짓과 죄악과 육체의 욕망과 불경건과의 싸움을 통해서만 복의 역할을 할 수 있다는 사실을 보여 준다.

이 전쟁은 어설픈 싸움이 되어서는 안 된다. 구약에서 가나안 족속들의 남녀노유를 다 진멸하고 그 땅의 가축들과 재물들까지 다 진멸시켰던 것처럼, 신약의 교회는 비진리와, 죄악과, 악한 영들과 육체의 욕망들을 남김없이 제거하는 싸움을 해야 한다. 흥미로운 점은 구약의 헤렘 전쟁에서 하나님은 가나안 땅의 가축들과 제물들까지 진멸하라고 하신 점이다. 구약의 이 가르침은 많은 사람들에게 하나님을 오해하도록 했다. 하나님을 잔인한 하나님으로 오해하게 했다. 그러나 이는 옛 아담에게 명령하셨던 피조 세계의 회복을 보여 준다.

신자는 종교적인 영역에서만 복의 근원 역할을 하도록 부름 받은 존재가 아니다. 정치와 경제와 사회와 문화와 교육 등과 같은 삶의 모든 영역에서 소금과 빛의 역할을 하도록 부름 받았다. 교회가 죄와 비 진리와 악한 영들과 싸우지 않는다면 아무리 고아원을 운영하고, 사회사업을 많이 한다 해도 참된 교회일 수 없다. 이것은 하나님을 영접하지 않은 세상도 얼마든지 할 수 있기 때문이다.

교회만이 세상의 유일한 복의 근원이라는 근거는 하나님이 선한 일의 주최가 될 때만 성립된다. 하나님 안에서 죄와 비진리와 악한 영들과 싸우는 공동체라고 할 때, 교회만 세상의 소금과 빛이라고 이해된다. 세상은 복지가 없어서 멸망하거나, 고아원이 없어서 멸망하는 것이 아니다. 진리에 대한 역행과 죄와 악한 영들 때문에 멸망한다. 교회만이 이런 것들과 거룩한 전쟁을 수행할 수 있는 유일한 존재들이다.

교회만이 하나님과 원수 된 세상에게 화해의 역할을 할 수 있다. 그래서 그들로 하여금 죄에서 떠나 진리의 기둥과 터로 부속되게 한다. 교회만 절대적인 진리를 알고 지켜낼 수 있다. 도덕의 영역에서만 절대적인 기준을 제시하는 것이 아니다. 정치와 경제와 사회와 문화와 교육과 과학의 전 영역에서 기준을 제시할 수 있는 유일한 존재다. 신약 교회는 이렇게 함으로써 복의 근원으로 살아가도록 부름 받은 것이다.

☞ **신약의 복의 정의**

신약에서 복은 하나님과 함께하여 세상의 모든 영역에서 복의 근원으로 살아가게 되는 것이다.

예배는 개념이다

13

죄

13
죄

오늘날 기독교가 전례 없을 정도로 심각한 쇠락기(衰落期)를 맞이하게 된 가장 큰 원인은 죄의 기준이 모호해진 데 있다. 죄를 지적하면 교회가 쇠락하는 것이 아니다. '죄'의 문제를 다루지 않고 복음을 말할 수 없기 때문이다.

복음은 인류가 비참하게 된 이유를 죄에서 찾는다. 죄의 문제를 어떻게 해결할 것인가에 대한 해답을 제시하면서 복음은 비로소 '복된 소식'(Good News)이 된다. 죄의 문제를 모호하게 다루면 복음은 가치를 상실하게 된다. 죄가 무엇인지 명확하게 규정하지 않으면 복음은 결코 복음일 수 없고, 기독교는 존재의 가치를 인정받을 수 없게 된다.

이러한 사실은 하나님께서 메시아의 이름을 "예수라 하라"(마 1:21)고 명하셨다는 점에서 더욱 명확하게 나타난다. '예수'라는 이름의 뜻이 무엇인가? "자기 백성을 그들의 죄에서 구원할 자"(마 1:21)다. 이는 죄가 무엇인지 명확하게 규정되지 않으면 메시아는 더 이상 존재 가치가 없다는 의미를 내포한다. 어느 시대든지 교회가 죄를 말하기 꺼리면 예수님은 더 이상 "자기 백성을 그들의 죄에서 구원할 자"라는 인식이 사라져 버린다. 오늘날 메시아로서 예수는 '가난과 실패와 불행과 질병에서 구원할 자' 정도로 이해된다. 이런 풍조는 막시스트(marxist)들이 예수를 혁명의 대명사로 이용하고 있다는 점에서 잘 나타난다. 그러나 분명한 사실은 성경이 가르치는 구원이란 죄에서 건짐을 받는 것이다. 이 문제를 해결하지 않으면 아무것도 근본적으로 해결되지 않는다. 이것이 바로 그리스도께서 이 땅에 오신 목적이다.

죄가 무엇인지 생각해 보기 전에 우리가 다루어야 할 문제가 있다. 선과 악을 어떻게 규정하고, 또 누가 규정하는 것이 정당한가 하는 논의가 선행되어야 한다. 선과 악을 누가, 어떻게 규정하느냐에 따라서 죄에 대한 정의가 달라지기 때문이다.

선과 악을 누가 규정할 것인가의 문제를 먼저 생각해 보자. 사람이 규정할 것인가, 아니면 신(神)이 규정할 것인가? 만일 선과 악을 사람이 규정한다고 전제를 둔다면, 우리는 또 다른 질문을 던지게 된다. 선과 악의 문제는 상대적인가, 아니면 절대적인가 하는 것이다. 선과 악을 사람이 정의한다면 이 정의는 반드시 모두가 동의할 수 있어야 한다. 그래야 선하다거나 악하다고 말할 수 있다. 그런데 선과 악을 상대적이라고 규정한다면 선과 악을 모두가 동의한다는 것이 불가능하다. 상대적이라는 말은 각 사람과 환경과 상황에 따라 다를 수 있다는 뜻이기 때문이다. 예를 들어 어떤 사람은 상황에 따라서 어떤 것은 죄가 되고 어떤 것은 죄가 아닐 수 있다고 생각한다. 이것을 상황 윤리라 한다. 어느 나라에서는 일부다처제를 죄라고 생각하지 않는 반면에 어느 나라는 이것을 죄라고 생각한다. 이것을 문화 윤리라고 할 수 있다. 또 어느 나라에서는 부자의 것을 도둑질하는 것을 죄가 아니라고 생각하지만, 대다수 나라들은 도둑질, 그 자체가 죄라고 생각한다. 선과 악을 이렇게 시대와 지역에 따라서 다르게 규정해야 한다고 생각한 철학자가 바로 20세기에 나타난 미셸 푸코^{Michel Foucault}다.

선과 악의 문제를 이렇게 상대적으로 보는 태도는, 평안할 때는 문제가 되지 않는다. 이런 상황에서는 사람들의 양심이 편해지고, 인간의 자율성이 더 위대하게 여겨질 수 있다. 그러나 이해득실 문제가 개입되면 선과 악을 상대적으로 보는 것이 얼마나 무모한 것인지 체감하게 된다. 어떤 문제가 인간의 살고 죽는 것, 혹은 손해와 이익에 직결되면 각자는 자기중심적 관점에서 타인의 이익과 생명을 빼앗는 쪽으로 선과 악을 규정하려 든다. 그 결과 가정으로부터 시작하여 사회와 국가 전부는 통제가 불가능한 혼돈의 극치로 치닫게 된다. 때문에 칸트^{Immanuel Kant}와 같은 이성주의자들은 선과 악을 절대적인 것으로 보는 것이 더 타당하다고 주장했다. 선과 악의 절대성이 없다면 선과 악을 규정한다는 것은 개인적인 취향과 입장의 차이로 여겨질 뿐이기 때문이다.

선과 악의 절대성을 포기하고 이 문제를 개인적인 문제로 여기던 시대가 있었다. 이런 시대에 고통과 희생을 당하는 사람은 항상 힘 없고 가난한 사람들이었다. 우리는 이런 시대를 '봉건시대'라고 한다. 봉건시대의 특징은 힘 있는 사람이 절대성을 휘두른다는 데 있다. 상대주의라는 말은 항상 힘 있는 사람의 절대성만 강화시켜 줄 뿐이다. 봉건군주시대에는 '왕이 곧 법'이라 한다. 객관적인 법이 선과 악을 규정하지 않으면, 힘 있는 자가 선과 악을 규정한다. 힘 없고 가난한 자가 규정하는 선과 악은 철저히 무시당하고 유린당할 수밖에 없다. 진리가 상대적이라는 말은 허울에 불과하다.

상대적 진리의 시대의 힘없는 사람은 대중의 힘을 절대시하려는 태도를 추구한다. 결국 절대진리를 추구하지 않으면 힘 있는 강자가 주도하는 약육강식의 세상이 될 뿐이다. 미셸 푸코가 주장하는 것처럼 선과 악이 시대와 지역에 따라서 다르게 나타난 것은 이런 강자의 입김과 억압에 절대성이 부여된 결과였다. 한쪽의 힘이 절대적으로 우월하다면, 약자를 상호 존중해 주는 상대주의란 존재하지 않는다. 상대주의적 선과 악 개념은 사실 세상에 존재하지 않는다. 이것은 언어 속에만 존재하는 환상일 뿐이다.

이런 불합리한 시대를 개혁한 것이 바로 '법치주의'(法治主義)다. 법치주의(法治主義)란 한자 그대로 '법이 다스리는 체계'를 말한다. 과거에 왕이 다스리던 시대에서 이젠 법이 다스리는 시대가 된다. 법치주의가 역사에 등장하면서 비로소 평등이 가능하게 되었다. 상대주의에서는 평등을 말하지만 오히려 힘 있는 자가 절대시되는 불평등이었다. 그러나 법이 다스리자 모든 사람이 법 앞에서 평등하게 된 것이다. 어떤 권력자든, 남들보다 힘이 센 사람이든, 돈이 많은 사람이든 법 앞에서 똑같이 취급된다. 선과 악, 옳고 그름을 힘 있는 사람이나, 머리가 좋은 사람이 규정하지 않고 법이 규정한다고 할 때, 비로소 약자가 보호를 받고 평등하게 취급된다. 따라서 법치가 무너지면 평등은 무너지게 된다.

간혹 법이 약자의 편을 들어주어야 한다는 궤변을 늘어놓는 사람들이 있다. 이 말은 그 자체로 궤변이다. 왜냐하면 법이 특정한 어떤 사람의 편에 선다면 이미 평등은 무너진 것이기 때문이다. 성경도 이미 이런 궤변을 다음과 같이 비판했다. "너희는 재판할 때에 불의를 행치 말며 가난한 자의 편을 들지 말며 세력 있는 자라고 두호하지 말고 공의로 사람을 재판할지며"(레 19:15) 이렇게 성경은 수천 년 전에 이미 법 앞에서 모두가 평등해야 할 가치를 정확하게 가르쳤다.

법을 무시하고 초법적(超法的) 통치행위를 하는 사람을 향하여 우리는 '독재자'라 한다. 독재자란 선과 악, 법과 질서의 기준을 자신이 정하는 사람을 말한다. 놀라운 사실은 많은 사람들이 은연중에 이런 마음을 품고 있다는 사실이다. 독재자를 증오한다고 말하지만, 각자의 마음속에는 자기가 선과 악, 법과 질서를 정하고 싶어한다. 이것이 때로는 군중 독재라는 방식으로도 나타난다. 다수가 요구한다면 법이 규정하는 선과 악, 법과 질서를 무시해도 된다는 것이다. 사람들은 이것도 독재라는 것을 잘 인식하지 못한다. 독재를 한 개인에게 집중되는 것으로만 이해한다.

그러나 독재란 결국 법과 질서를 개인이든 다수든 자기가 정하길 원하는 태도를 말한다. 1인 독재라는 것도 결국은 한 개인에게 힘과 권력을 몰아

줄 때 나타나는 현상이다. 실제로 독재는 혼자서 일어나지 않는다. 어떤 식으로든 다수의 지지를 기반으로 이루어진다. 이는 개개인이 마음속에 법과 질서를 초월하여 자기의 욕심을 채우고 싶어 하는 독재 욕구를 한 개인에게 집중하여 해소하는 것일 뿐이다.

여기서 우리는 또 다른 질문을 던지게 된다. 그것은 모든 사람들이 선과 악으로 인정할 수 있는 법을 누가 만드는 것이 타당한가 하는 것이다. 상당수의 사람들은 다수에 의하여 선과 악을 규정하는 법이 만들어져야 한다고 생각한다. 이런 주장을 체계화시킨 철학을 '공리주의'(功利主義)라 한다. 그러나 이 주장은 많은 사람들에게 저항을 받고 있다. 특히 공리주의적 주장은 '소수의 약자'를 보호해야 한다는 인권운동가들에 의해 공격받는다. 즉 다수가 옳다고 합의를 봤다고 해서 그것이 그 자체로 선을 규정할 명분이 될 수 없다는 것이다. 소수의 의견이 반영되지 않았다는 말이다.

이런 차원에서 본다면, 다수결에 의하여 정해진 법으로 선과 악을 규정한다는 것도 결국 소수(少數)와 다수(多數)라는 또 다른 방식의 상대주의에 불과하다고 볼 수 있다. 이러한 경우에 다수가 선과 악을 잘못 규정하면, 소수는 다수의 횡포에 고통을 받게 된다. 봉건군주시대의 1인 횡포를 다수의 의결로 자리를 바꾼 것일 뿐이다. 봉건군주시대에는 1인의 횡포로 다수가 희생을 당했다면, 이제는 다수의 횡포에 의해 소수가 희생을 당할 수 있다는 말이다. 결국 선과 악의 문제를 인간이 규정할 경우, 어떤 식으로든 상대주의를 벗어날 수 없다는 것을 알 수 있다.

그렇다면 선과 악을 인간이 아니라 '절대자'가 규정하는 것이 옳다는 결론에 도달하게 된다. '절대적인 존재'만이 절대적인 선과 악을 규정할 수 있기 때문이다. 인간은 아무리 애를 쓴다 해도 결코 상대성의 한계를 벗어날 수 없다. 모두를 납득시킬 수 있는 '절대성'을 소유할 수 없다. 이것이 인간의 한계다. 오직 신(神)만이 절대성을 보유하고 있다. 그래서 신을 '절대자'(絶對者)라고 한다.

그러면 이제 우리는 절대적인 선과 악의 기준을 오직 절대자만 규정할 수 있다는 점을 염두에 두고 죄의 문제를 접근해 보자.

죄란 하나님의 뜻에서 벗어난 모든 것을 말한다. 그러므로 웨스트민스터 소교리문답 제14문은 "죄란 무엇입니까?"라는 질문에 다음과 같이 대답한다.

> 죄란 하나님의 법에 불순종하는 것으로서 '하라'는 것을 하지 않는 것과 '하지 말라'는 것을 하는 것입니다.

그러면 하나님의 법이 무엇인지 질문을 던지게 된다. 성경은 '율법'이라고 한다. 그러면 '율법'은 무엇인가? 율법을 요약한 것이 '십계명'이라고 한다면 어느 정도 이해할 수 있을 것이다.

신약에서 예수님은 율법을 이해하기 쉽게 좀 더 구체적으로 설명했다.

"네 마음을 다하고 목숨을 다하고 뜻을 다하여 주 너의 하나님을 사랑하라 하셨으니 이것이 크고 첫째 되는 계명이요 둘째도 그와 같으니 네 이웃을 너 자신같이 사랑하라 하셨으니 이 두 계명이 온 율법과 선지자의 강령이니라" (마 22:37-40)

이것을 사도 요한은 다음과 같이 다시 설명한다.

"그의 계명은 이것이니 곧 그 아들 예수 그리스도의 이름을 믿고 그가 우리에게 주신 계명대로 서로 사랑할 것이니라" (요일 3:23)

한마디로 죄란 하나님과 이웃을 사랑하지 않는 것이다. 좀 더 구체적으로 자기만족, 자기 기쁨만을 위해 사는 것이다. 어떤 특정한 행동이 아니라 행동을 유발하게 만드는 동기가 죄인가 아닌가를 규정한다. 그리스도께서도 "자기를 기쁘게 하지 아니하셨나니"(롬 15:3)라고 한다. 사도 바울은 이러한 죄의 문제를 예수님이나 요한의 표현과 다르게 "믿음을 따라 하지 아니한 것은 다 죄"(롬 14:23)라고 규정한다.

그러면 여기서 죄와 사랑과 믿음의 문제를 어떻게 연관시켜야 할지 고민하게 된다. 죄란 단순히 '사랑하지 않음'을 뜻하지 않는다. 분명히 죄란, '사랑하지 않음'이지만 단순히 사랑하지 않음이 아니라, '믿음을 좇아 행함'을 충족시키지 못하는 것이다. 사랑으로 했다고 해서 다 옳은 것이 아니며, 그 사랑이 '믿음을 좇아 행함'이 아니면 '죄'로 규정될 수밖에 없다. 히브리서 기자도 "믿음이 없이는 하나님을 기쁘시게 하지 못하나니"라고 한다. 때문에 불륜 남녀, 동성애자들이 비록 사랑을 운운한다고 해도 그것은 죄일 수밖에 없다. 어떤 교회도 그들의 죄악을 사랑이라는 미명하에 두둔해서는 안된다. 이렇게 볼 때, 결국 하나님을 믿지 않는 모든 사람들의 행위는 죄일 수밖에 없다. 물론 불신자들은 이런 성경의 가르침을 인정하지 않고 혐오스럽게 느낄 것이다. 그러나 이런 규정에 혐오감을 갖는 것은 단지 상대적인 자신의 규정일 뿐이다.

이 문제는 절대자의 규정에 동의해야 한다. 최종적으로 우리를 선하다거나, 악하다고 판결하실 분이 절대자이신 하나님이시기 때문이다. 살인자가 아무리 자기의 죄를 정당하다 여길지라도 심판자가 그 행위를 살인죄라고 선고하면 그 사람은 자신이 인정하든 하지 않든 죄인일 뿐이다. 죄가 되고 되지 않고는 인간 각자 개인적인 판단에 의하여 규정될 수 없다. 만일 죄의 문제가 개인의 판단을 다 충족해야 한다는 논리가 옳다면 이 세상엔 정의(공의로움)라는 개념이 존재할 수 없다.

하나님을 믿는 믿음으로 하지 않은 것은 죄일 수밖에 없다. 비록 세상 모든 사람들이 선하다고 칭찬을 할지라도 죄다. 그러면 믿음으로 한다는 것은 무엇을 의미하는지 생각해 보자.

그것은 율법 강령의 '순서'를 지키는 것이다. 예수님께서 가르치셨던 것처럼 "네 마음을 다하고 목숨을 다하고 뜻을 다하여 주 너의 하나님을 사랑하라 하셨으니 이것이 크고 첫째 되는 계명이요 둘째도 그와 같으니 네 이웃을 너 자신같이 사랑하라 하셨으니 이 두 계명이 온 율법과 선지자의 강령이니라"(마 22:37-40)는 말씀을 염두에 두어야 한다.

우리는 분명히 "네 이웃을 너 자신같이 사랑하라"는 명령을 지키는 것이 '사랑'임을 예수님의 가르침을 통해 알 수 있다. 이웃 사랑의 구체적인 덕목으로 십계명은 '부모 공경', '살인 금지', '간음 금지', '도둑질 금지', '거짓 증거 금지', '탐욕 금지'를 명령한다. 이 정도는 불신자들도 선으로 인정한다. 이런 것들을 지키지 않는다면 악이라고 본다. 여기엔 아무런 이견이 없다.

그러나 문제는 불신자들이 이런 이웃 사랑의 계명을 지키는 동기가 '하나님 사랑'에서 시작하지 않는다는 점이다. 유감스럽게도 이런 사랑을 선이라고 규정할 수 없다는 것이 성경의 가르침이다. 성경은 하나님을 사랑하는 동기에서 출발하지 않는 이런 사랑을 위장된 사랑으로 규정한다. 다른 말로 '선으로 위장된 악'이라 한다.

사도 바울은 고린도전서 13장 1-3절에서 '위장된 거짓 사랑'이 가능하다고 가르친다.

"내가 사람의 방언과 천사의 말을 할지라도 사랑이 없으면 소리 나는 구리와 울리는 꽹과리가 되고 내가 예언하는 능력이 있어 모든 비밀과 모든 지식을 알고 또 산을 옮길 만한 모든 믿음이 있을지라도 사랑이 없으면 아무것도 아니요 내가 내게 있는 모든 것으로 구제하고 또 내 몸을 불사르게 내줄지라도 사랑이 없으면 내게 아무 유익이 없느니라" (고전 13:1-3)

진정한 사랑은 하나님을 향하여 '마음을 다하고 뜻을 다하고 목숨을 다하고 힘을 다하고 지혜를 다하여' 사랑하는 중심에서 출발해야 한다. 여기서 출발한 것만이 '선'으로 규정될 수 있으며, '죄가 아님'으로 규정될 수 있다.

바리새인들이 율법을 철저히 지키면서도 예수님께 악한 자들로 규정된 이유가 여기에 있다. 주님은 바리새인들이 율법을 지키지만 그들을 향하여 "다만 하나님을 사랑하는 것이 너희 속에 없음을 알았노라"(요 5:42)고 질타하셨다. 그러므로 '죄가 무엇인가'를 규정할 때, 그것은 외적으로 드러난 특정한 도덕적 행위를 지칭하는 것이 아님을 알 수 있다.

죄란 우리 행위의 '동기'를 말한다. 우리가 창조주 하나님을 사랑하는지 동기 여부가 죄인가 아닌가를 규정하는 유일한 근거다. 창조주 하나님을 사랑하지 않으면 우리는 결코 진정한 의미에서 '사랑'을 할 수 없고, '선'을 행할 수 없다. 따라서 우리가 죄에서 떠난 삶을 산다는 것은 단순히 도덕적인 삶을 산다는 것만을 의미하지 않는다. 죄에서 떠난 삶이란 '하나님을 사랑하는 삶'을 산다는 것을 의미한다.

예수님이 "백성을 저희 죄에서 구원할 자"로 오셨다는 선언은 하나님과 원수 된 사람들을 하나님과 사랑의 관계로 맺기 위해 오셨다는 말씀으로 이해되어야 마땅하다. 그리고 하나님을 사랑하는 자들은 자동적으로 율법의 두 번째 강령에 헌신된 사람이 된다. 그들은 하나님을 사랑하기 때문에 당연히 부모 공경, 살인 금지, 도둑질 금지, 간음 금지, 거짓 증거 금지, 탐심 금지의 명령을 적극적으로 준행한다. 외적인 죄악된 행위들과 적극적으로 싸우며, 적극적으로 선행을 실천하게 된다. 그러므로 죄의 규정은 외적인 행동이 아니라, 근본적으로 하나님을 사랑하는지, 사랑하지 않는지 여부에 의하여 규정된다. 바울 사도의 선언은 이 가르침을 아주 명확하게 정리해 준다.

"만일 누구든지 주를 사랑하지 아니하면 저주를 받을지어다" (고전 16:22)

☞ **죄의 정의**

죄란 도덕성의 문제 이전에 하나님을 사랑하는 동기 여부의 문제이다.

예배는 개념이다

14

십자가

14
십자가

기독교 신앙을 한마디로 요약한다면 단연코 십자가라고 할 수 있다. 십자가 안에 하나님의 영광이 가장 선명하게 드러난다. 십자가 안에서 구원이 발생하고 새로운 인생이 시작된다. 십자가는 타락한 인류를 새로운 피조물이 되도록 한다. 기독교 신앙에서 십자가를 모르면 아무것도 아는 것이 아니며, 구원을 알지 못하는 사람이다. J.C. 라일 감독은 다음과 같이 엄중하게 말했다.

십자가라는 주제는 가장 중요한 것의 하나임에 틀림없습니다. 이것은 단순히 논쟁거리에 불과한 것이 아닙니다. 또 이것은 사람마다 견해가 다를 수 있거나, 견해가 달라도 천국에는 갈 수 있는 그런 문제가 전혀 아닙니다. 우린 이 문제에 대해 올바른 견해를 가져야 하며, 만일 그렇지 않으면 영원히 버림받게 됩니다.[92]

---

92) J.C. 라일, 『옛길』 박영호 역 (CLC, 2012), 332.

청교도 시대에 십자가 체험은 교회를 입교하는 데 중요한 요건으로 여겨졌다. 십자가 체험이란 옛 사람이 죽고 새 사람으로 다시 태어남이다. 자신이 얼마나 악하고 미련하고 무능한 존재인지 각성하고 하나님께 완전히 항복된 상태를 말한다. 갈라디아서 2장 20절의 말씀은 십자가 체험을 잘 설명해 준다.

"내가 그리스도와 함께 십자가에 못 박혔나니 그런즉 이제는 내가 사는 것이 아니요 오직 내 안에 그리스도께서 사시는 것이라 이제 내가 육체 가운데 사는 것은 나를 사랑하사 나를 위하여 자기 자신을 버리신 하나님의 아들을 믿는 믿음 안에서 사는 것이라" (갈 2:20)

십자가 체험은 신자가 더 이상 자기 육체를 신뢰하지 않고 성령으로 봉사하며 예수 그리스도만 자랑하고 하나님만 신뢰하는 영적 할례당으로 살아가는 태도의 변화다(빌 3:3[93]). 이런 할례당의 삶을 살아가게 될 때, 사도 바울의 말처럼 신자는 자연히 "예수의 흔적"(갈 6:17[94])을 지니게 된다. 예수의 흔적은 의를 위해 핍박을 받고(마 5:10[95]), 그리스도의 남은 고난을 그의 몸된 교회를 위해 자기 육체에 채우는 것(골 1:24[96])이다.

---

93) "하나님의 성령으로 봉사하며 그리스도 예수로 자랑하고 육체를 신뢰하지 아니하는 우리가 곧 할례파라"

94) "이 후로는 누구든지 나를 괴롭게 하지 말라 내가 내 몸에 예수의 흔적을 지니고 있노라"

95) "의를 위하여 박해를 받은 자는 복이 있나니 천국이 그들의 것임이라"

96) "나는 이제 너희를 위하여 받는 괴로움을 기뻐하고 그리스도의 남은 고난을 그의 몸된 교회를 위하여 내 육체에 채우노라"

청교도들은 이런 십자가 체험 없이 교회의 회원(세례교인)이 되는 것을 매우 경계하였다. 십자가 체험이 불분명한 이들은 위선자가 되거나, 혹은 교회의 경건을 무너뜨리는 요인으로 작용했기 때문이다.[97] 이처럼 기독교 신앙에서 십자가는 절대적인 위치에 있다. 그러나 놀랍게도 어느 시대든지 십자가는 교회에서 환영을 받아 본 적이 없다. 바울의 표현처럼 "여러 사람들이 그리스도의 십자가의 원수로 행하느니라"(빌 3:18[98])는 탄식은 예나 지금이나 마찬가지다.

작금(昨今)의 기독교가 전도를 하는 방식은 십자가 없는 기독교, 십자가를 원수로 여기는 기독교인들을 대량 생산하고 있다. 예수를 믿으면 천국에 가고 복 받고 성공하고 병 고침받고 부자 되고 행복해진다는 것만 전한다. 십자가를 전하기를 꺼린다. 물론 예수를 믿으면 천국에 간다. 복 받고 성공한다. 병 고침받기도 하며 부자가 되기도 하고 행복하게 되기도 한다.

그러나 이 모든 것들은 믿음으로 십자가를 지고 난 결과로 주어지는 것으로 여겨져야 한다. 십자가라는 과정을 생략하고 교회만 출석하면 요행처럼 얻는 결과처럼 전하는 것은 종교사기에 불과하다. 마치 영어학원에서 1년이면 원어민처럼 말할 수 있다고 홍보하는 것과 같다.

물론 이렇게 1년 만에 원어민처럼 말한 사람이 없다는 것은 아니다. 이렇

---

97) 김홍만, 『해설 천로역정』(생명의말씀사, 2005), 127.

98) "내가 여러 번 너희에게 말하였거니와 이제도 눈물을 흘리며 말하노니 여러 사람들이 그리스도의 십자가의 원수로 행하느니라"

게 1년 만에 원어민처럼 말하게 된 사람이 학원만 다녀서 된 것이 아니라는 것이 문제다. 1년 만에 원어민처럼 말하게 된 사람은 미친 듯이 인내하며 영어에 몰입한 과정이 있었기 때문이다. 그러나 수강생을 모집하기 위해 혈안이 된 학원은 이런 과정을 결코 말하지 않는다. 그냥 등록하고 1년만 다니면 자동적으로 되는 것처럼 가르친다. 이것은 분명히 사기성이 있는 표현이다.

그런데 상당수의 교회가 이런 방식으로 전도를 한다. 십자가를 말하면 교회에 올 사람이 많지 않을 것이라고 생각하기 때문이다. 분명히 성경이 가르치는 것처럼 십자가의 도가 상당수의 사람들에겐 미련한 것이요, 거리끼는 것이 될 것이다(고전 1:23[99]). 초대교회 시대에도 교인을 더 많이 확보하려면 그들이 좋아하는 복음을 전해야 한다는 사실은 충분히 알고 있었다. 바울은 "유대인은 표적을 구하고 헬라인은 지혜를 찾는다"는 것을 알았다.

그럼에도 불구하고 그는 "십자가에 못 박힌 그리스도를 전하니"(고전 1:22-23[100])라고 한다. 바울은 왜 어찌하여 사람들이 미련하게 여기거나 거리끼게 여기는 십자가를 굳이 전해야 했는가? 그 이유를 "내게는 우리 주 예수 그리스도의 십자가 외에 결코 자랑할 것이 없으니"(갈 6:14)라고 한다. 어찌하여 그토록 십자가만 자랑스럽게 여긴다는 것인가? "십자가의 도가 멸망하는 자들에게는 미련한 것이요 구원을 받는 우리에게는 하나님의 능력"(고전

---

[99] "우리는 십자가에 못 박힌 그리스도를 전하니 유대인에게는 거리끼는 것이요 이방인에게는 미련한 것이로되"

[100] "유대인은 표적을 구하고 헬라인은 지혜를 찾으나 우리는 십자가에 못 박힌 그리스도를 전하니 유대인에게는 거리끼는 것이요 이방인에게는 미련한 것이로되"

1:18)이기 때문이다. 십자가를 모르면 구원도 예수님의 가르침도 천국의 약속도 아무 의미가 없다. 로이드 존스 목사는 말한다.

여러분이 오직 예수님의 가르침만을 설교한다면 인간사 제반의 문제들을 해결할 수 없으며 오히려 더욱 문제를 악화시키게 될 것입니다. 그런 설교는 여러분에게 공허한 것이며 오히려 해를 끼칩니다. 왜냐하면 그대로 살 수 있는 사람은 아무도 없기 때문입니다. [101]

십자가를 모르면 성경의 모든 약속은 아무것도 아닌 것이 된다. 십자가를 떠나는 예수님의 모든 가르침은 단순한 윤리, 도덕이 될 뿐이다. 십자가는 성경이 성경되도록 하는 유일한 열쇠다. 그래서 바울은 십자가 외에는 자랑할 것이 없다고 한다.

그러면 과연 성경이 가르치는 십자가는 무엇인가? 이 질문에 대답하기 전에 우리는 먼저 십자가가 아닌 것이 무엇인지 살펴보아야 한다. 왜냐하면 초대교회 이후로 사탄은 끊임없이 다른 십자가로 사람들을 미혹했기 때문이다.

첫 번째로 십자가는 고행이나 종교적 수행이 아니다. 상당수의 사람들이 십자가를 이런 것으로 이해한다. 중세 로마 가톨릭은 금욕을 하고 고행을 하며 종교적 수행에 전념하는 것을 십자가라고 생각했다. 그러나 이런 주

---

101) 로이드 존스, 『로이드 존스의 십자가』, 서창원 역 (도서출판 두란노, 2006), 29.

장은 플라톤주의(Platonismus)나 신플라톤주의(Neoplatonism) 철학일 뿐이다.

두 번째로 십자가는 자기를 힘들게 하는 대상을 뜻하지 않는다. 우리는 흔히 자기를 힘들게 하는 배우자, 자녀, 환경 등을 십자가라고 말하는 경향이 있다. "저 인간이 내 십자가야!"라는 식의 푸념은 자기의 고통스런 현실을 은유적으로 표현하는 것이라고는 할 수 있을지 모르나 성경적으로 적절한 표현은 아니다. 성경은 이런 사람들을 십자가가 아니라 오히려 우리가 섬겨야 할 소명이라고 가르친다.

세 번째로 십자가는 사회 혁명에 참여하는 것을 의미하지 않는다. 해방신학에서는 예수 그리스도를 역사적으로 실존한 인물로 이해하지 않는다. 단지 민중(오클로스/ὄχλος)의 상징으로 이해한다. 안병무는 예수의 생애와 운명에 관한 마가의 서술은 한 개인의 전기가 아니고 민중에 관한 '사회적 전기(傳記)'라고 주장한다. '예수', '메시아', '인자' 등의 말은 개인적 예수에 대한 언급이 아니라, 민중에 대한 '집합적 용어'라고 한다.[102]

이렇게 대입을 하면 십자가는 혁명을 위해 투쟁한 민중(proletariat)이, 부르주아(Bourgeois)들로부터 박해받는 과정으로 이해된다. 따라서 서남동은 "예수의 십자가 죽음은 민중이 그들 자신의 주인이 되는 과정에서 수반되는 고난의 불가피한 절정"[103]이라고 주장한다. 그들은 이 투쟁을 통한 수난에는

---

102) 김세윤, 『예수와 바울』 (도서출판 제자, 1995), 254.

103) Ibid.

반드시 해방이라는 부활이 있다고 생각한다. 이 부활을 위해 그들은 인내하며 투쟁하며 고통을 감수한다. 그러나 이것 또한 성경적인 십자가는 아니다. 이데올로기(ideology)가 만든 갈등과 고통일 뿐이다.

여기서 우리는 요즘 교회 안에서 갑자기 주목받고 있는 디트리히 본 회퍼 Dietrich Bonhoeffer라는 사람이 주장하는 십자가를 생각해 보아야 한다. 디트리히 본회퍼는 히틀러의 독재에 용감하게 맞서다가 안타까운 처형으로 인생을 마감한 사람이다. 그의 저서는 많은 사람들에게 감동을 주며 현 시대를 고민하는 사람들에게 일종의 영감을 주는 듯하다. 그러나 그의 주장이 아무리 감동적이고 용기 있는 것이었다 하더라도, 성경적인 관점에서는 다시 생각해 보아야 한다. 그의 설교집을 읽어 보면 매우 성경적이고 복음적인 것처럼 보인다. 그러나 우리는 그의 전제가 어디에 있는지 염두에 두고 그의 글을 읽어야 한다. 그는 분명히 "현대인에게는 하나님이라는 목발은 더 이상 필요하지 않다. 그러므로 초월(기적)에 대한 언급 없이 복음을 이해해야 한다."[104]고 했다

본회퍼에게 독재정권에 대한 저항은 나름대로의 십자가였다. 그러나 그의 십자가는 전능하신 하나님을 의존하여 그 안에서 지는 십자가가 아니었다. 그가 『나를 따르라』는 책에서 제자도를 말하지만, 그가 말하는 제자도(십자가)는 "종교성이 배제된 기독교"를 추구하는 자신을 따르라는 실존주의

104) 에타 린네만, 『성경비평학은 과학인가 조작인가』, 송다니엘 역 (부흥과개혁사, 2010), 46.

적인 표현이라고 할 수 있다.[105] 이런 그의 신학적 사고는 정통신학에 영향을 받은 것이 아니다. 칼 바르트에게 지대한 영향을 받았다.[106] 그의 주장은 "하나님은 죽었다."라고 하는 사신신학(死神神學)을 낳게 했다.[107] 뿐만 아니라 그의 급진적인 신학사상은 이후에 해방신학의 기초를 놓았다.[108]

이제 여기서 칼 바르트의 '십자가'를 언급하지 않을 수 없다. 칼 바르트의 십자가와 본회퍼의 십자가에는 어느 정도의 유사성이 있다. 앞에서 언급한 것처럼 본회퍼는 칼 바르트에게 지대한 영향을 받은 인물이기 때문이다. 본회퍼가 칼 바르트에게 어느 정도 영향을 받았는지 케네스 해밀턴Kenneth Hamilton은 다음과 같이 말한다.

"그(본회퍼)의 신학이라는 방을 여는 열쇠가 하나 있다면 그것은 그의 생애 단계마다 그가 현존하는 어떤 다른 신학자들보다 바르트를 염두에 두고 그의 개념들을 의식적으로 형성시켜 나갔다고 하는 인식 바로 그것이다."

따라서 바르트의 십자가도 본회퍼의 십자가와 흡사한 점이 많다. 유사점이라면 당연히 종교성이 배제된 기독교를 추구했다는 점일 것이다. 그의 십자가는 변증법이라는 철학적 관점에 내포되어 있다. 바르트에게 십자가는 긍정과 부정의 만남이다. 인간의 삶에 대한 부정과 성경의 직관적 가르

---

105) 스탠리 그렌츠, 로저 올슨, 『20세기 신학』, 신재구 역 (IVP, 2001), 241.

106) Ibid., 233.

107) 에타 린네만, 46.

108) 나용화, 『해방신학 비판』 (기독교문서선교회, 1983), 16.

침이 갈등하는 시점이 십자가라는 뜻이다. 합리성과 객관성을 포기하는 것이 바로 십자가이고 자기부인으로 이해된다.

예를 들어서 어떤 사람이 직장을 수도권으로 가야 할지, 아니면 지방으로 가야 할지 고민한다고 하자. 그가 이 둘의 선택 문제로 고민하면서 성경을 읽던 중, 사도들이 예루살렘으로 가는 본문을 만나게 되었다. 성경을 읽던 사람은 예루살렘이 이스라엘의 수도라는 점을 착안하여 본문의 문맥적 의도와 관계없이 '수도권'으로 가야 한다는 식으로 응답을 도출한다. 여기서 '정'(正)은 자신의 고민이다. '반'(反)은 사도들이 예루살렘(수도)으로 갔다는 것이 된다. 이제 합(合)은 무엇인가? 자기의 합리성과 객관성을 포기하고 무조건 수도권으로 직장을 정하는 것이다. 여기서 합을 도출하기 위해 자신의 합리성과 객관적 사고를 부인해야 한다. 이것을 십자가로 생각하면 안 된다. 이것은 철학적으로 자기 생각을 하나님의 생각으로 포장하는 것일 뿐이다.

그러면 성경이 가르치는 '십자가'란 무엇인지 살펴보자.

십자가가 무엇인지를 하나씩 나열하여 개념을 설명하려면 아마도 한 권의 책 분량이 되리라 생각된다. 여기서는 십자가의 개념을 잡기 위해 신자에게 적용 가능한 핵심적인 관점만 접근하고자 한다.

십자가의 핵심이 과연 무엇인가? 한마디로 예수님의 죽으심과 부활이다

(고전15:3-4[109]). 사도 바울이 쉬지 않고 전한 것은 예수 그리스도의 십자가 죽으심과 부활이었다. 죽음만이 십자가가 아니다. 부활만 강조하는 것도 십자가는 아니다. 죽음만 강조하면 고행주의가 되고 부활만 강조하면 종교사기가 된다. 십자가는 죽으심과 부활 모두를 균형 있게 선포해야 한다.

옛 성품과 지, 정, 의가 철저히 죽고 '새 생명 가운데 사는 것'이다. 새 생명은 '부활의 생명'이다. 이것을 다른 말로 '영생'이라고 한다. 히브리서 11장 33-38절은 이 부활의 생명, 새 생명, 영생의 삶을 구체적으로 다음과 같이 설명했다.

"그들은 믿음으로 나라들을 이기기도 하며 의를 행하기도 하며 약속을 받기도 하며 사자들의 입을 막기도 하며 불의 세력을 멸하기도 하며 칼날을 피하기도 하며 연약한 가운데서 강하게 되기도 하며 전쟁에 용감하게 되어 이방 사람들의 진을 물리치기도 하며 여자들은 자기의 죽은 자들을 부활로 받아들이기도 하며 또 어떤 이들은 더 좋은 부활을 얻고자 하여 심한 고문을 받되 구차히 풀려나기를 원하지 아니하였으며 또 어떤 이들은 조롱과 채찍질뿐 아니라 결박과 옥에 갇히는 시련도 받았으며 돌로 치는 것과 톱으로 켜는 것과 시험과 칼로 죽임을 당하고 양과 염소의 가죽을 입고 유리하여 궁핍과 환난과 학대를 받았으니 (이런 사람은 세상이 감당하지 못하느니라)" (히 11:33-38)

---

109) "내가 받은 것을 먼저 너희에게 전하였노니 이는 성경대로 그리스도께서 우리 죄를 위하여 죽으시고 장사 지낸 바 되셨다가 성경대로 사흘 만에 다시 살아나사"

여기서 하나님의 영광이 선명하게 나타난다. 그래서 십자가는 하나님의 영광의 집약이다. 정점이다. 신자가 십자가를 바로 알고 십자가를 사랑하게 될 때, 비로소 하나님의 영광이 선명하게 나타난다.

십자가는 하나님의 사랑, 하나님의 능력, 하나님의 지혜, 하나님의 공의가 무엇인지 잘 보여 준다. 독생자 예수님을 희생하시면서 공의를 충족시키는 가운데 죄인을 용서하시는 사랑, 믿는 모든 자를 어떤 상황에서도 구원하시는 능력, 피조물인 우리가 감히 측정할 수 없는 하나님의 지혜, 죄인된 우리를 구원하시기 위해 형벌을 굳이 아들에게 쏟으셨어야만 했던 하나님의 공의 등을 볼 수 있다. 그 하나님의 영광이 십자가에 선명하게 드러난다.

여기서 우리는 하나님의 영광이 우리가 생각하는 것과 많이 다르다는 것을 발견한다. 뿐만 아니라 우리가 속기 쉬운 유사한 십자가가 우리의 타락한 본성에 잘 부합한다는 점을 염두에 두고 속지 않도록 주의해야 한다. 앞에서 언급한 것처럼 사탄은 그리스도의 십자가의 특정한 요소만 강조하거나, 혹은 십자가에 나타난 하나님의 영광을 왜곡하면서 유사한 십자가로 사람들을 미혹한다. 다른 십자가는 하나님보다 인간을 높인다. 때로 철학적이거나 다른 영에 의해 주도된다. 여기서 많은 사람들이 속는다. 십자가는 하나님 사랑의 관점에서 볼 때, 자기를 부인하고 주님을 따름이다. 이웃 사랑의 관점에서 보면 형제의 짐을 지는 것이다.

이런 차원에서 십자가를 이웃 사랑의 관점에서 볼 때, 죄인이 치러야 할 죄의 짐을 성자 하나님께서 대신 치르셨다는 점에 초점이 맞춰진다. 죄 없으신 예수님이 죄인을 위해 죄 짐을 대신 지시므로 죄인은 의롭게 된다. 죄의 저주를 예수님이 대신 받으시고 우리는 죄에서 해방된다. 이것을 선지자 이사야는 "그가 찔림은 우리의 허물 때문이요 그가 상함은 우리의 죄악 때문이라 그가 징계를 받으므로 우리는 평화를 누리고 그가 채찍에 맞으므로 우리는 나음을 받았도다"(사 53:5)라고 예언했다. 원수 된 우리를 위해 죄 없으신 예수님께서 그 모든 죄의 저주와 심판을 한몸에 다 받으신 것이다.

여기서 하나님의 사랑이 선명하게 나타난다. 이 사랑을 맛본 사람은 동일하게 대속의 태도로 살아가게 된다. 물론 우리가 다른 사람들의 죄를 위해 대신 죽을 수 있다는 말은 아니다. 이 사랑이 우리로 하여금 세상 속에서 자기 몸을 하나님께서 기뻐하시는 거룩한 산 제물(living sacrifice)로 희생하며 살도록 한다. (롬 12:1[110]) 복의 근원으로, 소금과 빛으로 살게 한다. 굳이 누가 강요하지 않고 알아주지 않아도 하나님의 영광과 이웃의 복을 위해 자기를 희생하는 자리로 나간다. 이 모든 것은 성령님의 강권하시는 은총에 의하여 일어난다.

마치 남들이 하지 않는 하나님의 분노를 비느하스가 분출하여 우상 숭배하는 두 남녀를 창으로 죽인 것과 같다. 또 다윗처럼 남들이 두려워서 싸울

---

110) "그러므로 형제들아 내가 하나님의 모든 자비하심으로 너희를 권하노니 너희 몸을 하나님이 기뻐하시는 거룩한 산 제물로 드리라 이는 너희가 드릴 영적 예배니라"

엄두를 내지 못하는 골리앗과의 싸움에 스스로 뛰어든 것과 같다. 사도 바울에겐 무엇이 십자가였는가? 그에겐 무할례를 외치는 것이 십자가였다고 한다. 바울은 "내가 지금까지 할례를 전하면 어찌하여 지금까지 핍박을 받으리요 그리하였으면 십자가의 거치는 것이 그쳤으리니"(갈 5:11)라고 했다.

이 모든 것들은 누군가 져야 할 짐이다. 그래야 세상이 복을 받는다는 것을 안다. 그러나 이 짐은 아무도 지지 않으려는 짐이다. 그 짐을 신자는 그리스도의 사랑 때문에 자발적으로 짐으로써 세상에 소금과 빛의 역할을 감당한다. 여기서 십자가의 능력이 나타난다.

종교개혁은 이런 차원에서 십자가의 능력이 나타난 사건이다. 종교개혁 이전에 틴데일William Tyndale은 끔찍한 박해를 감수하며 영어로 성경을 번역했다. 성경을 번역할 사람은 많았을 것이다. 그러나 그 짐을 틴데일이 대신 짐으로 사랑을 실천했다. 루터도 로마 가톨릭의 박해를 감수하며 혼자의 몸으로 로마 가톨릭의 거짓된 가르침에 저항하는 십자가를 졌다. 칼빈도 끊임없는 박해와 고통 가운데서 자신의 온 인생을 하나님과 이웃을 위해 자기를 부인하는 십자가를 졌다.

어느 탈북한 성도는 중국에서 복음을 받고 난 후에 "살기 위해 탈북한 내가 복음을 들었으니 이젠 죽기 위해 북한으로 다시 들어가겠다."고 고백한다. 과거 조선에 복음을 가지고 온 선교사들도 이 십자가를 졌다. 그들은 조선에 생명의 복음을 전해야 한다는 부담이 있었다. 이 십자가는 아무도 지려 하지 않는 짐이었다. 조선은 배로 오기엔 너무도 멀고 위험하며 더럽고 미개한 나라였다. 그런데 이들을 위해 굳이 언어를 배우고, 가족했을 희생 시키고, 자신의 젊음과 꿈과 생명을 희생하며 복음을 전했다. 누군가가 져야 할 짐을 자원하여 진 것이다. 이것이 십자가다.

주님께서 주시는 십자가는 우리가 지지 않으면 마음 속에 무거운 짐처럼 여겨진다. 예수님께서 십자가를 지시기 전에 "내 아버지여 만일 할 만하시 거든 이 잔을 내게서 지나가게 하옵소서 그러나 나의 원대로 마시옵고 아버 지의 원대로 하옵소서"(마 26:39)라고 했던 모습과 같다. 남에게 의롭게 보이 려고 지는 짐이 아니다. 영웅심으로 지는 짐도 아니다. 이 짐은 자신에게 운 명처럼 주어진 소명과 같다. 본성에 심히 거슬리지만 하나님을 사랑하고, 이웃을 사랑하는 마음이 불붙는 듯하여 자발적으로 지게 된다. 내가 지지 않으면 안 될 짐처럼 여겨진다. 이런 모습은 예레미야의 고백 속에 잘 표현 되고 있다.

"내가 다시는 여호와를 선포하지 아니하며 그의 이름으로 말하지 아니하리 라 하면 나의 마음이 불붙는 것 같아서 골수에 사무치니 답답하여 견딜 수 없 나이다" (렘 20:9)

이것이 십자가를 지게 되는 신자의 심리다. 십자가의 대속의 은총을 경 험한 사람들에겐 이런 마음이 있다. 하나님의 사랑이 그 마음에 부어진 결과다(롬 5:5[111]). 신자는 세상 속에서 빛과 소금으로 살아가는 예배자가 된다. 여기서 하나님의 영광이 나타난다.

마지막으로 십자가의 대속을 경험한 신자는 자기만 십자가를 지는 것으로 그치지 않는다. 다른 사람들로 하여금 십자가를 지도록 독려한다. 왜냐하면 십자가 안에 구원이 있고, 십자가 안에 자유함이 있고, 기쁨이 있고, 능력이 있고, 사랑이 있음을 알기 때문이다. 바울은 로마서 12장 1절에서 자기 몸을 하나님께서 기뻐하시는 거룩한 산 제물로 바친다고 고백할 뿐만 아니라, 자신이 "그리스도 예수의 일꾼이 되어 하나님의 복음의 제사장 직분을 하게 하사 이방인을 제물로 드리는"(롬 15:16) 역할을 한다고 한다. 그는 자신만 십자가를 진 것이 아니라, 다른 사람들에게도 십자가를 지도록 했다.

오늘날 강단에서 십자가를 증거 한다는 말의 의미는 바로 이것이다. 정말로 십자가를 경험한 설교자는 강단에서 결코 신자들의 마음을 편하게 놔두지 않는다. 이기심과 자기만족으로 살아가는 사람들을 향하여 회개를 선포하고 하나님과 이웃을 위해 십자가를 지도록 독려한다. 자기를 부인하고 자기 십자가를 지고 그리스도의 뒤를 따르라고 외친다.

물론 그 전에 설교자부터 십자가를 진다. 바울은 갈라디아 교회를 향하여

---

111) "소망이 우리를 부끄럽게 하지 아니함은 우리에게 주신 성령으로 말미암아 하나님의 사랑이 우리 마음에 부은 바 됨이니"

"너희가 짐을 서로 지라 그리하여 그리스도의 법을 성취하라"(갈 6:2)고 가르쳤다. 이렇게 짐을 지면서 하나님의 영광이 나타난다. 물론 이 짐은 자기의 힘으로 지는 것이 아니다. 자기 힘으로 지는 십자가는 하나님의 영광이 나타나지 않는다. 자기의 영광만 나타날 뿐이다. 이것이 본회퍼의 치명적인 문제점이었다. 참된 십자가는 성령 안에서 그리스도와 연합하여 지게 될 때, 비로소 기쁨이 있고, 자유함이 있고, 능력이 나타난다. 부활의 능력이 나타난다.

십자가를 지신 주체는 예수님이다. 우리는 그 십자가에 믿음으로 참여할 뿐이다. 믿음으로 십자가에 참여하게 될 때, 비로소 신자는 경건의 모양만 아니라 능력을 드러낸다. 세상이 감당할 수 없는 존재가 된다. 세상을 이긴 이김에 참여한다. 이러기 위해서 우리 주님은 다음과 같이 가르치셨다.

"아무든지 나를 따라오려거든 자기를 부인하고 날마다 제 십자가를 지고 나를 따를 것이니라" (눅 9:23)

☞ 십자가의 정의

십자가란 예수 그리스도의 죽으심과 부활의 생명에 연합되는 것이다.

예배는 개념이다

15

부활

15
부활

　부활은 기독교 신앙의 핵심이다. 십자가의 죽음만 강조하고 부활이 없다면 그 죽음은 죄인의 죽음과 구별됨이 없다. 신자가 고난과 고통을 알면서도 십자가를 선택하는 것은 고난 자체를 즐기기 때문이 아니다. 부활에 대한 소망 때문이다. 바울은 신자에게 부활이 얼마나 절대적인지를 "만일 죽은 자의 부활이 없으면 그리스도도 다시 살아나지 못하셨으리라 그리스도께서 만일 다시 살아나지 못하셨으면 우리가 전파하는 것도 헛것이요 또 너희 믿음도 헛것이며"(고전 15:13-14)라는 말로 명확하게 가르쳤다.

　부활(復活)이라는 단어는 죽은 자가 다시 살아나는 것을 뜻한다. 이 용어는 기독교인들만 가지고 있는 용어는 아니다. 불신자들도 부활에 대한 개념을 가지고 있다. 대표적인 예로 고대 이집트의 미라(mummy)는 부활에 대한 기대감을 가지고 만들었다. 이런 부활 사상은 고대 사상에서 흔히 볼 수 있다. 플라톤의 철학이나 불교에서 환생과 같은 방식으로 이해되고 있다.

흥미로운 점은 성경에서도 이렇게 환생의 개념으로 부활을 이해하는 사람들이 있었다는 사실이다. 하루는 예수님께서 제자들에게 "무리가 나를 누구라고 하느냐"(눅 9:18)고 물으셨다. 질문을 받은 제자들은 "세례 요한이라 하고 더러는 엘리야라, 더러는 옛 선지자 중의 한 사람이 살아났다 하나이다"(눅 9:19)라고 대답했다. 제자들의 대답에서 우리는 유대인들 가운데 부활을 환생 개념으로 이해한 사람이 많았다는 사실을 알 수 있다.

이런 이해는 헤롯에게서도 나타난다. 헤롯은 정치적인 이유 때문에 자기 의지와 관계없이 세례 요한의 목을 베어 죽였다. 그는 항상 의인을 자신의 손으로 죽인 것에 두려움을 느끼고 있었다. 그 가운데 예수님의 강력한 사역이 사람들의 입소문을 타고 헤롯의 귀에까지 들렸다. 이 소문을 듣고 헤롯이 어떻게 반응했는지 마가복음 6장 14절은 다음과 같이 기록하고 있다.

"이에 예수의 이름이 드러난지라 헤롯 왕이 듣고 이르되 이는 세례 요한이 죽은 자 가운데서 살아났도다 그러므로 이런 능력이 그 속에서 일어나느니라 하고"(막 6:14)

부활에 대한 또 다른 태도를 살펴보자. 그것은 부활을 막연하게 내세적인 관점으로만 이해하는 것이다. 요한복음 11장은 나사로가 죽게 된 사건을 기록하고 있다. 예수님께서 나사로의 무덤에 가게 되었을 때, 사람들은 슬픔에 잠겨 있었다. 이때 한 여인이 예수님을 맞이했다. 그 여인의 이름은 마르다다. 마르다는 예수님을 맞이하자마자 "주께서 여기 계셨더라면 내 오라버니가 죽지 아니하였겠나이다"(요 11:21)라고 자신의 안타까운 심정을 토로했다. 그녀의 호소를 듣고 예수님은 "네 오라비가 다시 살아나리라"는 말씀으로 소망을 주셨다. 이 제 곧 부활할 것이라고 말씀하신 것이다. 그런데 마르다는 예수님께 "마지막 날 부활 때에는 다시 살아날 줄을 내가 아나이다"(요 11:24)라고 대답했다. 예수님의 선언을 이론적이고 피상적인 위로로 이해했던 것이 분명하다. 그러므로 예수님은 마르다에게 나사로의 구원이 결코 피상적인 것이 아님을 말씀하시며 믿음의 고백을 요구하셨다.

"예수께서 이르시되 나는 부활이요 생명이니 나를 믿는 자는 죽어도 살겠고
무릇 살아서 나를 믿는 자는 영원히 죽지 아니하리니 이것을 네가 믿느냐"
(요 11:25-26)

예수님께서 주시는 부활은 실제적이고 구체적이며, 현실적이라는 말이다. 그리고 주님은 곧바로 그 자리에서 나사로를 살리셨다.

지금까지 우리는 부활에 대한 그릇된 두 가지 이해를 살펴보았다. 한 가지는 부활을 환생처럼 이해하는 견해이고, 또 다른 하나는 부활을 내세적 관점으로만 막연하게 이해하는 견해다. 이것은 종교를 떠나서 소위 부활을 믿는다고 하는 사람들의 일반적인 태도라 할 수 있다. 물론 우리 기독교인들은 환생을 믿지 않는다. 때문에 전자에는 동의하지 않는다. 하지만 교회를 다닌다는 신자들에게 부활을 피상적으로, 혹은 내세적으로만 생각하는 마르다와 같은 태도는 비교적 만연한 편이다.

이제 우리는 먼저 부활을 환생의 관점으로 이해하는 사람들의 문제를 살펴보자. 무엇보다 환생은 객관적인 계시에 근거하지 않는다는 점을 염두에 두어야 한다. 환생은 인간의 이성적 추론에 근거할 뿐이다. 불교는 환생을 전생의 삶이 다음 세상의 삶을 결정하는 것으로 가르친다. 간혹 이런 주장은 현실화된 것처럼 보인다.

예를 들어서 티벳의 제14대 달라이 라마^{Dalai Lama}는 어릴 때 현신(現身)으로 발견되었다고 한다. 그가 현신으로 발견된 것은 제13대 달라이 라마가 임종 직전에 자신의 환생을 예고했던 유언의 성취에 근거한다고 한다. 13대 달라이 라마가 했던 유언은 '앞에 호수가 있는 하얀색 집'을 찾으면 거기서 자신이 환생한 사람을 만나게 되리라는 것이다. 그의 유언대로 사람들은 1935년 암도 지방에서 '앞에 호수가 있는 하얀색 집'을 발견했다. 그리고 거기에 라모 돈드럽^{Lha-mo Don-'grub}이 있는 것을 발견했다. 사람들은 그가 달라이 라마의 환생이라고 보았다. 그들은 돈드럽이 라마들의 이름을 알아맞혔다고 한다. 더 나아가 이 아이에게 큰 북과 작은 북을 가져온 후에 둘 중에 하나를 선택하도록 했더니 13대 달라이 라마가 자신의 시종을 부를 때 사용하던 작은 북을 선택했다고 한다.

어떤 사람은 최면 요법을 통해서 환생이 사실이라고 믿는다. 최면을 통해 자신이 전생에 특정한 어떤 사람이라고 말했다는 점을 들어 환생의 근거를 삼는다. 그러나 이 주장도 신뢰하기 어려운 점이 많다. 이 모든 것은 사람들을 미혹하는 거짓 영이 얼마든지 할 수 있는 일이다.

모세는 가나안 땅을 들어가기 전에 이스라엘 백성들을 향하여 "너희 중에 선지자나 꿈 꾸는 자가 일어나서 이적과 기사를 네게 보이고 그가 네게 말한 그 이적과 기사가 이루어지고 너희가 알지 못하던 다른 신들을 우리가 따라 섬기자고 말할지라도 너는 그 선지자나 꿈 꾸는 자의 말을 청종하지 말라 이는 너희의 하나님 여호와께서 너희가 마음을 다하고 뜻을 다하여 너희의 하나님 여호와를 사랑하는 여부를 알려 하사 너희를 시험하심이니라"(신 13:1-3)고 경고했다.

달라이 라마의 환생 예언은 이런 차원에서 볼 문제다. 뿐만 아니다. 최면을 통한 전생 주장은 그 문제점이 쉽게 입증된다. 상당수의 사람들은 최면으로 전생에 누구였는지 묻는 질문에 모순적인 대답을 했다고 한다.

예를 들어서 두 명 이상의 사람이 모두 특정한 한 사람(이순신)을 지목하며 자신이 그 사람이었다고 한다. 두 사람이 동시에 한 사람일 수는 없다. 뿐만 아니라 어떤 사람은 현존하는 사람의 이름을 들어서 자신이 그 사람이었다고 말하는 사람도 있었다. 더 심각한 문제는 어떤 남자가 전생에 여자로, 어떤 여자가 전생에 남자로 태어났다고 하는 것이다. 이런 주장은 젠더이데올로기를 강화시키는 악한 영의 주장임을 알 수 있다. 무엇보다 환생론은 현재 삶을 전생의 책임으로 돌리게 된다는 데 그 문제의 심각성이 있다. 환생론에 빠진 사람들은 현실의 문제를 적극적으로 해결하려 들지 않는다. 자신이 전생에 잘못했기 때문에 이런 비참한 인생을 사는 것이 당연하다고 여긴다. 여기서 '숙명론'이 나오게 된다. 자신이 아무리 노력해도 현실을 벗어날 수 없다는 태도로 인생을 산다는 말이다. 이런 태도가 사회 전반에 확산되면 사회는 퇴보한다. 이것이 불교가 들어간 나라들이 발전하지 못하는 이유다. 뿐만 아니다. 환생론은 공덕주의, 혹은 행위구원론을 내포한다. 이들은 자신의 도덕적 행위를 자신의 구원과 연결하여 이해한다. 자신이 스스로 노력한 만큼 다음 세상 삶을 결정한다고 생각한다. 현재의 풍요롭고 형통한 삶도 자기가 전생에 쌓아 놓은 공덕의 결과라고 생각한다. 이는 전형적인 자력구원론이요, 율법주의적 태도다. 이런 태도에서는 하나님과 이웃에 대한 감사를 기대할 수 없다.

이제 부활에 대한 피상적인 태도를 생각해 보자. 앞에서 살펴보았던 마르다의 태도처럼 오늘날 상당수의 신자들은 부활을 "마지막 날 부활 때에는 다시 살아날 줄을 내가 아나이다"(요 11:24)라는 태도를 견지한다. 그리고 이것을 '믿음'이라고 생각한다. 그러나 예수님은 부활을 막연하게 생각하지 말라고 가르치신다. 이것을 믿음이라고 하지 않으셨다.

예수님은 "나는 부활이요 생명이니 나를 믿는 자는 죽어도 살겠고 무릇 살아서 나를 믿는 자는 영원히 죽지 아니하리니"(25-26절)라고 가르치셨다.

여기서 예수님은 하나님의 성호 여호와의 헬라식 표현 '에고 에이 미'(Ἐγώ εἰμι/I am) 표현을 사용하여 "나는 부활이요 생명"이라고 선언하신다. 이 말은 예수님께서 자신이 여호와 하나님이요, 자신은 (현재) 부활과 생명을 가져오는 분이라고 선언하신 것이다. 여기서 "살겠고"와 "죽지 아니하리니"는 모두

'현재형'으로 되어 있다. 부활이 막연한 어떤 미래의 때가 아니고, 지금 현재 일어날 수 있는, 혹은 일어나는 일임을 가르치신 것이다. 실제로 나사로는 그때 그 시간에 살아났다. 뿐만 아니다. 신자들도 날마다 그리스도 안에서 새로운 부활의 삶을 살아간다.

마르다가 부활에 대하여 이렇게 생각한 것은 우연이 아니다. 이런 인식은 조지 레드^{George Eldon Ladd}가 "유대교에서 영생이란 죽은자의 부활 뒤에 오는 미래의 생명을 뜻한다."고 한 것과 관련을 맺는다. 유대인들은 영생이나 부활을 현재 시점에서 시작되는 것이라고 생각하지 않고 '막연한' 어떤 미래(종말)에 일어나는 일로 보았다.

이것이 오늘날 기독교인들이 가지고 있는 문제점이다. 교회에 다니는 신자라면 대부분 부활과 영생에 대한 믿음은 있다고 고백한다. 하지만 그 신앙이 구체적이지 않다. 부활이 막연한 미래의 어떤 시점에 일어나는 일이라고 생각한다. 때문에 신앙이 피상적이고 현실의 문제 앞에서 무기력하다. 마치 마르다가 부활을 피상적으로 믿었기 때문에 나사로의 죽음 앞에서 다른 사람들과 어떤 구별됨, 활기, 소망도 가질 수 없었던 것과 같다.

부활은 지금 여기서부터(Now and Here) 죽음을 이기는 신앙이다. 예수님은 지금 '현재 이 자리'에서 부활이요 생명으로 역사하시는 분이시다. 이것을 믿는다면 우리는 죽음과 같은 절망 속에서 그리스도를 붙잡음으로 소망 가득한 삶을 살 수 있다. 이것은 그리스도 안에 있을 때에만 가능하다. 마르다가 그리스도와 함께 있을 때, 나사로가 살아나는 기적을 목도할 수 있었던 것처럼, 우리도 지금 그리스도를 간절히 붙들고 그분과 연합하면, 이 자리에서 죽음과 같은 현실 속에 부활의 소망과 생명을 맛볼 수 있게 된다.

부활에 대하여 우리가 이해해야 할 또 한 가지가 있다. 그것은 부활이 '칭의'와 관련을 맺고 있다는 점이다. 칭의란 하나님께서 죄인을 값없이 '의롭다고 선언하신 것'이다. 예수님의 십자가 사건은 죄인들을 대신하여 죽음으로 몸값을 치르신 사건이다. 이것을 신학적으로 '대속'(代贖)이라고 한다.

대속이라는 말은 영어로 'ransom'이라고 하는데, 번역하면 다른 사람을 대신하는 '몸값'이다. 예수님께서 십자가 위에서 죽으신 것은 당신의 죄값 때문이 아니다. 우리의 죄값 대신 당신의 죄 없으신 몸값을 치르신 것이다. 우리가 죄값을 지불하지 않으면 하나님과 결코 화해의 관계가 될 수 없기 때문이다. 우리가 치러야 할 죄의 몸값은 예수님의 몸값으로 대신 지불되었다.

이 은혜에 참여하는 것은 오직 믿음으로만 가능하며, 믿음은 예수님의 십자가 죽음에 연합되게 한다. 중요한 사실은 예수님이 삼일 만에 다시 살아나셨다는 사실이다. 이것을 우리는 '부활'이라 한다고 했다. 이 부활이 중요하다. 예수님의 부활은 그 분이 하나님이시기 때문에 부활한 것이 아니기 때문이다. 예수님의 부활은 우리와 똑같은 사람으로서 부활이다. 사람으로 부활했다는 말은 인간 예수가 인류의 죄를 위해 대신 죽으셨지만, 정작 본인은 죄가 없기 때문에 죽을 수 없다는 뜻이다. 인간이 죽게 된 것은 현재 타락한 인류에겐 자연스러운 일이지만 하나님의 창조 원리에서 자연스러운 것이 아니기 때문이다. 죽음은 죄 때문에 인류에 들어온 것이다. 그러므로 예수님의 부활 사건은 하나님께서 예수님을 죄 없다고 선언하신 '칭의'(의롭다 칭함)의 사건이 된다.

여기서 부활의 위치가 중요하다. 부활이 없다면 예수님의 죽으심은 헛된 것이 된다. 예수님의 죽으심은 부활을 위한 것이다. 이러한 개념을 잘 설명해 주고 있는 것이 바로 로마서 5장 10절이다.

"곧 우리가 원수 되었을 때에 그의 아들의 죽으심으로 말미암아 하나님과 화목하게 되었은즉 화목하게 된 자로서는 더욱 그의 살아나심으로 말미암아 구원을 받을 것이니라" (롬 5:10)

바울은 예수님의 대속사건이 "우리가 원수 되었을 때에 그의 아들의 죽으심으로 말미암아 하나님과 화목하게 된" 사건이라고 가르친다. 그리고 이 말 다음에 곧바로 "화목하게 된 자로서는 더욱 그의 살아나심으로 말미암아 구원을 받을 것이니라"고 한다. 이 말씀은 우리의 구원이 부활로 입증된다는 뜻이다. 부활이 없다면 하나님과 화목된 적도 없었다는 뜻이다. 부활이 하나님과 화목된 여부를 입증하는 '표징'이 된다.

따라서 우리가 예수 그리스도의 죽음에 믿음으로 연합된 사람들이라면 그에겐 분명히 부활의 영광이 나타나야 한다. 이것이 신자가 이 땅을 살아가는 가운데 겪게 되는 긴장 관계다. 바울은 빌립보서 3장 8-12절을 통해 다음과 같이 말한다.

"또한 모든 것을 해로 여김은 내 주 그리스도 예수를 아는 지식이 가장 고상하기 때문이라 내가 그를 위하여 모든 것을 잃어버리고 배설물로 여김은 그리스도를 얻고 그 안에서 발견되려 함이니 내가 가진 의는 율법에서 난 것이 아니요 오직 그리스도를 믿음으로 말미암은 것이니 곧 믿음으로 하나님께로부터 난 의라 내가 그리스도와 그 부활의 권능과 그 고난에 참여함을 알고자 하여 그의 죽으심을 본받아 어떻게 해서든지 죽은 자 가운데서 부활에 이르려 하노니 내가 이미 얻었다 함도 아니요 온전히 이루었다 함도 아니라 오직 내가 그리스도 예수께 잡힌바 된 그것을 잡으려고 달려가노라" (빌 3:8- 12)

바울의 이 가르침에서 우리는 부활과 관련하여 앞에서 언급한 중요한 표현을 발견하게 된다. 9절에서 "내가 가진 의는 율법에서 난 것이 아니요 오직 그리스도를 믿음으로 말미암은 것이니 곧 믿음으로 하나님께로부터 난 의라"고 한 것이다. 이 '의'는 예수 그리스도의 대속을 통해 얻게 된 '의'를 말한다. 바울의 표현처럼 "오직 그리스도를 믿음으로 말미암은 것"이다.

이 의를 소유하게 된 바울이 10절과 11절에서 "내가 그리스도와 그 부활의 권능과 그 고난에 참여함을 알고자 하여 그의 죽으심을 본받아 어떻게 해서든지 죽은 자 가운데서 부활에 이르려 하노니"라고 한다. 바울의 이 가르침은 마르다가 "마지막 날 부활 때에는 다시 살아날 줄을 내가 아나이다"(요 11:24)라고 했던 막연한 태도와 분명히 다르다. 오늘날 부활을 믿는다고 하면서도 무기력한 기독교인들의 태도와도 분명히 다르다. 바울은 도리어 "내가 그리스도와 그 부활의 권능과 그 고난에 참여함을 알고자 하여 그의 죽으심을 본받아 어떻게 해서든지 죽은 자 가운데서 부활에 이르려 하노니"라고 한다. 그는 이 부활의 권능을 현재의 삶 속에서 경험하기 위해 적극적으로 힘쓰는 태도를 건지한다고 한다.

신자가 부활의 확신을 얻는 것은 막연한 믿음으로 주어지지 않는다. "그의 죽으심을 본받아"야 한다. 바울의 고백처럼 "나는 날마다 죽노라"(고전 15:31)는 적극적인 부활을 향한 도전적 삶을 살아야 한다. 결코 피상적이지 않다. 매우 구체적이고 실제적이다. 죽음도 중요하다. 그러나 죽음 이후의 부활이 더 중요하다. 죽었다고 하지만 부활이 동반되지 않는다면 그것은 믿음으로 그리스도의 죽음에 참여한 것이 아니다. 자기의 죄 가운데 죽는 죽음일 뿐이다. 부활이 중요한 이유가 바로 여기에 있다. 부활은 우리의 죽음이 자기 죄 가운데 죽은 죽음인지, 아니면 믿음으로 그리스도 안에서 죽은 죽음인지를 입증한다.

그 입증으로 나타나는 부활은 변화된 육체로 나타난다. 변화된 육체란 예수 그리스도와 연합된 삶이다. 이 삶은 하나님을 사랑하고 이웃을 사랑하는 삶이다.

신자는 이 땅을 살아가면서 이렇게 날마다 변화된 육체의 삶을 살아간다. 하나님을 향하여 돌 같이 굳은 마음이 제하여지고, 살 같이 부드러운 마음을 품은 육체의 삶을 살게 된다. 옛 성품은 죽고 새 성품으로 살아간다. 신자의 삶 속에서 사망은 날마다 생명에게 삼킨 바 되고, 세상이 감당할 수 없는 존재가 된다. 이 땅에서 소금과 빛이라는 새로운 피조물의 삶을 말한다. 종말에는 그리스도의 완전히 변화된 부활체에 참여할 것을 확신하게 된다.

☞ 부활의 정의

부활이란 그리스도의 대속을 통해 옛 사람은 죽고 새 사람으로 변화된 육체의 삶에 참여하는 것이다.

예배는 개념이다

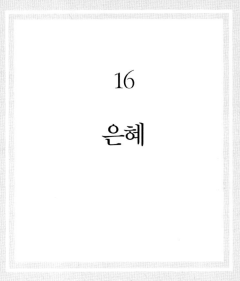

16

은혜

16
은혜

종교개혁에서 결코 빠질 수 없는 구호가 '오직 은혜'다. 오직 은혜는 종교개혁의 유명한 파이브 솔라(Five Sola)가운데 하나다. 라틴어로 '솔라 그라티아'(Sola Gratia)라고 한다. 이 용어는 종교개혁자 마틴 루터가 중세시대 성례를 통한 구원의 미신에서 빠져나오게 한 중요한 교리다. 은혜 교리는 기독교 교리의 핵심이다.

은혜 교리를 바르게 이해하지 못하면 다른 기독교 중심 교리는 다 무너진다. 은혜에 대한 용어의 올바른 이해에 의하여 예정론과 구원론과 하나님의 속성에 대한 교리, 교회론, 종말론 등이 정립되기 때문이다. 이 교리가 왜곡되면 다른 모든 교리도 유기적으로 왜곡된다. 마치 도미노처럼 하나의 도미노가 쓰러지면 다른 모든 도미노가 순차적으로 무너지는 것과 같다. 이 교리는 단순해 보인다. 그러나 이 교리 안에는 수많은 교리들이 집약되어 있다.

놀랍게도 이 용어는 오늘날 한국 교회 안에서 가장 의미 없이 왜곡되어 남발되는 대표적인 용어가 되고 말았다. 상당수 교회에서 농담조로 사용되거나, 교회에서 불편한 상황이 벌어졌을 때 얼렁뚱땅 넘어가자는 의미로 남발한다. 교회에서 예민한 문제로 대립되고 논쟁될 때, 중직자들이 '은혜로 합시다'라고 말하는 것은 이제 너무 흔한 사례다. 그냥 덮고 가자는 말이다. 교회에서 재정적인 문제, 도덕적인 문제, 교리적인 문제로 문제가 되고, 누군가 불편해질 것 같으면 '은혜로 합시다'라는 말로 넘어가려 한다.

뿐만 아니다. 무율법주의자들이 사용하는 전형적인 논리로 사용된다. 구원은 행위로 받는 것이 아니라, 은혜로 받는 것이니 율법적 행위는 더 이상 필요 없다고 한다. 율법을 지키면 율법주의자라고 공격한다.

놀랍게도 사탄은 어느 시대든지 이런 식으로 '은혜'라는 용어가 신자들에게 바르게 알려지지 못하도록 했다. 실제로 이 용어는 어느 시대든지 교회가 타락하고 부주의한 태도를 일관하게 될 때, 예외 없이 무시당한 용어였다. 이 용어가 교회 안에서 이렇게 취급당할 때면 교회는 생명력에 심각한 치명상을 입었다.

성경이 가르치는 '은혜'라는 용어가 의미하는 바는 무엇인가? 은혜는 헬라어로 '카리스'(χάρις)라 한다. 직역하면 '호의', '자비', '선물' 정도로 이해할 수 있다. 성경에서 주로 '거저 주시는 하나님의 선물'로 사용된다.

에베소서 2장 8절을 보자.

"너희는 그 은혜에 의하여 믿음으로 말미암아 구원을 받았으니 이것은 너희에게서 난 것이 아니요 하나님의 선물이라" (엡 2:8)

상당수의 그리스도인들이 염두에 두지 않는 부분이 있다. 은혜가 '거저 주시는 하나님의 선물'이라고 해서 대가 없이 주어진 것은 아니라는 사실이다. 성경이 가르치는 은혜는 대가를 내가 치르지 않았을 뿐이다. 그 대가를 하나님께서 대신 혹독하게 치르셨다. 우리가 치러야 할 대가를 하나님께서 대신 치르시고 우리는 누린다.

그러면 하나님께서 어떤 대가를 치르셨다는 것인가? 죄의 대가다. 죄의 대가는 사망으로 치러야 한다(롬 6:23). 그런데 그 대가를 죽을 수 없는 하나님이 치르실 수 없다. 그래서 성부 하나님은 성자 하나님에게 인간으로 이 땅에 오시도록 하여 죽음으로 죄의 대가를 치르시도록 하셨다.

왜 굳이 예수님께서 대신 대가를 치르시도록 하신 것인가? 그 이유는 우리가 그 대가를 치를 능력이 없기 때문이다. 굳이 우리가 죄의 대가를 치른다면 우리가 죽는 것밖엔 없다. 우리 스스로 죄의 대가를 치르면 지옥의 형벌로 영원히 고통을 받아야 할 뿐이다. 죄의 대가를 다른 사람이 대신 치르려면 그 사람은 자기 죄로 치러야 할 죄가 없어야 한다. 죄 없으신 예수님께서 인류의 죄의 대가를 대신 치르신다. 우리는 이렇게 예수님께서 준비하신 선물을 믿음으로 받는다. 여기서 '오직 믿음'(Sola Fide)이라는 교리가 나온다. 오직 믿음으로만 그리스도께서 대신 지불하신 대가를 우리의 것으로 받을 수 있다. 이렇게 '믿음으로 받은 구원'을 사도 바울은 서신서에서 '은혜'라고 했다. 신약에서 은혜는 단순히 공짜라는 의미가 아니다. '믿음으로 받은 구원'을 지칭하는 용어이다. 그러므로 '은혜'라는 단어 속에서 하나님의 자비와 긍휼의 속성을 발견하게 된다. 하나님은 공의로우심에도 불구하고 죄로 찌든 인간에게 무조건적인 사랑과 자비를 베푸시는 분이시다.

은혜의 교리가 전도에 사용될 때는 아무나 마구잡이로 교회 안에 쓸어 넣는 교리로 이해된다. 복음에 대하여 아무런 관심이 없는 사람들도 선물을 주거나 강요해서라도 교회 안에 끌어들이기 위해 은혜 구원을 말한다. 은혜로 받는 구원이니 교회의 문턱을 최대한 낮춰야 한다, 한 명이라도 더 복음 듣고 세례 받아 구원받도록 해야 한다고 한다.

성경에서 '은혜'는 그런 방식으로 이해될 용어가 아니다. 예수님은 마태복음에서 은혜를 '보화', 혹은 '진주'로 묘사하셨다. 은혜는 간절히 사모하는 자의 몫이라고 가르치셨다(마 13:44-46[112]). 은혜의 복음은 아무에게나 가치 없이 줄 것이 아니라고 하셨다. "거룩한 것을 개에게 주지 말며 너희 진주를 돼지 앞에 던지지 말라 그들이 그것을 발로 밟고 돌이켜 너희를 찢어 상하게 할까 염려하라"(마 7:6)고 하셨다. 구원의 은혜가 공짜인 것은 사실이지만

---

112) "천국은 마치 밭에 감추인 보화와 같으니 사람이 이를 발견한 후 숨겨 두고 기뻐하며 돌아가서 자기의 소유를 다 팔아 그 밭을 사느니라 또 천국은 마치 좋은 진주를 구하는 장사와 같으니 극히 값진 진주 하나를 발견하매 가서 자기의 소유를 다 팔아 그 진주를 사느니라"

그렇다고 해서 가치 없이 줘도 된다는 말은 아니다. 이 둘은 완전히 다른 얘기다.

실제로 예수님은 은혜를 가치를 모르는 개나 돼지 같은 사람들에게 가치 없이 주지 않으셨다. 사도들에게도 전도 파송을 하시면서 "예수께서 이 열둘을 내보내시며 명하여 이르시되 이방인의 길로도 가지 말고 사마리아인의 고을에도 들어가지 말고 오히려 이스라엘 집의 잃어버린 양에게로 가라"(마 10:5-6)고 하셨다. 복음을 진리에 무관심한 영적 이방인이나, 진리를 적당히 혼합하려 하는 영적 사마리아인들에게 전하려 하지 말라는 뜻이다. 제자들이 복음을 전해야 할 대상은 "이스라엘 집의 잃어버린 양"이라 하신다.

이렇게 말하면 누구나 하는 질문이 있다. "그러면 누가 이스라엘 집의 잃어버린 양인지 알 수 있습니까?" 예수님은 이에 대해서도 잘 설명해 주셨다. "회개하라 천국이 가까이 왔다"(마 10:7)고 전하면 반응하는 사람이 있다고 하신다. 십자가를 전하면 반응하는 사람이 있다는 말이다.

그런 사람을 예수님은 "그 중에 합당한 자"(11절)라고 하신다. 이스라엘 집의 잃어버린 양이다. 예수님은 제자들에게 그 합당한 자를 만나면 "머물라"고 하신다. 복음을 가르치라는 말씀이다. 만일 이들이 제자들을 "영접하지도 아니하고 너희 말을 듣지도 아니하거든 그 집이나 성에서 나가 너희 발의 먼지를 떨어 버리라"(마 10:14) 하신다. 굳이 복음을 멸시하는 이방인이나 개나 돼지 같은 사람에게 귀한 복음이 멸시받지 않도록 하라는 뜻이다.

물론 이런 사람들에게도 때를 얻든지 못 얻든지 복음은 계속 전해야 한다. 주님의 가르침은 복음을 전하지만 복음의 진리를 양보하며 낮은 자세로 타협하지 말라는 말이다. 우리는 사도들처럼 온 힘과 기회를 찾아 전도해야 한다. 그렇다고 해서 복음을 듣지 않으려는 사람들을 교회 안에 들어오도록 하기 위해 복음을 타협하고 비위를 맞출 필요는 없다.

또한 오해하지 말아야 할 점은 복음을 전했을 때, 지금 반응하지 않았다고 해서 그가 버림받은 사람이라는 뜻은 아니다. 아직 하나님께서 작정하신 은혜의 때가 아닐 수 있다고 볼 뿐이다. 은혜의 때는 하나님의 선하신 작정 안에 있다. 우리가 억지로 앞당길 수 있는 성질이 아니다. 이 부분을 제대로 이해하지 않으면 극단적인 두 가지 오류에 빠진다.

첫 번째 오류는 전도의 대상자를 쉽게 포기하는 것이다. 이런 태도는 교회 성장을 저해하는 대표적인 원인으로 나타난다. 두 번째는 하나님의 주권을 인정하지 않고 우리 열심을 앞세워 복음에 관심 없는 사람들을 교회당에 채워야 한다는 것이다. 왜냐하면 이들이 언제 구원받을 줄 모르니 일단 복음 듣는 자리에 채워야 한다는 논리다. 이 논리를 받아들이게 되면 교회가 점차 세상에 함락된다.

이런 두 번째 주장을 하는 사람들은 반대쪽도 생각해 보아야 한다. 교회가 존재하는 목적은 세상과 구별됨에 있다는 점이다. 교인들의 수가 늘어나는 것은 좋다. 그러나 많은 교인들을 확보함으로 말미암아 '구별됨'이라는 본질을 교회가 상실한다면 과연 적절한가 생각해 보아야 한다. 성경은 영혼구원이 교회의 거룩을 위해 존재한다고 가르친다. 지나친 전도 지상주의자들은 전도의 목적이 하나님의 영광을 위한 것이라는 사실을 망각하고 있다.

하나님의 영광과 전도를 통한 구원 가운데 무엇이 더 중요한가? 교회는 하나님의 영광을 위해 존재하는가? 아니면 영혼구원을 위해 존재하는가? 교회는 이 두 가지 목적을 충족시키기 위해 존재한다.

이 두 가지 목적에서 더 본질적인 것은 하나님의 영광이다. 하나님께서 인간을 창조하실 때, 인간 창조 자체가 목적이 아니었다. 사람을 통해서 하나님의 영광을 나타내기 위해서였다. 이 사실을 이해한다면 더 이상 논쟁할 것이 없다. 교회는 하나님 영광을 나타내기 위해 전도하는 것일 뿐이다.

어떤 사람은 이런 주장에 대해서도 다음과 같이 반박하고 싶을 것이다. "이렇게 하면 어떤 사람이 교회에 오겠느냐"는 것이다. 전형적인 합리주의적 사고다. 우리는 성경적으로 생각할 수 있어야 한다. 성경이 합리적이지 않다는 말은 아니다. 성경은 합리적이다. 그러나 인간의 합리주의에 부합하는 것은 아니다. 성경은 하나님의 영광을 추구하면 날마다 구원받는 자의 수가 더하여질 것이라고 가르친다. 전도가 먼저가 아니라 하나님의 영광이 먼저다. 이 순서를 준수하면 오늘날 교회 안에 만연한 부작용은 사라진다.

전도(傳道)가 무엇인가? 말 그대로 '도'(십자가의 도)를 전하는 것이다. '도'를 전한다는 말은 하나님의 영광을 나타낸다는 뜻이다. 하나님의 영광을 나타내는 방식은 말로 복음을 전하는 것만이 아니다. 신자가 삶으로 복음을 살아내는 것도 하나님의 영광을 나타내는 방식이다. 복음을 전인격으로 살아내는 것도 전도다. 이 둘은 모두 하나님의 영광을 세상에 증거하는 방식이기 때문이다.

전도는 말로 전하는 것과 아울러 삶으로 복음을 살아내는 것까지 가야 한다. 너무 한쪽으로 치우치지 않도록 해야 한다. 전자로 치우치면 말만 무성한 바리새인이 되고, 후자로 치우치면 자기 수행 종교처럼 보인다. 이 둘이 균형을 잡아야 한다. 그렇게 하려면 교회는 진리의 복음을 열망하는 사람들의 모임이 되어야 한다. 하나님을 사랑하고 이웃을 사랑하는 사람들의 모임이 되어야 한다. 완벽하게 그런 사람들로 구성할 수는 없더라도 그렇게 되도록 힘써야 한다. 이렇게 하나님의 영광이 교회적으로 나타날 때 전도는 가속도가 붙는다. 이러한 사실을 누가는 사도행전 2장 43-47절의 말씀을 통해서 아주 잘 말해준다.

"사람마다 두려워하는데 사도들로 말미암아 기사와 표적이 많이 나타나니 믿는 사람이 다 함께 있어 모든 물건을 서로 통용하고 또 재산과 소유를 팔아 각 사람의 필요를 따라 나눠 주며 날마다 마음을 같이하여 성전에 모이기를 힘쓰고 집에서 떡을 떼며 기쁨과 순전한 마음으로 음식을 먹고 하나님을 찬미하며 또 온 백성에게 칭송을 받 으니 주께서 구원 받는 사람을 날마다 더하게 하시니라"

말과 삶을 통해 하나님 영광이 나타나면 각 사람에게 '은혜'가 임한다. 신자들의 삶을 보고 복음의 도에 귀를 기울인다. 혹은 복음의 도를 보고 신자들의 삶을 이해하게 된다. 이런 과정을 통해 복음이 확산된다.

'믿음으로 얻는 구원'은 이렇게 하나님 영광이 나타날 때 주어진다. 그러나 은혜는 쉽게 주어지지 않는다. 하나님은 사람들에게 은혜의 가치를 알도록 하기 위해 은혜가 가볍게 주어지지 않도록 하셨다. '구하고', '찾고', '두드리라'는 방식을 통해서 은혜를 주신다. 주님은 "내가 또 너희에게 이르노니 구하라 그러면 너희에게 주실 것이요 찾으라 그러면 찾아낼 것이요 문을 두드리라 그러면 너희에게 열릴 것"(눅 11:9)이라고 하셨다.

그리고 우리에게 은혜를 명확하게 약속하신다. "너희가 악할지라도 좋은 것을 자식에게 줄 줄 알거든 하물며 너희 하늘 아버지께서 구하는 자에게 성령을 주시지 않겠느냐"(눅 11:13)고 말이다.

성령을 주신다는 말이 무엇인가? 믿음으로 얻는 구원, 은혜를 뜻한다. 하나님은 이렇게 은혜를 공짜로 주시지만, 가치 없이 주어지지는 않도록 하셨다. 예수님은 제자들에게 "거룩한 것을 개에게 주지 말며 너희 진주를 돼지 앞에 던지지 말라 그들이 그것을 발로 밟고 돌이켜 너희를 찢어 상하게 할까 염려하라"(마 7:6)고 하셨다.

은혜의 가치에 대한 인식 문제는 이미 구원을 받았다고 생각하는 사람들에게도 적용된다. 히브리서 기자는 이미 믿음을 가졌다고 생각하고, 하늘의 은총을 맛본 사람들 가운데 시간이 지나면서 은혜를 가치 없이 취급하는 사람들을 향하여 다음과 같이 충격적인 경고를 한다.

"한 번 빛을 받고 하늘의 은사를 맛보고 성령에 참여한 바 되고 하나님의 선한 말씀과 내세의 능력을 맛보고도 타락한 자들은 다시 새롭게 하여 회개하게 할 수 없나니 이는 그들이 하나님의 아들을 다시 십자가에 못 박아 드러내 놓고 욕되게 함이라" (히 6:4-6)

이런 성경의 관점에서 우리는 은혜와 가치의 상관관계를 크게 두 가지로 이해할 수 있다.

첫째, 은혜가 거저 주어지는 것이지만, 그렇다고 해서 가치를 모르는 상태로 사람들에게 주어지지 않는다는 것. 둘째, 은혜를 이미 받았다고 하지만 만일 그 사람이 삶 속에서 은혜를 가치 없이 취급한다면 그는 참된 은혜를 받은 것이 아니라는 것이다.

어떻게 이런 논리가 가능한가? 그 이유는 하나님께서 한 사람을 구원으로 초청하실 때, 은혜의 가치를 알게 하시는 것으로부터 먼저 시작하기 때문이다.

존 번연의 『천로역정』은 이를 잘 설명해 준다. 여기서 한 남자는 은혜로 구원 얻기 전에 말씀으로 자신의 죄짐을 자각하게 된다. 이로 인해 그 남자는 십자가의 은혜를 소망하며 바라보는 것에서 순례를 시작하게 된다. 이 남자의 본래 이름은 '은혜 없음'이었다. 그에게 은혜가 없을 때는 은혜의 가치를 알지 못했다. 그런데 그가 은혜를 받자 은혜의 가치를 알기 시작했다.

은혜의 가치를 알기 시작하자 그는 어떻게 하든지 은혜를 받기 위해 노심초사한다. 그의 열망은 한 전도자의 말에 귀를 기울이게 만들었다. 전도자는 그를 향하여 "좁은 문이 보이냐"고 묻는다. 그 남자에겐 좁은 문이 보이지 않았다. 그러자 전도자는 다시 "저기 빛이 보이느냐"고 물었다. 빛은 보인다고 하자 그 빛을 따라가라고 한다. 은혜에 목마른 그 남자는 전도자의 말을 듣자마자 주변의 저항을 물리치고 그 빛을 향해 달려갔다. 그리고 그 순간부터 그의 이름은 '크리스천'으로 바뀐다.

여기서 번연이 이 남자의 이름을 크리스천으로 바꾸어 언급한 데는 이유가 있다. 그가 십자가 앞에서 죄짐이 떨어지기 전까지 구하고, 찾고, 두드리는 사람이 되었기 때문이다. 신자는 이렇게 '주의 이름을 간절히 부르는 가운데' 은혜를 받게 된다.

이런 예는 거지 소경 바디매오나 가나안 여인에게서도 쉽게 발견할 수 있다. 그들은 예수님께 은혜를 입기 위해 "다윗의 자손 예수시여 나를 불쌍히 여기소서"(마 15:22; 막 10:47)라고 외친다. 주님을 향하여 구하고, 찾고, 두드리는 일을 계속 반복하지만 예수님은 쉽게 반응하지 않으신다. 도리어 그들이 제자들이나 주변 사람들에 의해 멸시와 거센 저항에 부딪히더라도 모르는 척 하신다. 그럼에도 불구하고 끝까지 인내하며 주님을 붙들 때 비로소 주님은 "네 믿음이 너를 구원하였느니라"(마 15:28; 막 10:52)고 선언을 하신다. 여기서 '믿음으로 얻는 구원'이 어떤 사람들에게 주어지는지 알 수 있다.

하나님은 구원을 주시기 전에, 먼저 구원의 가치를 알게 하신다. 밭에 감춰진 보화나 값진 진주처럼 알아보게 하신다. 자기의 모든 소유를 다 팔아 그것을 소유할 마음을 품게 하시고 구원을 받게 하신다. 이렇게 믿음으로 구원 얻는 것을 바울은 '은혜'라고 정의한 것이다.

성경을 바르게 이해했다면 은혜 받은 사람은 결코 그 은혜를 가치 없이 취급할 수 없다는 사실을 알게 된다. 그는 이 세상의 무엇과도 그 은혜와 바꾸려 하지 않는다. 일평생 순례자의 삶을 완주하게 된다. 중도에 포기하지 않는다. 따라서 히브리서 기자가 언급한 "한 번 빛을 받고 하늘의 은사를 맛보고 성령에 참여한 바 되고 하나님의 선한 말씀과 내세의 능력을 맛보고도 타락한 자들"은 은혜의 가치를 알지 못한 사람들이라고 볼 수 있다. 존 오웬은 이런 현상을 '배도'라고 규정했다.[113]

---

113) 존 오웬, 『왜 그들은 복음을 배반하는가』, 안보헌 역 (생명의 말씀사, 1997), 38.

문제는 오늘날 상당수의 교회들이 은혜의 가치를 충분히 납득할 기회도 없이 새로 들어온 교인들을 참 신자의 범주로 선언한다는 것이다. 이런 태도는 예수님께서 가나안 여인이나 열두 해 동안 혈루증을 앓다가 구원받은 사람에게 어렵게 선언했던 태도와는 대조적이다. 그 결과 포스트모더니즘(Postmodernism)이 팽배한 이 시대에 배도가 만연하게 되었다.

반드시 잊지 말아야 할 것은 진정한 은혜를 받은 사람은 그것으로 만족하며 방탕한 삶을 살 수 없다는 점이다. 참된 은혜를 받은 사람은 "심령이 가난한 자"다. 예수님은 "천국이 그들의 것"이라고 분명하게 가르치셨다(마 5:3). 이렇게 심령의 가난함은 자동적으로 그 은혜의 소멸을 두려워하며 은혜의 완성을 사모하며 살게 된다.

다윗의 범죄 사건은 이런 관점을 아주 잘 보여 준다. 성경에서 다윗은 우리아의 아내 밧세바를 범한 후에 나단 선지자의 질책을 받자, 즉시 회개했다. 다윗의 회개하는 모습은 시편 51편에 아주 잘 묘사되어 있다. 그의 은혜에 대한 가치 인식을 확인할 수 있다.

"주의 얼굴을 내 죄에서 돌이키시고 내 모든 죄악을 지워 주소서 하나님이여 내 속에 정한 마음을 창조하시고 내 안에 정직한 영을 새롭게 하소서 나를 주 앞에서 쫓아내지 마시며 주의 성령을 내게서 거두지 마소서" (시 51:9-11)

다윗이 두려워했던 것은 하나님의 크고 두려운 징계가 아니었다. 하나님의 은혜가 자신에게서 떠나는 것이었다. 이것이 은혜를 맛본 신자의 반응이다.

은혜는 부흥회에 참석해서 어쩌다가 한번 받으면 끝나는 문제가 아니다. 또 은혜에 대한 아무런 가치를 알지도 못하는 가운데 은혜를 받는 것도 자랑할 것이 되지 못한다.

정상적인 성령의 역사는 은혜의 가치를 모르는 자에게, 은혜의 가치를 깨닫게 하는 것에서부터 시작된다. 그리고 그 가치를 열망하며 간절히 구하는 가운데 은혜를 받게 하신다. 그 다음 성령은 우리로 하여금 은혜의 소중함을 더 절실히 느끼며 은혜의 온전함을 바라보게 하신다. 그리고 일평생 은혜의 충만함을 추구하며 선한 경주의 삶을 살게 하신다.

은혜 아래 있는 사람이 무율법주의를 생각할 수 없다. 은혜 아래 있다고 하면서 세상 사람들과 구별됨 없는 삶을 아무렇지도 않게 살아갈 수 없다. 뿐만 아니라 율법으로 의로워지려는 태도도 견지할 수 없다. 왜냐하면 은혜는 우리로 하여금 율법으로 의로워질 수 없다는 것을 깨닫게 하고, 하나님의 은혜만을 구해야 한다는 것을 자각하는 가운데서 받게 된다. 은혜 안에 들어가서는 율법을 즐거이 추구함을 통해서 은혜의 완성을 소망하도록 만들기 때문이다.

☞ 은혜의 정의

은혜란 하나님의 값없이 주시는 선물이다. 그러나 그 선물은 아무에게
나 주어지지 않고 간절히 구하고, 찾고, 두드리는 자에게 주신다.

예배는 개념이다

17

십일조

17
십일조

십일조 문제는 어느 시대든지 많은 기독교인들이나 기독교에 입문하고자 하는 사람들에게 뜨거운 감자처럼 여겨진 항목 가운데 하나다. 세상을 살아가는 가운데 재물은 우리의 생존과 직결된 대상이기 때문이다. 성경에서 재물은 종종 사람이 하나님보다 더 사랑하는 주인이나 우상으로 지적된다. 예수님은 "너희가 하나님과 재물을 겸하여 섬기지 못하느니라"(마 6:24)고 하셨고, "보물이 있는 곳에는 네 마음도 있느니라"(마 6:21)고 하셨다.

이와 관련하여 기독교 안에서는 십일조가 성경적인가 비성경적인가의 문제로 논란이 많다. 자주 그랬던 것처럼 이 문제의 본질은 성경적인가의 문제보다는 다른 어떤 동기가 작용한 것이 아닌지 합리적으로 의심스럽다. 마치 술 마시는 것을 원하는 사람이 술 마시는 것이 성경적이냐 아니냐를 묻거나, 낙태를 원하는 사람이 낙태가 성경적이냐 아니냐를 묻는 것과 같다. 이들의 공통점은 순수하게 성경적 타당성을 알고 싶어서가 아니다. 성경적으로 자기 불경건을 합리화하고 싶기 때문이다. 만일 그런 의도가 아니라고 한다면 어린아이와 같은 심정으로 십일조 문제에 대해 고민해 보길 바란다.

상당수의 교인들에게 십일조 생활은 다른 어떤 요구사항보다 신앙생활의 큰 걸림돌로 작용한다. 수입이 적은 사람에게 십일조는 그다지 큰 걸림돌이 아닐 수 있다. 그러나 매달 수십 억을 주무르는 사람에게 십일조는 쉬운 문제가 아니다. 가히 "낙타가 바늘귀로 들어가는 것이 부자가 하나님의 나라에 들어가는 것보다 더 쉬우니라"(마 19:24)고 하신 말씀이 이들에게 적용될 것이다. 이런 문제로 고민하는 사람들에게 십일조 무용론은 아마도 복음처럼 여겨질 수 있다.

물론 신약적 관점에서 오늘날 십일조가 성경적으로 정당하냐는 질문을 던지게 된 데에는 몇몇 욕심 많은 목회자들의 탐욕적 악용이 큰 몫을 차지한다는 점을 부정할 수 없다. 이들은 십일조의 신학적 개념도 알지 못하면서 교인들의 욕심을 자극하여 십일조를 하도록 독려한다. 혹은 미신적으로 협박하거나 연약한 양심을 자극하기 위해 십일조에 대한 가르침을 악용하기도 했다. 그 결과, 시험에 빠진 교인들이 속출했다. 어떤 교인들은 종교적 사행심에 빠져서 살기도 했다. 이들이 회중들의 사행심을 충동질하여 돈주머니를 털기 위해 상습적으로 악용한 대표적 성경 구절은 말라기 3장 8, 10절이다.

"사람이 어찌 하나님의 것을 도적질하겠느냐 그러나 너희는 나의 것을 도적질하고도 말하기를 우리가 어떻게 주의 것을 도적질하였나이까 하도다 이는 곧 십일조와 헌물이라" (말 3:8)

"만군의 여호와가 이르노라 너희의 온전한 십일조를 창고에 들여 나의 집에 양식이 있게 하고 그것으로 나를 시험하여 내가 하늘 문을 열고 너희에게 복을 쌓을 곳이 없도록 붓지 아니하나 보라" (말 3:10)

이들은 말 3장 8절의 말씀을 통해서 회중들의 양심을 향하여 십일조를 하지 않는 것은 "하나님의 것을 도적질"하는 것이라고 질책한다. 이렇게 성경에 문자적으로 명확하게 언급된 말씀으로 회중들의 양심을 질책하면, 순진한 회중은 분명히 양심의 큰 가책을 느낀다. 이렇게 양심을 자극한 후에 두 번째 성경 구절(10절)을 통해 카운터펀치를 날린다.

첫 번째 성경 구절을 통해서 회중의 양심을 질책한 설교자는 두 번째 성경구절을 통해 회중들의 욕심을 자극한다. 한편으로는 협박이고, 다른 한편으로는 욕심을 자극한다. 여기에 청산유수와 같은 말솜씨로 십일조를 하지 않은 사람이 어떻게 폭삭 망했는지, 또 십일조를 해서 기적적으로 얼마나 큰 부자가 되었는지 감동 예화를 내놓으면 사람들은 돈주머니를 거침없이 연다.

문제는 하나님께 대한 믿음과 사랑 때문이 아니라는 데 있다. 심판에 대한 두려움과 욕심으로 헌금했다는 데 있다. 이렇게 믿음으로 하지 않은 헌금행위는 십일조를 하지 않은 행위 못지않은 죄일 뿐이다(롬 14:23[114]).

---

114) "의심하고 먹는 자는 정죄되었나니 이는 믿음을 따라 하지 아니하였기 때문이라 믿음을 따라 하지 아니하는 것은 다 죄니라"

이런 자들을 향하여 떠올리게 되는 성경 구절은 에스겔 34장 2절의 말씀이다.

"인자야 너는 이스라엘 목자들을 쳐서 예언하라 그들 곧 목자들에게 예언하여 이르기를 주 여호와의 말씀에 자기만 먹이는 이스라엘 목자들은 화 있을진저 목자들이 양의 무리를 먹이는 것이 마땅치 아니하냐" (겔 34:2)

이렇게 극악한 방식으로 헌금을 강요하는 폐단은 성경적으로 정당한 헌금 설교를 오해하게 만드는 선입견을 만들었다. 설교자가 반드시 가르쳐야만 하는 성경적인 십일조나 헌금생활을 설교하면 색안경을 쓰고 귀담아듣지도 않는다. 앞뒤 보지 않고 돈 밝히는 목사로 매도된다.

이런 부작용은 교회들로 하여금 또 다른 극단으로 향하게 하였다. 성경적 타당성 여부를 떠나 십일조 폐지론을 설교하는 설교자는 욕심 없는 사람이요, 깨어 있는 목사라는 등식이 생겼다. 탐욕적인 설교자들에게 진절머리가 난 교인들에게 십일조 폐지론을 주장하는 가르침은 신선한 충격을 주기에 충분했다. 이런 태도는 또 다른 극단을 향한 '비약'(leap)일 뿐이다.

흥미롭게도 십일조 폐지론을 주장하는 상당수의 목회자들은 주로 우리 개혁파 진영이다. 때문에 십일조 폐지론은 회중들에게 더 설득력이 강하고 파급력 또한 강하다. 개혁파 목회자들은 비교적 다른 진영의 목회자들보다 더 신학적이고 논리적으로 주장하기 때문이다. 거기에다 헌금에 의한 피해

의식이 강한 작금의 교회는 정서적으로도 십일조 폐지론을 수용하기에 너무도 좋은 토양을 구비한 상태에 있다.

　그러면 십일조 폐지론이 어떤 논리로 설득하는지 먼저 살펴보자. 첫 번째는 신약 성경 어디에도 십일조를 해야 한다는 가르침이 없다는 점이다. 두 번째는 십일조 제도가 율법에 속한 것이라고 주장한다. 율법의 폐지와 아울러 십일조도 폐지된 것으로 보아야 한다는 논리다. 마지막 세 번째 논리는 전 세계 기독교 국가들의 상당수 교회들이 십일조를 폐지했다는 점이다. 그들은 아직까지도 십일조를 강조하는 교회는 한국 교회밖엔 없다고 한다. 이것이 대략 십일조 폐지를 주장하는 분들의 일반적인 논리이다. 이 외에 더 있지만 이 정도만 언급하겠다.

　이런 가르침은 헌금만 강요하는 교회의 타락에 상처받았던 상당수의 사람들에겐 신선하고 양심적인 가르침으로 보인다. 반대로 이 주장을 반박하고 공격하는 사람은 탐욕스러운 목회자로 비칠 공산이 크다. 이미 그런 프레임으로 보는 사람들이 적지 않다.

　그러나 우리는 이런 가르침이 사람들의 칭찬과 박수를 받기 원하는 종교적 포퓰리즘(Populism/인기영합주의)이 아닐지 생각해 보아야 한다. 사람들이 좋아한다고 해서 과연 하나님도 기뻐하시는 가르침일지 생각해 보아야 한다.

십일조 하면 복 받는다는 논리로 십일조를 강요한 것이 회중들의 욕심을 자극한 것이라면, 십일조 폐지론도 회중들의 돈에 대한 인색한 욕심을 자극하고 있다는 점을 염두에 두어야 한다. 양상은 다르지만 회중의 돈에 대한 욕심을 자극하고 있다는 차원에서 원리상 다르지 않다. 전자나 후자의 주장은 원리상 같지만, 양태만 다른 극단적 오류로 보아야 한다. 이는 마치 영지주의자들이 구원을 받기 위해 극단적 금욕주의를 추구했던 것과 아울러 극단적 방종을 추구했던 것과 흡사하다. 균형을 상실한 접근이다.

그렇다면 우리는 어찌하여 십일조 폐지론을 문제 삼아야 하는지, 반대로 십일조 존치론(存置論)에 손을 들어 주어야 하는지 생각해 보자. 지면 관계상 십일조 폐지론을 꼼꼼하게 비판하기는 어렵다. 앞에서 언급한 조항만을 간략하게 비판해 보겠다.

첫 번째로, 십일조 문제를 신약 성경이 언급하고 있지 않다는 점을 살펴보자. 신약 성경은 애석하게도 십일조를 해야 하는지, 하지 않아도 되는지 구체적으로 언급하고 있지 않다. 이 사실이 십일조 폐지를 의미한다고 보는 것은 너무 성급하다. 일단 이 사실은 십일조 폐지나 존속, 어느 것도 의미하지 않는다는 차원에서 접근해야 한다. 도리어 십일조 문제를 신약 성경이 언급하지 않는다는 점은 폐지보다는 존속에 더 무게가 실린다고 보아야 한다.

신약 성경이 주로 언급한 점은 기존 유대인들이 당연하다고 여겼던 율법에 대한 이해 차이로 인한 논란을 다루고 있기 때문이다. 이런 차원에서 유대인들이 당연한 것으로 여겼던 십일조 행위를 기독교인들이 거부했다면 교회는 이 문제를 문제시했을 것이다. 우리가 지금 십일조 존속이냐 폐지냐 논쟁했던 것처럼 말이다. 그런데 신약은 십일조 존폐 문제에 대해 어떤 언급도 하지 않았다. 그렇다면 십일조 항목을 부정했다는 쪽보다는 긍정했다는 쪽으로 이해하는 것이 더 자연스럽지 않은가? 우리가 잘 아는 것처럼 침묵은 도리어 긍정으로 보는 것이 타당하다.

두 번째로, 십일조는 율법 폐기와 관련하여 보아야 한다는 주장을 생각해보자. 이 주장은 더 설득력이 없다. 이 주장은 율법을 반만 알고 반은 모르는 주장이다. 엄밀한 의미에서 예수님의 오심은 율법을 폐기하시기 위해서가 아니었다. 완성을 위해서였다. 구약의 모든 율법은 그리스도 안에서 완성된 것이다. 마태복음 5장 17절을 보자.

"내가 율법이나 선지자나 폐하러 온 줄로 생각지 말라 폐하러 온 것이 아니요
완전케 하려 함이로다" (마 5:17)

뿐만 아니라 율법의 형식도 모두 다 폐지된 것은 아니다. 정신을 담기 위해 형식이 존속된 것도 많다.

그 개념 가운데 하나가 주일성수와 세례다. 물론 주일성수를 안식일과 같은 방식으로 이해하자는 것은 아니다. 그러나 안식일의 완성이라는 정신을

담기 위해 예수님께서 부활하신 안식 후 첫 날인 일요일을 주일로 지킨다. 일주일 가운데 하루를 주님께 온전히 예배하는 날을 가짐으로써 우리는 나머지 6일의 삶 전체를 주님의 날이라고 고백한다. 이 고백이 없다면 신앙의 내용을 담을 수 없다.

또 예수님은 할례(정결예식)의 정신을 보존하기 위해 세례예식을 거행하게 하셨다. 물론 신약의 교회는 이러한 주일성수나 세례, 혹은 성찬식을 율법적으로 추구하지 않는다. 이 형식을 우리 그리스도인들은 유대인들처럼 율법을 지키듯 하지 않는다. 신약에서 절대적으로 추구하는 것은 정신(spirit)이지 형식 자체는 아니다.

그러나 신약의 교회는 이 형식을 그릇으로 삼아 복음의 정신을 담아낸다는 차원에서 형식을 소중히 여긴다. 마치 그릇에 담긴 음식을 소중히 여기기 때문에 그릇을 깨뜨리지 않으려고 조심하는 것과 같다. 복음의 정신을 가지고 있다면 그 정신을 담고 있는 그릇을 중요시 여기는 것은 당연하다. 왜냐하면 그릇이 깨지면 내용이 다 흩어지기 때문이다. 신약 교회는 이처럼 형식을 절대시하지 않지만, 형식 없이 절대적인 내용인 복음의 정신을 보존할 수 없다고 생각한다. 만일 그릇을 율법이라고 정죄하면, 그 내용물은 머지않아 사라지게 될 것이다. 그릇 없이 내용물을 소중히 지켜낼 수 있다는 말은 논리적 궤변이다.

마찬가지로 기독교는 십일조라는 형식을 절대적인 것으로 여기지 않지만, 십일조 정신을 가지고 있는 사람은 그 정신을 보존하고 구현하기 위해 그 형식을 중요시 여길 수밖에 없다.

그러면 십일조 정신이 무엇인가?

자신에게 주어진 모든 재물이 하나님의 것임을 인정하는 청지기적 태도다. 이 정신은 십일조라는 형식(그릇)을 통해 고백되며 보존된다. 십일조가 궁극적으로 목표하는 것은 재물에 대한 우리의 신앙고백을 담는 것이다. 재물보다 하나님을 더 사랑한다는 고백의 의미를 담는다. 이러한 점을 아주 잘 가르치고 있는 성경 구절이 마태복음 23장 23절의 말씀이다.

"화 있을진저 외식하는 서기관들과 바리새인들이여 너희가 박하와 회향과 근채의 십일조는 드리되 율법의 더 중한 바 정의와 긍휼과 믿음은 버렸도다 그러나 이것도 행하고 저것도 버리지 말아야 할지니라" (마 23:23)

이 말씀은 주님께서 외식하는 서기관들과 바리새인들의 십일조 행위에 대한 책망이다. 예수님은 서기관들과 바리새인들을 향해 책망하시지만, 십일조의 폐지를 암시하지 않는다는 점이 흥미롭다. 주님께서 서기관과 바리새인들을 혐오하신 것은 그들의 십일조 행위가 아니었다. 그들이 십일조라는 그릇만 들고 있을 뿐, 거기에 정신(정의와 긍휼과 믿음)을 담지 않고 버렸다는 점을 혐오하신 것이다. 주님은 그들의 행위를 부정하고 있지 않다. 도리어 "이것도 행하라" 하신다. 이로써 십일조 드리는 행위를 분명히 긍정하고 계신다.

이런 주장을 하면, 어떤 사람은 예수님의 이런 가르침이 아직 부활과 승천 이전의 가르침이라고 반박한다. 그러나 예수님의 공생애 가르침을 보면 이런 반박은 나올 수 없다. 예수님은 공생애 기간 동안에도 율법의 폐지를 주장하시는 태도를 적극적으로 견지하셨기 때문이다. 예를 들어 주님은 공생애 기간 동안에 안식일에 일을 하심으로 형식적 안식일의 폐지 의지를 드러내셨다. 또 성전을 정화하시면서 성전을 헐라는 선언을 통해 눈에 보이는 성전 폐지를 말씀하셨다. 뿐만 아니다. 유월절에 성찬을 집례하시면서 유월절 폐지를 선언하셨다. 이렇게 하심으로 제자들에게 이미 율법이 어떤 식으로 폐지되는지 가르치셨던 것이다.

그러나 십일조에 대해서는 주님의 이런 부정적인 태도를 찾아볼 수 없다. 도리어 "이것도 행하고 저것도 버리지 말아야 할지니라"고 하셨다. 사도들도 십일조에 대하여 어떤 부정적인 언급을 한 흔적이 없다.

세 번째로, 다른 서방 기독교 국가들이 십일조를 폐지했기 때문에 한국 교회도 십일조를 폐지하는 것이 정당하다는 주장을 생각해 보자. 이 주장은 논리적으로 더욱 정당성을 찾을 수 없다. 여기엔 몇 가지 이유가 있다.

첫째, 다수가 옳다고 주장한다고 해서 반드시 옳은 것은 아니다. 우리가 잘 아는 것처럼 성경이나 교회사는 다수의 주장이 항상 하나님의 뜻이라고 언급하지 않는다. 이런 주장은 전형적인 인본주의적 태도일 뿐이다. 성경과 교회사는 하나님의 뜻을 따르는 사람들이 항상 소수였고, 외로운 싸움을 하는 사람들이라는 점을 상기시킨다. 역대기를 보면 미가야나 예레미야는 다수의 거짓 선지자들 가운데 혼자 하나님의 뜻을 증거하는 외로운 투쟁을 해야 했다. 예수님이 수난당할 당시도 예수님을 십자가에 못 박으라는 사람들은 다수였고, 예수님을 지지하는 사람들은 지극히 적은 소수였다. 우리나라 역사에서도 임진왜란을 지켜내기 위해 올바른 판단을 했던 사람은 지극히 적은 소수였다.

둘째, 서방 기독교 국가들이 십일조 폐지를 주장한 이유가 신학적이지 않다는 점이다. 이들이 십일조 폐지를 주장한 논리적 근거는 정치적인 이유 때문이었다. 십일조를 폐지한 국가들은 대부분 교회 재정을 국가가 관할한다. 교회 재정을 국가가 관할한다고 하면 굳이 목회자의 생활비와 교회 운영을 위해 십일조가 필요할 이유가 없다. 십일조는 개교회가 독립적으로 교회를 유지하기 위한 재정 공급 통로이기 때문이다. 만일 교회 재정을 정부에서 주도하거나, 혹은 천주교처럼 중앙에서 주도하지 않는다면 목회자의 생활비와 교회 운영과 예배당 건물 유지는 어떻게 할지 산술적으로 생각해 보라. 이것은 상식에 대한 호소다. 애석하게도 십일조 폐지를 받아들인 교회들은 담임 목회자가 자기 생계 유지를 위해 또 다른 직업을 갖는 경우가 많다. 그 결과 목회자는 목회에만 집중하지 못한다. 높은 수준의 설교, 성도들을 향한 세심한 상담, 많은 독서는 기대할 수 없다. 그렇다면 교회는 자동적으로 무너질 수밖에 없다.

사도행전 6장은 이 사실을 아주 잘 보여 준다. 초대교회에서도 사도들이 기도와 말씀에 전무하지 못함으로 말미암아 교회에 큰 문제가 발생했다. 그래서 사도들이 반성하며 했던 말이 무엇인가? "우리는 오로지 기도하는 일과 말씀 사역에 힘쓰리라"(행 6:4)는 것이었다. 교회는 목회자가 오로지 기도하는 일과 말씀 사역에 전무하도록 하기 위해 초대교회 때부터 생활비를 제공했다. 바울도 "일꾼이 그 삯을 받는 것이 마땅하다"(딤전 5:18)고 분명하게 가르친다. 이 모든 것이 가능하기 위해서 십일조는 필수적이다. 이런 사실을 염두에 두지 않고 서구 교회의 외적 모습만 모방한다면 교회는 스스로 무너지게 된다.

이런 주장에 대한 반박으로 꼭 나오는 주장이 있다. 그것은 바울이 자비량(自費量)으로 목회를 했다는 것이다. 그러나 바울의 이런 사역은 특수한 경우였다. 보편적 경우는 아니다. 바울은 모두가 자기를 따라야 한다고 가르치지 않았다. 바울이 자비량 사역을 견지할 수밖에 없었던 사역적 전략 때문이었다. 바울은 당시 그리스를 비롯한 소아시아 지역에 흔했던 지식 장사꾼들(돈 받고 지식을 파는 소피스트)처럼 오해를 받지 않기 위한 선택이었다. 바울은 목회자가 교회에서 생활비 지급을 받는 것이 정당하다는 사실을 여러 번 주장했다. "수고하는 농부가 곡식을 먼저 받는 것이 마땅하니라"(딤후 2:6)고 주장했고, 또 "누가 자기 비용으로 군 복무를 하겠느냐"(고전 9:7)고 까지 했다. 더 나아가 "성전의 일을 하는 이들은 성전에서 나는 것을 먹으며 제단에서 섬기는 이들은 제단과 함께 나누는 것을 너희가 알지 못하느냐"(고전 9:13)고 반문한다. 그럼에도 불구하고 바울은 자비량 선교를 하는 이유를 "우리가 이 권리를 쓰지 아니하고 범사에 참는 것은 그리스도의 복음에 아무 장애가 없게 하려 함"(고전 9:12)이라고 설명한다.

이제 마지막으로 부흥강사들이 십일조를 강요하기 위해 주로 악용하는 말라기 말씀을 살펴보자. 먼저 말라기 3장 8절을 보면 "사람이 어찌 하나님의 것을 도둑질하겠느냐 그러나 너희는 나의 것을 도둑질 하고도 말하기를 우리가 어떻게 주의 것을 도둑질하였나이까 하는도다 이는 곧 십일조와 봉헌물이라"는 질책이 나온다. 여기서 하나님께서 이스라엘 백성들에게 질책하시는 문제는 "십일조"만이 아니다. "봉헌물"이었다.

누구나 잘 아는 것처럼 "십일조"는 자기 소득의 십분의 일을 성전에 바치는 것이다. 그리고 "봉헌물"은 제사장들과 레위인들의 생계를 위해 희생제물의 일부를 따로 떼어놓는 것을 말한다. 이 제물들은 모두 성전 제사를 유지하도록 하기 위한 하나님의 명령이었다.

성전 제사를 신약적 관점으로 말한다면 '하나님 나라 건설'이라고 할 수 있다. 다시 말한다면 이 말씀은 신자가 하나님 나라 건설을 위해 어떻게 헌신되어야 할 것인지를 명령하는 예표다. 그런데 말라기에서는 이스라엘 백성들이 십일조를 제대로 드리지 않아 책망을 들었다.

이것을 신약 관점에서 어떻게 이해해야 하겠는가? 부흥강사들이 흔히 하는 말처럼 십일조를 한 푼도 도둑질하지 말고 잘 바치자고 해야 하는가? 그렇다면 십일조 잘 드리면 나머지 십의 구조는 내 악한 의도대로 다 사용해도 상관없다는 뜻인가? 아니다. 이 말씀을 우리 시대에 적용한다면, 우리가 십일조를 바르게 드림으로 우리 모든 재물을 하나님 나라 건설을 위해 올바로 사용하겠다고 고백하는 것이어야 한다.

신약 관점에서 볼 때, 십일조 도둑은 십일조를 인색하게 하는 사람이 아니다. 십일조는 드리지만 나머지 9/10를 하나님의 뜻이 아닌, 자신의 욕심과 만족을 위해 사용하는 사람이다. 바울의 지적처럼 신약의 교회는 "먹든지 마시든지 무엇을 하든지 하나님의 영광을 위해" 해야 한다. 그렇지 않으면 "주의 것을 도적질"하는 것이다.

애석하게도 오늘날 기독교인들은 하나님께서 공급해 주신 재물로 불법한 일과 불의한 일과 더 나아가 하나님을 대적하는 일에 사용한다. 그러면서 "우리가 어떻게 주의 것을 도적질하였나이까"라는 뻔뻔한 태도를 견지한다. 이런 태도 때문에 가정과 교회와 나라가 무너지고 있다. 그러므로 말라기 9절의 표현처럼 "너희 곧 온 나라가 나의 것을 도둑질 하였으므로 너희가 저주를 받았느니라"는 말씀이 이 나라에 그대로 성취되고 있다.

다음으로 10절의 말씀을 보자. 하나님께서는 "너희의 온전한 십일조를 창고에 들여 나의 집에 양식이 있게 하고 그것으로 나를 시험하여 내가 하늘 문을 열고 너희에게 복을 쌓을 곳이 없도록 붓지 아니하나 보라"고 하신다. 이것은 십일조만 잘하면 복을 받는다는 말씀이 아니다.

십일조 드림은 물론이고, 그 십일조의 정신에 부합한 태도로 재물을 사용한다면 하나님은 "내가 하늘 문을 열고 너희에게 복을 쌓을 곳이 없도록 붓지 아니하나 보라"고 장담하신다. 단순히 십일조만 하면 된다는 얘기가 아니다. 신약의 교회는 십일조의 정신을 따름으로 이 언약의 성취를 기대해야만 한다. 우리의 모든 재물은 오로지 하나님을 사랑하고, 이웃을 사랑하는 데 사용되어야 한다는 말이다.

요즘처럼 황금만능주의에 빠진 한국 사회는 이 부분의 개혁이 필요하다. 한국 사회의 부패와 타락 원인은 하나님께서 부어주신 재물을 하나님과 이웃 사랑을 위해 사용하지 않은 데 있다. 이 죄에 대한 반성은 십일조를 하나님께 드리는 고백에서 시작해야 한다. 교회에 십일조를 바치는 데 인색한 사람이, 삶의 모든 영역에서 하나님과 이웃을 사랑하는 태도로 자신에게 주어진 재물을 사용한다고 말하는 것은 지독한 위선이다. 그릇 없이 물을 담을 수 있다고 주장하거나, 풍선 없이 헬륨 가스를 가지고 다닐 수 있다고 말하는 궤변이다. 돈이 아깝고 인색한 마음을 이런 교묘한 신학적 논리로 감출 뿐이다.

☞ 십일조의 정의

십일조란 자신의 모든 재물이 하나님의 은혜로 주어진 것이므로 이 모든 재물을 하나님의 뜻대로 사용하겠다는 반복적 고백 행위이다.

예배는 개념이다

18

성전, 교회,
그리고 천국

18
성전, 교회, 그리고 천국

성경에는 동의어로 사용되는 용어들이 많다. 개념은 같지만 다른 용어로 사용하는 경우가 많다. 예를 들어서 바울은 '믿음으로 받은 구원'을 '은혜'라는 용어로 사용하곤 한다. 물론 문맥에 따라서 은혜는 다른 개념을 내포한다. 그럼에도 불구하고 바울이 은혜를 믿음으로 받은 구원과 동의어로 사용하는 것은 구원이 가지고 있는 어떤 특성을 수신자들에게 인식시키기 위해서다. '구원'이라는 용어를 '은혜'로 대치하면 구원이 가지고 있는 은혜성이 더 선명하게 전달된다.

마찬가지로 성전과 동의어처럼 사용되는 용어는 '에덴동산', '가나안 땅', '천국', '그리스도', '교회' 등이다. 이 용어들이 때로는 문맥적으로 다른 개념을 드러내기도 한다. 예를 들어서 구약에서 '성전'은 과거 성막을 건축물로 만든 건물이다. 천국은 신자가 죽으면 종국에 들어가게 될 안식처로 이해된다. 그리스도는 하나님의 택한 백성들을 구원하시는 구원자이시다. 교회는 구원받은 성도들의 모임을 일컫는다.

그런데 이렇게 시대적으로나 문맥적으로 다른 개념을 내포하고 있는 용어들이 하나의 핵심 개념을 담지하고 있다는 사실은 흥미롭다. 이 모든 용어들은 궁극적으로 예수 그리스도에 초점이 맞춰져 있다. 성전, 천국, 교회 등은 예수 그리스도를 가리킨다. 이 말은 성육신하신 예수 그리스도께서 성전과 천국과 교회의 특징을 가지고 있다는 점을 알려 준다.

그러면 이 여러 용어들을 어떻게 예수 그리스도라는 정점에 초점을 맞춰서 이해해야 할 것인가?

이것은 마치 특정한 사물을 3차원으로 보는 것과 같다. 사물을 2차원으로만 보면 평면적인 개념만 보인다. 그러나 3차원으로 보려면 위, 아래, 왼쪽, 오른쪽에서 보는 입체적인 시점이 필요하다. 마찬가지로 그리스도를 이해하려면 입체적인 이해가 필요하다. 이렇게 입체적으로 이해했을 때, 그리스도가 선명하게 보인다.

이런 방식으로 그리스도를 성전으로 이해하는 관점을 보자. 성전이라고 하면 우리는 반사적으로 신전(神殿/God's temple)이라는 건물을 떠올리게 된다. 그냥 건물이 아니다. 신(神)이 거주하는 집이다. 구약이나 신약에서도 성전이 하나님께서 거주하시는 집이라는 사실은 다르지 않다. 이 정도만으로는 이방 종교의 신전과 성전은 구별됨이 없어 보인다.

그러나 성전이 하나님께서 그의 백성들과 함께 거주하기 위한 집이라는 점에서 이방 종교와 구별된다. 이방 종교에서 성전은 신만을 위한 집이지만, 기독교에서 성전은 하나님의 백성들과 함께 거주하기 위한 집이다. 쉽게 얘기해서 구약의 성전은 신랑과 신부가 결혼해서 함께 거주하는 신방과 같다. 이것을 이해하려면 구약부터 신약에 흐르는 성전의 개념을 이해해야 한다.

구약에서 성전 개념은 창세기 에덴동산에서 시작된다. 에덴동산은 단순한 낙원이 아니다. 그레고리 K. 빌Gregory K. Beale이 지적하고 있는 것처럼 "에덴은 하나님이 거주하시는 공간(=지성소)이요, 영적이고 육체적인 삶(물이 상징하는) 모두의 근원인 장소"[115]이다.

에덴동산이 성전이라는 사실은 에덴동산이 성전적 요소를 빠짐없이 가지고 있다는 점을 통해서 명확하게 드러난다. 아니, 성전의 구조는 에덴동산을 그대로 묘사하고 있다는 점을 통해서 명확하게 알 수 있다. 첫 번째, 에덴동산에서 아담은 왕이요, 제사장이요, 선지자였다. 아담은 하나님의 형상으로 창조되어 '다스리고 정복하라'는 임무를 부여받았다(창 1:26). "하나님의 형상"이란 '분봉 왕'을 지칭하는 고대 표현이고, "다스리게 하자"는 표현은 왕의 임무를 잘 보여 준다. 뿐만 아니라 하나님은 그로 하여금 에덴을 "경작하며 지키게"(창 2:15) 하셨는데, 이는 제사장 직무를 보여 준다. "경작하며 지키게"에 해당하는 히브리어 '아바드'(עבד)와 '샤마르'(שמר)는 구약에서 제사장의 성전 봉사를 일컫는 용어이기 때문이다.

115) 그레고리 K. 빌, 『성전신학』, 강성열 역 (새물결플러스, 2016), 100.

민수기 3장 7-8절을 보면 "그들이 회막 앞에서 아론의 직무와 온 회중의 직무를 위하여 회막에서 시무하되 곧 회막의 모든 기구를 맡아 지키며 이스라엘 자손의 직무를 위하여 성막에서 시무할지니"라는 말씀이 나온다. 여기서 7절 하반부에 "시무하다"로 번역된 히브리어가 '아바드'다. 그리고 8절 전반부에 "지키며"로 번역된 히브리어가 '샤마르'이다. 이 정도만 보더라도 에덴동산에서 아담이 '제사장'으로 세워졌음을 알 수 있다. 뿐만 아니다. 아담은 하나님의 말씀을 직접 듣고 모든 피조물에게 명령을 시행하는 사람이었다는 점에서 '선지자'였다.

두 번째로 에덴은 '지성소'였다. 아담이 제사장이었다는 점을 염두에 둘 때, 제사장인 아담의 활동 공간이었던 에덴이 성전이었음은 당연하다. 그런데 이 에덴은 그냥 성전이 아니었다. '성소'였다. 성소는 하나님께서 임재하시는 장소였다. 이런 모습이 에덴에 그대로 묘사된다. 창세기 3장 8절[116]을 보면 하나님은 동산에 "거니셨다"고 한다. 여기에 사용된 히브리어 '할라크'(חֵלַח)는 하나님의 성막 임재를 묘사하는 데 주로 사용된 동사였다(레 26:12[117]; 신 23:14[118]; 삼하 7:6[119]).[120] 무엇보다 성소의 '등대'는 생명나무를 상징한

---

116) "그들이 그 날 바람이 불 때 동산에 거니시는 여호와 하나님의 소리를 듣고 아담과 그의 아내가 여호와 하나님의 낯을 피하여 동산 나무 사이에 숨은지라"

117) "나는 너희 중에 행하여 너희의 하나님이 되고 너희는 내 백성이 될 것이니라"

118) "이는 네 하나님 여호와께서 너를 구원하시고 적군을 네게 넘기시려고 네 진영 중에 행하심이라 그러므로 네 진영을 거룩히 하라 그리하면 네게서 불결한 것을 보시지 않으므로 너를 떠나지 아니하시리라"

119) "내가 이스라엘 자손을 애굽에서 인도하여 내던 날부터 오늘까지 집에 살지 아니하고 장막과 성막 안에서 다녔나니"

120) 그레고리 K. 빌, 88.

다. 더 놀라운 점은 성소와 지성소를 나누는 휘장에 그룹이 무늬로 새겨졌다는 점이다. 이는 에덴동산을 화염검으로 지키는 그룹들을 보여 준다.

세 번째로 에덴동산의 출입구가 '동쪽'에 위치했다는 점이다(창 3:12[121]). 이는 성막이나 성전의 입구를 동쪽으로 향하도록 명령하신 점(민 3:38[122])과 그대로 일치한다. 더 놀라운 사실은 성전, 혹은 성막이 하나님께서 창조하신 우주를 요약해 놓았다는 점이다. 성막은 온 우주가 하나님께서 거하시는 성전이라는 점을 이해시키고 있다. 이런 사실은 온 세상이 하나님의 성전이라는 점을 우리에게 깨닫게 하며, 역사의 마지막에 회복된 새 하늘과 새 땅이 결국 완전한 성전으로 회복될 것이라는 점을 암시한다. 이해의 도움을 위해 요세푸스[Joseph ben Matthias]의 주장을 들어보자.

> 성막의 삼중 구조는 '땅[=바깥 뜰]과 바다[=안뜰]'를 의미하는데 왜냐하면 이 둘은 … 누구나 가까이 갈 수 있기 때문이다. 하지만 셋째 부분[=지성소]은 하나님께만 적용된다.[123]

성전의 바깥뜰은 가시적인 지구(인간이 살고 있는 땅과 바다 모두를 포함)를 상징하며, 성소는 가시적인 하늘을 표상한다(정원의 상징성도 있음). 그리고 지성

---

121) "이같이 하나님이 그 사람을 쫓아내시고 에덴 동산 동편에 그룹들과 두루 도는 화염검을 두어 생명나무의 길을 지키게 하시니라"

122) "성막 앞 동쪽 곧 회막 앞 해 돋는 쪽에는 모세와 아론과 아론의 아들들이 진을 치고 이스라엘 자손의 직무를 위하여 성소의 직무를 수행할 것이며 외인이 가까이 하면 죽일지니라"

123) Ibid., 60.

소는 하나님이 거하시는 영역을 표상한다고 한다.[124] 쉽게 말해서 성전은 땅과 바다와 하나님의 세계 전체를 묘사하고 있다는 말이다. 성전이 하나님의 창조세계 전체를 보여 준다.

성전, 혹은 성막을 특정한 건물로 이해하는 것은 매우 좁은 관점이다. 성경은 이미 온 세상이 하나님께서 거주하시는 성전이라는 점을 가르친다. 그런데 사람이 타락하여 온 세상이 하나님께서 더 이상 거주할 수 없는 부정한 세상이 되었다. 그래서 하나님은 아브라함을 선택하셔서 믿음의 조상을 삼으시고, 그를 통해 태어난 민족을 애굽에서 이끌어 내셔서 거룩한 나라(성전)를 재건하시고자 하셨다. 성전 재건이라는 모티브가 구약과 신약의 큰 흐름이라는 점은 결코 가볍게 생각할 문제는 아니다.

이스라엘을 통해서 거룩한 나라를 이루시고자 하신 첫 번째 일은 율법을 주시고 성막을 건축하게 하신 것이다. 성막은 하나님께서 그의 백성과 함께 거하시기 위한 목적으로 세워졌다. 이것을 요한복음 1장 14절은 예수 그리스도로 묘사했다.

"말씀이 육신이 되어 우리 가운데 거하시매 우리가 그의 영광을 보니 아버지의 독생자의 영광이요 은혜와 진리가 충만하더라" (요 1:14)

여기서 "거하시매"에 해당하는 헬라어 '스케노오'(σκηνόω)는 '천막을 치다'라

---

124) Ibid., 64.

는 뜻이다. 이것은 예수님의 '성육신'(인카네이션/Incarnation) 사건을 말한다. 성육신은 인간의 육신을 입고 하나님께서 오신 사건이다. 이 성육신 사건은 구약에서 하나님이 이스라엘 백성들 사이에 거주하시기 위해 사람들이 거하는 천막들(moral tents) 사이에 거룩한 천막(Holy tent)으로 오신 사건이다.

사람들이 사는 천막으로 오신 하나님은 그들과 함께 가나안 땅으로 가신다. 이스라엘이 가나안 땅으로 들어갈 때, 하나님은 그들에게 요단강을 건너서 진군할 것을 명하셨다. 요단강은 그냥 건너는 것이 아니었다. 하나님과 함께 건넜다. 이스라엘 백성들이 법궤를 앞세우면 요단강이 말라서 그 땅으로 진군하게 된다.

왜 요단강을 건너도록 하셨을까? 그 이유는 그곳이 동쪽이기 때문이다. 동쪽이라는 말은 요단강이 성전의 입구라는 사실을 암시한다. 여기서 법궤의 뚜껑에 그룹 형상이 놓여 있다는 점이 중요하다. 그룹들은 에덴동산을 지키는 천사들을 상징한다. 따라서 막혔던 에덴동산으로 들어갈 길이 열렸음을 예표한다.

어떻게 에덴동산으로 들어갈 길이 열린다는 말인가? 예수 그리스도의 은혜의 공로를 앞세우면 에덴으로 들어갈 길이 열린다. 이것을 복음서에서는 예수님께서 십자가에 죽으시자마자 성전의 휘장이 찢어지는 것으로 성취되었다. 성전 휘장에는 두 그룹이 화염검을 가지고 지키는 그림이 새겨져 있다. 그런데 휘장이 예수님의 대속 사건을 통해 위로부터 찢어졌다는 것은 에덴에 들어갈 길이 열렸다는 뜻이다.

다시 가나안 땅 점령 사건으로 돌아가자. 그 약속의 땅은 낙원이 아니었다. 죄악이 관영한 저주의 땅이다. 이스라엘 백성들이 저주의 땅 가나안으로 들어가는 이유는 그 땅을 거룩한 성전(에덴/낙원)이 되도록 하기 위해서였다. 제2의 에덴동산으로 만들기 위해서 들어간 것이다. 이렇게 해서 가나안 땅은 에덴동산과 마찬가지로 '성전'(천국)이 된다.

그런데 가나안 땅을 거룩한 성전이 되게 해야 할 임무가 이스라엘 백성들의 타락으로 실패했다. 이스라엘 백성들은 아담과 같은 처지가 되고 말았다. 그래서 그들은 아담처럼 약속의 땅에서 쫓겨나 바벨론 포로가 되고 말았다. 성전 역할을 해야 할 가나안 땅이 죄로 가득한 땅이 되었기 때문에 성전도 의미가 없게 되었다.

이런 상황 속에서 예수님이 오셨다. 앞에서 언급한 것처럼 예수님은 하나님께서 인간의 육신이라는 장막을 입고 우리 가운데 오신 사건이다. 이 예수님을 바울은 "마지막 아담"(고전 15:45)이라고 가르친다. 그러므로 예수님은 당시에 위용을 자랑하던 헤롯 성전을 바라보면서 "이 성전을 헐라 내가 사흘 동안에 일으키리라"(요 2:19)고 호언하신다. 듣는 사람들은 이 말씀이 의미하는 바를 알지 못했다. "이 성전은 사십육 년 동안에 지었거늘 네가 삼일 동안에 일으키겠느냐"(요 2:20)고 예수님을 조롱했다. 이에 대해 요한은 "그러나 예수는 성전된 자기 육체를 가리켜 말씀하신 것이라"(요 2:21)고 그 말씀의 의미를 설명해 준다.

예수님께서 박해를 받아 십자가 위에서 죽으시고 부활하시면 참 성전이 되신다는 말이다. 비로소 성전이 바로 예수님 자신이시라는 실체를 드러낸다. 건물로서의 성전이 궁극적으로 예표하는 것은 성육신하신 예수님이 죽으시고 사흘 만에 다시 부활하심이었음을 알게 된다.

우리는 오늘날 사람들이 흔히 예배하기 위해 모이는 장소인 '예배당'을 '성전'이라고 말하는 우(愚)를 범하지 말아야 한다. 또 예배당 건축을 '성전 건축'이라고 하지 말아야 한다. 예수님의 부활 승천 이후로 더 이상 건물로서의 성전은 없다. 성전의 실체인 '예수님'이 부활 승천하신 이후 그림자로서의 성전은 폐기되었다. 성전은 예수님 자신이시다.

그런데 오늘날에도 상당수의 목회자들이나 성도들은 예배당 건축을 '성전 건축'이라 한다. 이런 용어의 오용 문제는 간단히 넘어갈 문제가 아니다. 대단히 중요한 문제이고 본질적인 문제다. 이런 표현을 통해 정작 신성시해야 할 성전 된 성도들 자신을 가볍게 취급하고 예배당을 신성시하는 오류에 빠진다. 예배당 기물을 '성물'(聖物)이라고 가르친다. 거기에 더 기괴한 논리를 덧붙여서 예배당이 성전이므로, 예배당 벽돌 하나하나가 예수님의 몸이라는 궤변을 늘어놓기도 한다. 그리고 예수님의 몸을 세우는 벽돌 하나하나를 세우기 위해 성전 건축 헌금을 강요한다. 예수님의 몸이 돈으로 구입해서 세워진다는 논리가 된다니 어처구니없다. 성전이 예수 그리스도임은 맞다. 그러나 예배당이 성전이라고 한 후에 예배당을 그리스도의 몸이라고 가르치는 것은 비약이다. 이렇게 해서 성전 건물을 헐라고 말씀하신 예수님이 다시 건물을 세우신 분처럼 만드는 것은 도를 넘은 비약이 아닐 수 없다.

'예배당'은 분명히 필요하다. 청교도들도 신대륙에 건너가서 무엇보다 가장 먼저 건축한 것이 예배당이었다. 자기가 살 집을 짓는 것보다 예배당 건축을 먼저 했다는 사실은 상징적인 의미가 크다. 예배당이 있어야 신자들이 예배와 신앙적 교통을 위해 정기적으로 모일 수 있다. 예배당이 없다면 신앙 공동체는 금세 약화된다.

그럼에도 불구하고 예배당은 수단에 불과하다. 예배당 건축이 목회의 목적이 될 성질의 것은 아니다. 목회의 목적은 부활하신 예수님께서 베드로에게 요구하신 것처럼, 맡겨 주신 양들을 '목양하는 것'이다. 양들을 영적으로 굶주리지 않게 하고, 늑대와 이리로부터 보호하는 일이다. 이것이 성경적 의미에서 '성전 건축'이다.

고린도전서 3장 16절에서 사도 바울은 고린도교회를 향하여 "너희가 하나님의 성전인 것과 하나님의 성령이 너희 안에 계시는 것을 알지 못하느뇨"라고 강하게 반문했다. '교회'가 '하나님의 성전'이라고 분명히 가르친다.

교회를 자꾸 건물로 떠올리면 안 된다. 신자들이 정기적인 예배를 위해 모이는 장소는 '예배당'이나 '교회당'이라고 부르는 것이 옳다. 성전 건축이 아니라 '예배당 건축'이 옳다. 이렇게 용어를 분명하게 구별해서 사용해야 건물을 신성시하는 풍토가 점차 사라지고, 교인들의 모임 자체를 거룩하게 여기게 된다. 무교회주의적 발상이 약화된다. 히브리서 기자가 "모이기를 폐하는 어떤 사람들의 습관과 같이 하지 말고 오직 권하여 그 날이 가까움을 볼수록 더욱 그리하자"(히 10:25)라는 말씀을 더 적극적으로 순종하게 된다. '교회'는 '구원받은 성도들의 모임'을 뜻한다. 루이스 벌코프는 교회를 다음과 같은 말로 명쾌하게 규정했다.

> 루터와 칼빈에게 있어서 교회는 단지 성도들의 단체, 즉 그리스도를 믿고 성화되며 그들의 머리이신 그와 연합된 자들의 단체였다.[125]

우리는 예수님 자신이 성전이라고 한 사실을 기억한다. 그런데 바울은 교회가 성전이라고 주장한다. 왜 바울은 이렇게 주장하는 것인지 생각해 보자. 바울의 이런 주장은 결코 궤변이 아니다. 논리적 비약도 아니다. 여기엔 성경적인 타당한 이유가 있다. 그 타당한 이유란 무엇인가?

첫 번째로 고린도전서 3장 16절의 말씀 "하나님의 성령이 너희 안에 계시는 것"을 근거로 주장한다. 성전은 하나님의 임재하시는 장소를 지칭한다. 우주가 성전인 이유는 우주 전체가 하나님의 임재로 가득하기 때문이다.

---

125) 루이스 벌코프, 30.

구약에서 특정한 천막이 성전 될 수 있는 이유는 성막(Holy tent/거룩한 천막), 그 천막에만 하나님께서 임재하여 거주하셨기 때문이다. 하나님의 임재가 없다면 성막도 성전도 아니다. 마찬가지로 교회가 성전인 이유는 다른 불신자들과 다르게 하나님의 성령이 임한 사람들이기 때문이다. 마치 허름한 상자라도 보석을 담으면 보석함이 되는 것과 같다. 그 사람이 거룩하기 때문이 아니라 성령이 거하시기 때문에 성전이 된다.

두 번째로 교회가 성전인 이유를 바울은 그리스도를 머리로 한 지체이기 때문이라고 가르친다. 바울은 "우리 많은 사람이 그리스도 안에서 한 몸이 되어 서로 지체가 되었느니라"(롬 12:5)고 했다. 신자는 "한 성령으로 세례를 받아 (그리스도와) 한 몸"(롬 12:13)이 된 사람들이다.

본래 참 성전은 그리스도이시다. 그런데 성령님은 신자들을 성전 되신 그리스도와 한 몸으로 연합시켰다. 우리가 거룩하기 때문에 성전이 된 것이 아니라, 거룩한 성전에 우리가 한 몸으로 묶였기 때문에 성전이 된다. 그러므로 바울은 에베소 교회를 향하여 "너희도 성령 안에서 하나님이 거하실 처소가 되기 위하여 그리스도 예수 안에서 함께 지어져 가느니라"(엡 2:22)고 한다. 교회는 날마다 그리스도 예수 안에서 성전으로 지어져 가는 사람들의 모임이라는 말이다.

무엇보다 요한계시록의 새 예루살렘 성전이 구원받은 성도들의 모임, 즉 교회가 성전임을 잘 가르쳐 준다. 요한계시록 21장을 보면 성전에 대한 특징으로 열두 문에 열두 지파의 이름들이 있고(계 21:12[126]), 열두 기초석에는 열두 사도들의 열두 이름이 있다(계 21:14[127])고 한다. 열두 지파의 이름은 구약시대 구원받은 성도들의 모임을 지칭하고, 열두 사도들의 이름은 신약시대에 구원받은 성도들을 지칭한다.

사도 베드로는 "내가 거룩하니 너희도 거룩할지어다"(벧전 1:16)라는 명령을 교회에게 선언한다. 교회에게 이런 선언을 하는 이유는 구약의 성전이 거룩해야 했던 것을 염두에 둔 것이다. 예배당이 거룩해야 하는 것이 아니다. 성도가 자신의 삶, 자신의 몸, 자신의 생각을 거룩하게 해야 한다. 또 신자들의 모임을 거룩하게 해야 한다. 모임을 방탕하게 하거나 세속화시키지 않도록 해야 한다. 때문에 고린도전서 3장 17절에서 바울은 교회가 하나님의 성전임을 알지 못하느냐고 엄하게 말한 후, "누구든지 하나님의 성전을 더럽히면 하나님이 그 사람을 멸하시리라 하나님의 성전은 거룩하니 너희도 그러하니라"고 경고했다. 신자가 교회를 죄로 더럽히면 하나님께서 멸하신다는 말이다. 진짜 거룩하게 보존해야 할 대상은 '교회당'이 아니라 성도들의 모임인 '교회'라는 말이다.

그런데 이 성전 된 교회를 신약에서는 '하나님의 나라'라고 한다. 하나님의 나라는 하나님의 통치를 말한다. 하지만 동시에 '예수님 자신'이다.

---

126) "크고 높은 성곽이 있고 열두 문이 있는데 문에 열두 천사가 있고 그 문들 위에 이름을 썼으니 이스라엘 자손 열두 지파의 이름들이라"

127) "그 성의 성곽에는 열두 기초석이 있고 그 위에는 어린 양의 열두 사도의 열두 이름이 있더라"

어떻게 하나님의 나라가 또 예수님 자신이 된다는 말인가? 이러한 사실을 누가는 예수님께서 바리새인들이 "하나님의 나라가 어느 때에 임하나이까"(눅 17:20)라고 묻는 질문에 대답하신 것을 통해 잘 설명해 준다.

"하나님의 나라는 볼 수 있게 임하는 것이 아니요 또 여기 있다 저기 있다고도 못하리니 하나님의 나라는 너희 안에 있느니라"(눅 17:20-21)

예수님은 바리새인들에게 하나님의 나라가 "너희 안에 있느니라"고 하셨다. 여기서 너희 안에 해당하는 영어 번역을 보면 "The kingdom of God is within you."라고 되어 있다. 여기서 "within"에 해당하는 헬라어 '엔토스'(ἐν τός)는 '~사이에'라는 뜻이다. 다시 말해서 바리새인들 사이에 있는 예수님 자신이 바로 "하나님의 나라"라는 뜻이다. 간혹 어떤 분은 이 말씀을 '너희 마음속에'로 해석한다. 그러나 이런 해석은 문맥상 적절하지 않다. 그 이유는 지금 예수님을 공격하는 바리새인들 마음에는 하나님의 나라가 임하지 않은 것이 분명하기 때문이다.

이렇게 그리스도와 하나님의 나라(천국)를 같은 표현으로 이해하게 되었을 때, 교회가 곧 하나님의 나라라는 결론에 도달하게 된다. 이런 사실을 게할더스 보스Geerhardus Vos는 "예수님의 교회"와 "인자의 나라"가 일치되는 점은 메시아를 통치자로 하는 인간들이 그 나라의 몸을 구성하고 있다는 점이라고 설명했다.[128]

---

128) 게할더스 보스, 『하나님의 나라』 정정숙 역 (개혁주의신행협회, 1989), 102.

우리가 흔히 '천국', '하나님의 나라'라고 하면 영원한 내세(來世)를 떠올린다. 물론 천국은 죽어서 가는 내세의 나라이기도 하다. 그러나 성경 전체 문맥에서 볼 때, 그 나라는 분명히 지금 이 땅에서 그리스도 안에 들어간 사람들, 그리스도와 연합한 사람들을 지칭한다.

사도 요한은 "이러므로 하나님의 자녀들과 마귀의 자녀들이 드러나나니 무릇 의를 행하지 아니하는 자나 또는 그 형제를 사랑하지 아니하는 자는 하나님께 속하지 아니하니라"(요일 3:10)고 가르친다. 그리스도와 한 몸을 이루어 성전으로 지어져 가는 사람은 당연히 한 성령으로 세례 받은 성도들을 제 몸처럼 사랑할 수밖에 없다는 말이다. 여기서 이미 시작된 천국을 맛본다. 천국은 예배당에 열심히 출석하는 사람의 몫이 아니다. 그리스도 안에서 형제들과 함께 날마다 성전으로 지어져 가는(성화) 교회의 몫이다. 교회는 천국 갈 날만 기다리는 사람들의 모임이 아니다. 도리어 천국의 도래를 열망하며, 하나님의 나라를 이 땅에 구현하기 위해 힘쓰는 공동체다.

구약에서 이스라엘 공동체가 하나님의 나라였던 것처럼, 신약의 새 이스라엘 공동체인 교회는 하나님 나라의 현재적 현실화(現實化)다. 하나님의 나라가 교회를 통해서 이미 시작된다. 그리고 완전한 하나님의 나라는 주님 재림 때 실현된다. 교회는 그 날이 올 때까지 천국의 현실화를 위해 싸우는 공동체다.

이 차원에서 전도는 천국을 이루기 위한 군사의 모집으로 이해된다. 사도 바울은 "군사로 다니는 자는 자기 생활에 얽매이는 자가 하나도 없나니 이는 군사로 모집한 자를 기쁘게 하려 함이라"(딤후 2:4)고 한다. 단 한 사람도 지옥 가지 않도록 예배당을 채우기에 열 올리는 행위가 전도가 아니다. 교회를 불경건한 사람들로 채우고, 이 세상을 지옥으로 만들더라도 천국에 한 사람 더 보내는 것을 그리스도의 지상 명령으로 이해하는 것은 복음을 잘못 이해한 것이다.

여기서 '이데올로기'가 생긴다. 이데올로기란 무엇인가? 천국(유토피아)을 바라보고 추구하는 이해의 차이를 말한다. 철학이나 종교에 따라 천국을 추구하는 방식이 다를 때, 그것을 이데올로기라 한다. 인간의 힘과 수단으로 유토피아를 건설할 수 있다고 하면 그것이 이데올로기가 된다. 이것을 인본주의라고 한다.

신본주의 천국관은 오로지 하나님의 말씀과 기도로 천국이 이루어진다고 믿는 태도다. 유토피아에 대한 이해 차이와 유토피아를 이루는 방식의 차이 때문에 이념 싸움이 생긴다. 그런데 교회 안에서 이념적 갈등이 생긴다면 그것은 철학이나 정치관의 문제가 아니다. 종교의 문제로 보아야 한다.

때문에 기독교로 개종했다고 해도 이념, 다시 말해서 유토피아를 추구하는 방식이 바뀌지 않으면 회심이 아니다. 여전히 사회주의 혁명이 정답이라고 생각한다면, 그는 아직 엄밀한 의미에서 개종하지 않은 것이다. 왜냐하면 그는 여전히 인간의 힘과 지혜로 유토피아를 건설할 수 있다고 믿기 때문이다. 이것이 그의 종교다.

그러나 참 믿음이 들어가면 우리의 힘으로 가정과 직장과 사회와 국가에 유토피아를 건설할 수 없다고 고백한다. 오로지 하나님의 말씀과 기도만 가능하다고 고백하게 된다.

☞ **성전, 교회, 천국의 정의**

성전, 교회, 천국은 그리스도이며, 그리스도와 한 몸을 이룬 사람들이다.

예배는 개념이다

19

예정과 선택

19
예정과 선택

성경에서 구원과 관련하여 가장 중요하게 다루는 용어는 '예정'과 '선택'이다. 구약에서 하나님은 그의 백성들을 예정, 선택하시고 구원하시며 구별하신다. 그런데 기독교 신앙에서 사람들이 제일 마음에 들어하지 않는 용어가 '예정'과 '선택'이다. 선택이라는 용어 속에 인간의 자율권이 없다는 점이 사람들을 불쾌하게 한다. 왜 하나님은 누구는 선택하시고 누구는 선택하지 않으셨는가. 우리의 구원을 당사자인 우리가 결정하게 하지 않고 하나님이 결정하시는가가 우리의 심기를 불편하게 만든다.

'예정'과 '선택'이라는 용어에 대한 이런 반감 어린 반응은 어느 정도 이해된다. 그러나 이 반감은 하나님의 선하신 의지와 지혜에 대한 오해에서 출발한다. 피조물인 우리가 선과 사랑, 지혜의 결정체이신 하나님을 타락한 이성과 경험, 본성으로 이해할 수 없기 때문에 생겨난 오해다.

우리가 만일 이 용어를 계시(성경)와 믿음으로 이해한다면 이 용어만큼 복된 용어가 없다는 데 동의할 수밖에 없다. 실제로 교회사에서 상당수의 사람들도 예정과 선택의 교리를 타락한 이성과 경험으로만 이해하려 할 때, 심한 적대감을 느꼈다고 한다. 그러나 성령의 조명 아래서 이 교리를 깨닫게 될 때 하나님의 은혜와 사랑에 감격할 수밖에 없었다.

그 대표적인 인물이 바로 아우구스티누스^{Augustinus}였다. 그리고 그를 비롯한 우리의 영적 거인들은 이 용어야말로 가장 은혜로운 교리라고 주장했다. 왜냐하면 이 용어 안에 구원의 확신과 값없이 주시는 은혜, 하나님의 자비, 사랑, 경외심 등이 내포되어 있기 때문이다. 무엇보다 이 교리를 바르게 이해하지 않고서는 결코 '오직 은혜'라는 말을 제대로 이해할 수 없다. 칼빈은 다음과 같이 말했다.

> 하나님의 영원한 선택을 알기까지는 우리는 우리의 구원이 하나님의 값없이 베푸시는 자비의 원천에서 흘러나온다는 것을 결코 충분하고 분명하게 확신하지 못할 것이다.[129)]

무엇보다 먼저 예정과 선택이란 용어가 정말 성경적인 용어인지부터 살펴보자. 상당수의 사람들은 '예정과 선택'의 교리가 성경에 근거한 것이 아니라 칼빈이 만들어 낸 교리라고 주장한다. 그러나 교회론을 언급하고 있는 에베소서의 몇 구절만 살펴본다고 하더라도 예정과 선택이 성경적이라

---

129) 기독교 강요. III, 21, 1.

는 사실은 부정할 수 없다.

"그 기쁘신 뜻대로 우리를 예정하사 예수 그리스도로 말미암아 자기의 아들
들이 되게 하셨으니" (엡 1:5)

"그 뜻의 비밀을 우리에게 알리셨으니 곧 그 기쁘심을 따라 그리스도 안에서
때가 찬 경륜을 위하여 예정하신 것이니" (엡 1:9)

"모든 일을 그 마음의 원대로 역사하시는 자의 뜻을 따라 우리가 예정을 입어
그 안에서 기업이 되었으니" (엡 1:11)

'예정'과 '선택'이라는 용어가 성경에 이렇게 분명히 언급되었다고 해도 어
떤 사람은 이 예정이 '예지(豫知)가 원인이 된 예정'이라고 반박한다. 이에 대
해 칼빈은 "우리가 예정과 예지를 다 하나님 안에 두지만, 그 중 하나를 다
른 하나에 종속시킨다는 것은 어리석은 짓이라고 생각한다."[130]고 주장한
다. 다시 말해서 '예지 예정'이나 '예정 예지'가 아니라는 말이다. 이런 주장
은 어떤 식으로든 하나님의 신적 속성에 흠을 낸다. 하나님께서 예지에 의
해 예정을 하신다거나, 예정에 의해 예지한다는 말 속에는 하나님께서 어떤
식으로든 다른 어떤 것에 종속되어 있다는 느낌을 주기 때문이다. 하나님
은 예정했기 때문에 예지가 가능하다거나, 예지했기 때문에 예정이 가능하
다는 말 속에는 하나님이 예지에 예정하심을 제한받는다거나, 예정에 의해

---

130) 기독교 강요. III. 21. 5.

예지를 제한받는다는 의미를 내포한다는 말이다. 전능하신 하나님은 어떤 식으로든 자신의 전능성과 전지성을 제한받지 않으신다.

그러면 선택과 관련하여 예정을 어떤 식으로 이해해야 한다는 말인가?

대부분 사람들은 예정을 우리의 시간 관점에서 이해하려 한다. 때문에 '앞으로 일어날 일을 미리 작정해 두심'이라고 이해하는 오류에 빠진다. 그러나 예정은 우리의 시간 관점에서 이해할 수 없는 개념이다. 예정은 영원에서 모든 시간을 한 순간에 창조하신 결과다. 영원의 세계에서 과거나 미래는 의미 없다. 이것은 시간이라는 피조 세계 안에서 이해하는 개념일 뿐이다. 따라서 칼빈은 예정을 다음과 같이 설명한다.

하나님께 예지가 있다는 것은, 만물이 언제나 하나님이 보시는 가운데 있었고 영원토록 그런 상태에 있을 것이므로 하나님의 지식으로 서는 미래나 과거에 속한 것이 없고 모든 것이 현재라는 의미다.[131]

이 말의 의미를 잘 이해해야 한다. 이 말은 '하나님의 작정이 하나님의 모든 현재에서 선한 뜻 가운데 완벽히 승리를 거두셨다'는 뜻이다. 따라서 인류 역사는 선과 악의 대립이 아니라, 악이 하나님의 선에 의하여 계속적으로 점령당한 역사라는 뜻이다. 예정의 이러한 사실을 이해한 사도 바울은 "우리가 알거니와 하나님을 사랑하는 자 곧 그의 뜻대로 부르심을 입은 자

---

131) 기독교 강요 Ⅲ. 21. 5.

들에게는 모든 것이 합력하여 선을 이루느니라"(롬 8:28)고 가르친다.

이렇게 영원이라는 시점에서 모든 시간을 창조하셨기 때문에 이 예정을 '영원한 작정'(God's eternal decree)이라 부른다. 이 말은 하나님의 작정하심이 시간의 어떤 시점이 아닌 영원의 시점에 의한 작정이라는 뜻이다. 따라서 하나님의 작정은 영원 가운데 이미 역사 전체가 창조되었다는 점에서 우리 피조물에겐 미리 예정된 것이지만, 영원하신 하나님의 관점에서는 모든 역사와 시간이 현재로 존재하는 작정이 된다.

이렇게 설명해도 작정의 교리는 우리 마음에 불편함을 준다. 그 이유는 작정의 교리 안에 인간의 자율적인 선택이 무시되고 하나님의 일방적인 선택만 내포되기 때문이다. 타락한 인간은 자신이 인생의 주인이 되길 바라고, 자기가 선택하고 결정한 대로 살기 원한다. 그래서 내가 하나님을 선택하는 것이 하나님이 나를 선택한 것보다 공정하다고 생각한다.

실제로 기독교를 제외한 모든 종교는 인간이 신을 선택한다는 개념을 가지고 있다. 물론 상당수 기독교인들도 자신이 기독교를 선택했다고 착각한다. 고대시대의 종교를 보면 자기 욕망과 필요에 의해 특정한 신을 선택한다. 또 전쟁에서 승리하면 적국이 숭배하던 신상을 자기의 것으로 삼아 섬기기도 한다. 종교는 인간이 신을 선택하는 행위이지 신이 인간을 선택하는 것이 아니라 생각한다.

그러나 이렇게 인간이 신을 선택하게 된다면 가장 치명적인 문제가 발생한다. 그것은 구원을 보장받을 수 없다는 점이다. 인간이 선택하고, 인간이 구원을 잡았다면 그 구원은 인간의 연약함에 의해 상실할 수 있다는 결론이다. 마치 전쟁에서 자기 힘이 약하면 적에게 신을 빼앗길 수 있는 것과 같다. 그러나 신이 우리를 선택하고 우리를 구원하셨다면 신의 전능한 손길에서 우리는 안전하다.

다시, 신이 인간을 선택했는가 아니면 인간이 신을 선택하느냐의 문제로 돌아가서 생각해 보자.

여기서 선택 문제는 신과 인간의 주종 (主從) 문제가 된다. 우리가 조금만 생각하면 알 수 있는 것처럼 선택받는 자는 선택하는 자의 종이 된다. 예외 없이 종이 주인을 선택하지 않고 주인이 종을 선택한다. 손님이 물건을 선택하지, 물건이 손님을 선택하지 않는다. 따라서 비록 종교에서 신이라는 호칭을 붙였다고 하더라도 인간이 신을 선택한다는 구조는 인간이 신의 주인이 되는 관계일 뿐이다.

마치 알라딘이 마술램프를 선택하면 램프에서 나온 전능한 요정은 램프를 선택한 사람의 종이 되는 것과 같다. 비록 주인보다 전지전능하더라도 결국 주인의 명령에 따라야만 하는 관계일 뿐이다. 인간은 결국 신의 주인이 된다. 따라서 내가 신을 선택했다고 하는 사람들은 신의 뜻을 찾고 신의 뜻에 맞추는 것을 몹시 불편하게 생각할 수밖에 없다. 신은 자기에게 종속

된 존재라는 의식이 은연중에 깔려 있기 때문이다. 이들은 내 뜻을 신에게 알리고 신은 자신을 위해 봉사하는 것이 마땅하다고 본다. 결국 이런 구조는 자기 신격화일 뿐이다. 그러나 성경은 하나님이 인간을 선택했다고 가르친다. 사도 요한은 분명히 "사랑은 여기 있으니 우리가 하나님을 사랑한 것이 아니요 하나님이 우리를 사랑하사 우리 죄를 속하기 위하여 화목 제물로 그 아들을 보내셨음이라"(요일 4:10)고 한다. 이 말은 하나님이 주인이라는 사실을 말해 준다. 기독교 신앙은 하나님과 우리의 관계에서 하나님이 주인이고 우리는 피조물, 혹은 종이라는 인정에서 시작된다. 이것이 예정과 선택교리의 핵심이다.

이렇게 설득해도 누군가는 또 반발한다. 이렇게 하나님이 인간을 선택한 주인이라고 한다면, 인간은 무기력해진다고 한다. 내가 신을 선택할 권한이 없다면 전도는 아무 의미가 없다고 한다. 또 인간이 예수를 믿기 위해 애쓸 필요도 없다고 한다. 더 나아가 내가 신을 선택할 권한이 없다면 예수를 믿지 않았기 때문에 하나님이 나를 지옥에 보낼 권한도 없다고 반발한다.

어찌 보면 이런 반발은 합리적인 것처럼 보인다. 그렇지만 이 주장은 전제부터 잘못되었다. 이 주장은 모든 사람이 다 지옥에 갈 수밖에 없는 상태라는 전제를 염두에 두지 않은 반발이기 때문이다. 만일 모든 사람들이 지옥에 갈 신분으로 태어난 것이 아니라면 하나님의 행위는 비난받을 수 있다. 지옥에 가지 않을 수 있는 사람을 지옥으로 떠밀어 넣는 분이 되기 때문이다.

그러나 문제는 모든 사람이 지옥의 형벌을 받을 수밖에 없는 죄인의 신분으로 태어났다는 데 있다. 하나님께서 모든 사람이 지옥에 가도록 방치하더라도 책임은 없다. 그런데 하나님은 모든 사람이 다 지옥에 갈 수밖에 없는 가운데 누군가는 지옥에 가지 않도록 은혜를 베푸셨다. 그것도 자기 아들을 희생시켜 가면서 말이다. 이는 마치 모든 사람들이 다 굶어 죽을 땅에 태어났는데, 빵을 가진 어떤 사람이 특정한 사람에게만 빵을 준다고 했을 때, 그것은 잘못이 아닌 것과 같다. 도리어 빵을 주지 않아도 되는 상황 속에서 특정한 사람에게 빵을 줬다면 감사해야 할 노릇이고 부러워해야 할 노릇일 뿐이다.

이렇게 말한다면 어떤 사람들은 하나님의 사랑과 전능성을 거론한다. 사랑이 많으시고 전능하신 하나님은 왜 모든 사람들에게 긍휼을 베푸시지 않으시냐는 것이다. 하나님은 전능하시기에 모든 사람을 다 선택하실 수 있으시다. 또 그 하나님이 사랑이 많으시니 모든 사람을 다 선택하시는 것이 당연하다고 생각한다. 그렇지 않으면 하나님은 편협하다고 한다.

이 주장만 들으면 타당성이 있다. 그러나 그 속에는 한 가지 중요한 사실이 간과되어 있다. 그것은 모든 사람에게 긍휼을 베풀면, 하나님의 사랑과 긍휼히 여기심을 감지할 수 없다는 점이다. 이는 마치 하나님께서 악인과 선인 모든 사람들에게 차별 없이 공기와 태양 빛과 비를 주시지만 하나님께 결코 감사하지 않는 것과 같다. 또 많은 사람들이 간절히 기도하지 않아도 하루 세 끼니를 먹는 데 지장이 없지만 하나님께 감사할 줄 모른다. 왜냐하면 모든 사람들에게 차별 없이 은혜를 주시기 때문이다. 대부분의 사람들은 차별된 혜택 속에서 감사를 깨닫는다. 선택의 교리는 바로 하나님의 자비와 사랑을 드러내기 위한 하나님의 지혜였다.

이렇게 선택교리를 통해서 하나님의 사랑과 전능성에 대해 비난을 서슴지 않는 사람들에게 우리는 또 다른 질문을 던질 필요가 있다. 그것은 하나님의 선택이 하나님과 이웃을 위한 봉사자요, 세상에서 거룩한 희생 제물의 삶을 살도록 하기 위한 것이라면 여전히 불평할 것인가 하는 것이다. 성경이 가르치는 선택은 단순히 천국에 들어가도록 선택하는 것만이 아니다. 이것은 긍정적인 한면일 뿐이다.

도리어 성경이 가르치는 선택은 의를 위해 핍박받도록 선택된 것이고, 십자가를 지도록 선택된 것이며, 그리스도의 거룩한 삶을 위한 선택이다. 바울은 빌립보 교인들을 향하여 "그리스도를 위하여 너희에게 은혜를 주신 것은 다만 그를 믿을 뿐 아니라 또한 그를 위하여 고난도 받게 하려 하심이라"(빌 1:29, 개정)고 가르쳤다. 뿐만 아니라. 바울은 신자가 거룩한 전쟁의 군사로 싸우도록 징병된 것이라고 선택의 교리를 설명하기도 했다(딤후 2:4[132]). 만일 하나님의 선택이 이런 것이라고 하더라도 선택을 바란다면 그는 구하라, 그리하면 구원 받을 것이다. 왜냐하면 "누구든지 주의 이름을 부르는 자는 구원을 받으리라"(행 2:21)고 분명히 약속하고 있기 때문이다.

---

132) "병사로 복무하는 자는 자기 생활에 얽매이는 자가 하나도 없나니 이는 병사로 모집한 자를 기쁘게 하려 함이라"

실제로 하나님의 선하신 작정의 선택은 단순히 낙원에 보내기 위한 선택이 아니다. 도리어 낙원의 경작자로 부르신 선택이다. 하나님과 이웃을 위해 고난 받고, 십자가의 군사로 살도록 부른 것이다. 만일 하나님의 사랑과 전능성을 운운하며 하나님께 책임을 추궁하려고 하는 사람이 있다면, 그는 당연히 하나님과 이웃을 섬기도록 부르신 것에 대한 정당성도 인정해야 마땅하다. 그러나 하나님과 이웃을 위한 섬김은 싫어하면서 모든 사람들을 다 선택하지 않은 것에만 불만을 갖는다면 이것은 아주 이기적인 태도일 뿐이다.

무엇보다 우리는 '선택'이라는 단어가 얼마나 신적(神的) 용어인지 잘 납득하지 못한다. 결론적으로 말한다면 인간에겐 거의 선택의 권한이 없다. 선택은 하나님이 신이시고, 우리는 피조물임을 구별하는 개념이다.

예를 들어서 어느 누구도 이 땅에 태어날 것을 스스로 선택한 사람은 없으며 태어날 시기, 인종, 나라, 부모를 스스로 선택한 사람도 없다. 선택의 문제는 더 나아가 배우자의 문제, 자녀를 낳는 문제, 학교와 직장 선택 문제, 물건을 고르는 문제에도 동일하게 적용된다. 이 모든 것들은 놀랍게도 내 자신의 자율적 선택의 결과가 아니다. 어떤 사람은 배우자나, 학교와 직장, 물건을 고르는 문제는 자신의 의지가 결정한 것이라고 생각한다. 우리가 선택했다는 것들은 거의 예외 없이 외부의 어떤 영역에 의하여 선택하게 된 것이다. 자기의 자율성은 없다고 보아도 무방하다. 예를 들어서 자신이 특정한 대상을 배우자로 선택했다고 해도 결혼하게 된다는 보장이 없다.

설혹 결혼을 했다고 해도 자신의 선택이 주변 사람들이나 환경의 영향에 의해 가능했다는 것을 알 수 있다. 학교를 선택하는 것도 결코 자신의 의지와 자율로 되지 않는다. 물건을 사는 것도 그렇다. 내가 특정한 물건을 선택해서 구입하는 것도 그만큼의 경제력이 있어야 하고 그 물건이 시중에 판매되어야 가능하다. 더 나아가 자신이 물건을 선택하는 것도 어떤 식으로든 그 물건을 사도록 광고나 친구들의 영향력이 작용한다. 우리는 선택에 있어서 결코 자율적이지 않다. 이 말을 뒤집으면 우리의 모든 것은 의식하든 의식하지 못하든 나의 선택이 아니라, 하나님의 선택과 주권의 행위라는 말이 된다.

이런 사실을 인정한다면 우리는 "하나님이 무엇 때문에 이런 것들을 선택하게 하셨는가?" 하는 질문을 던지게 된다. 하나님께서 우리의 모든 것을 선택하시고 우리에게 허용하셨다면 그 이유가 무엇인지 생각해 보아야 한다.

만일 생각을 여기서 멈춘다면 우리는 '운명론'이나 자기 우월감에 빠지고 만다. 자기 인생이 비참한 사람은 운명론에 빠져서 현실에 낙담하게 되고, 남보다 똑똑하고 풍요롭고 외모적으로 우월한 사람은 자기 우월감을 가지고 남을 멸시하게 된다. 그러므로 이 모든 것은 하나님의 선하신 뜻 안에서 선택하신 하나님의 작정으로 이해되어야 한다. 그렇게 된다면 어려운 환경 속에서 사는 사람이 특별히 더 절망해야 할 이유가 없다. 또 남들보다 더 좋은 여건과 환경 속에 사는 사람이 우월감에 빠질 것도 없다.

선택이 예정과 관련 맺고 있다는 말은 매우 중요한 사실을 말해 준다. 그 것은 우리의 선택이 운명론처럼 '비인격적인', 혹은 '기계적인' 팔자 놀음이 아니라는 말이다. 예정이라는 말 속에는 인격적인 신의 선한 계획이 내포 되어 있다는 사실을 시사한다. 하나님의 선택이 선한 목적과 의지를 내포 하고 있다는 말이다. 선택받으면 천국을 가고, 선택을 받지 못하면 지옥에 간다는 단세포적 개념이 아니다.

그러면 하나님의 선하신 목적이란 무엇인가?

에베소서 1장 5-6절은 이 사실을 아주 잘 가르쳐 준다.

"그 기쁘신 뜻대로 우리를 예정하사 예수 그리스도로 말미암아 자기의 아들 들이 되게 하셨으니 이는 그가 사랑하시는 자 안에서 우리에게 거저 주시는 바 그의 은혜의 영광을 찬송하게 하려는 것이라" (엡 1:5-6)

여기서 '찬송'으로 번역된 헬라어 '에파이노스'는 문맥적 의미로 볼 때, '공 동체의 고백으로서의 예배를 의미'한다. 하나님의 선하신 예정과 선택 목 적은 '예배를 하도록 하는 것'에 있다. 이것을 다른 말로 '거룩함'이라고도 할 수 있다.

칼빈은 기독교 강요에서 거룩함이 선택의 원인이 아니라 결과라고 표현했다.[133] 이는 거룩한 삶이 구원의 조건이 아니라 구원받은 자의 '표징'이라는 뜻이다. 하나님의 선택은 조건이 없지만, 그렇다고 해서 선택의 목적까지 없는 것은 아님을 알 수 있다. 선택에는 분명한 목적이 있다. 우리를 거룩한 예배자로 살도록 하기 위해 선택하셨다는 말이다.

이 말은 하나님의 선택을 받은 자의 외적 표징은 예배자로 사는 삶으로 드러난다는 말이다. 따라서 우리가 하나님의 선하신 목적(거룩한 예배자=예배자로 헌신됨)에 부합한 삶을 사느냐가 구원을 확신하는 시금석이 된다. 왜냐하면 목적은 선택보다 더 상위 개념이고, 더 궁극적 개념이기 때문이다.

우리의 인생이 하나님의 선택 목적에 부합한 삶을 살게 되었다면 그는 분명히 구원받은 사람이라고 확신할 수 있다. 반대로 자신의 삶이 하나님의 선택하시는 목적과 부합한 삶이 나오지 않는다면 그는 아직 구원을 받았다고 확신할 수 없다. 이것이 성경에서 가르치는 확신의 개념이다.

이런 선택의 문제가 구원의 문제만이 아니라, 우리의 일상적인 모든 면에 그대로 적용된다. 앞에서 언급한 것처럼 우리의 일상적인 모든 것은 우리가 선택한 결과가 아니다. 하나님의 선택 결과라고 했다. 우리는 언제, 어디서, 누구에게, 어떻게 태어날 것을 결코 선택할 자유가 없다고 했다. 우리는 스스로 남자 아이를 가질 것인지, 여자 아이를 가질 것인지, 혹은 머리가 좋고 외모가 아름다운 건강한 아이를 가질 것인지 선택할 자유가 없다. 학

---

133) 기독교 강요 Ⅲ. 22. 3.

교나 직장, 배우자도 우리 마음대로 선택할 수 없다. 이 모든 것은 하나님의 선택의 결과일 뿐이다.

그렇다면 우리는 이 모든 것을 선택하시는 하나님의 뜻에 관심을 가져야 한다. 이것이 우리가 인생에 대하여 던져야 할 가장 본질적인 질문이다. 이 질문의 대답은 분명하다. 하나님이 우리를 거룩한 예배자로 살도록 하기 위해 이 모든 것을 일관성 있게 주권적으로 선택하도록 하신다는 것이다.

우리는 자신의 처지와 위치와 환경 속에서 하나님과 이웃을 위해 충성된 종으로 살아가도록 선택받은 것이다. 이것이 바로 '예배'이다. 예배란 공적 예배를 통해 하나님의 음성을 듣고, 삶 속에 그 명령을 따라 살아가는 전 과정을 뜻한다. 이는 마치 아담이 에덴동산에서 하나님의 음성을 듣고, 그 들은 말씀을 삶 속에 순종하고 실행함으로써 에덴을 낙원으로 경작해 나간 것과 같다.

이것을 다른 말로 소금과 빛의 역할이라 한다. 신자와 불신자가 인생을 해석하는 근본적인 차이다. 불신자들은 오로지 자신의 행복과 만족만을 위해 모든 것을 스스로 선택한다고 본다. 그러나 복음을 깨달은 그리스도인들은 우리의 모든 여건과 환경이 거룩과 예배를 위해 하나님께서 친히 선택하여 주신 것들이라고 본다. 그리고 이런 하나님의 모든 선택 행위가 지극히 선함을 우리는 믿는다.

구원만 하나님의 주권적 선택으로 이해할 문제가 아니다. 우리에게 주어진 모든 것(인간관계, 인종, 돈, 명예 등)이 하나님의 주권적 선택의 결과다. 모든 하나님의 주권적 선택 행위에 대하여 우리가 자기중심적으로 반응할 것인지, 아니면 하나님 중심적으로 반응할 것인가에 의하여 참 신앙과 거짓 신앙으로 구별된다.

우리는 하나님의 주권적 선택 행위에 대하여 감사하며 헌신과 충성을 다함으로써 하나님을 영화롭게 하는 데 관심을 가져야 한다. 이것이 예정과 직접적인 관련을 맺고 있는 선택에 대한 올바른 이해다.

☞ 예정과 선택의 정의

예정과 선택이란 하나님의 선하신 뜻을 위해 죄인들을 멸망에서 건져내시고 예배자로 부르신 하나님의 행위다.

용어 정리

예배

예배란 하나님께서 우리에게 이끌어 주신 모든 환경과 사건을 하나님의 이름으로 경작하는 과정이다.

찬양

예배의 요소로서 찬양은 하나님의 거룩하신 속성과 선하신 뜻에 긍정하고 기뻐하며 감사하는 예배의 한 요소다.

기도

예배의 요소로서 기도는 예배자가 하나님의 뜻 앞에서 자신의 무능을 인정하고 하나님의 힘으로만 살겠음을 고백하는 겸손의 고백이다.

말씀

예배의 요소로서 말씀은 하나님 나라 경작자로 살기 위해 하나님의 뜻을 분명히 알려 주는 하나님의 은총이다.

희생

예배의 요소로서 희생은 구원의 조건이 아니라 구원받은 예배자가 하나님께 찬양을 드리는 자기 고백이다.

묵상

묵상이란 하나님의 말씀을 듣고 지키어 열매를 맺기까지 우리의 심령을 하나님께 집중시키는 것이다.

세례

세례란 신자가 성령으로 죄를 씻어 옛 사람이 죽고 새 사람으로 태어남을 말한다.
이 때, 신자는 한 성령으로 그리스도를 머리로 삼고 같은 신앙을 고백하는 신자들을
자기 몸으로 삼는 연합이 이루어진다.

성만찬

성만찬이란 성령으로 거듭난 신자가 성령으로 하나님의 입에서 나온 말씀으로만
삶을 유지하는 새로운 피조물 된 정체성을 상기키시는 예식이다.

경외

경외란 하나님을 만난 신자가 피조물의 한계를 초월한 무한한 속성을 인식함으로
나타나는 사랑과 존경의 태도다.

부흥

부흥이란 하나님께서 경건한 신자들에게 기도하게 하시고 그들의 기도의 응답으로
마른 뼈와 같은 세상을 강력하게 다시 회복시키시는 하나님의 주권적 계절이다.

구약의 복

구약에서 복은 옛 아담이 타락하기 이전의 상태를 회복하는 것이다.

신약의 복

신약에서 복은 하나님과 함께하여 세상의 모든 영역에서 복의 근원으로 살아가게
되는 것이다.

죄

죄란 도덕성의 문제 이전에 하나님을 사랑하는 동기 여부의 문제이다.

십자가

십자가란 예수 그리스도의 죽으심과 부활의 생명에 연합되는 것이다.

부활

부활이란 그리스도의 대속을 통해 옛 사람은 죽고 새 사람으로 변화된 육체의 삶에
참여하는 것이다.

은혜

은혜란 하나님의 값없이 주시는 선물이다. 그러나 그 선물은 아무에게나 주어지지
않고 간절히 구하고, 찾고, 두드리는 자에게 주신다.

십일조

십일조란 자신의 모든 재물이 하나님의 은혜로 주어진 것이므로 이 모든 재물을 하나님의 뜻대로 사용하겠다는 반복적 고백 행위이다.

성전, 교회, 천국

성전, 교회, 천국은 그리스도이며, 그리스도와 한 몸을 이룬 사람들이다.

예정과 선택

예정과 선택이란 하나님의 선하신 뜻을 위해 죄인들을 멸망에서 건져내시고 예배자로 부르신 하나님의 행위다.

신앙 개념 시리즈